国家社会科学基金资助项目（编号：18BJY148）成果

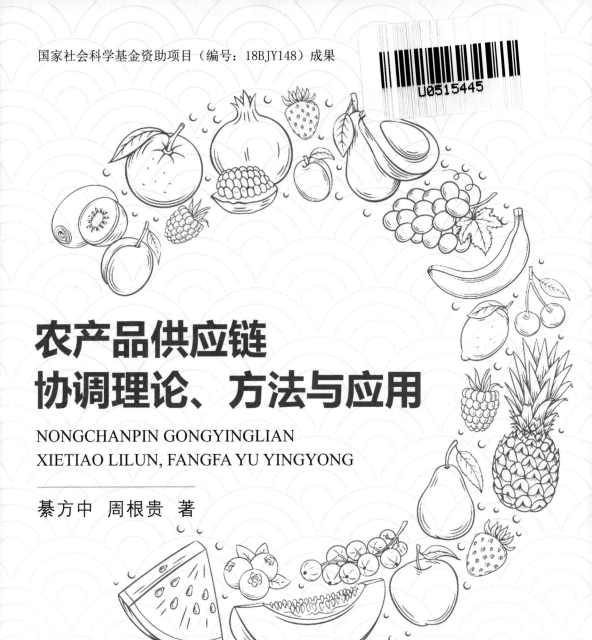

农产品供应链
协调理论、方法与应用

NONGCHANPIN GONGYINGLIAN

XIETIAO LILUN, FANGFA YU YINGYONG

綦方中　周根贵　著

中国财经出版传媒集团

经济科学出版社

Economic Science Press

图书在版编目（CIP）数据

农产品供应链协调理论、方法与应用／綦方中，周根贵著．—北京：经济科学出版社，2022.11
ISBN 978 - 7 - 5218 - 4264 - 7

Ⅰ.①农…　Ⅱ.①綦…②周…　Ⅲ.①农产品 – 供应链管理 – 研究 – 中国　Ⅳ.①F724.72

中国版本图书馆 CIP 数据核字（2022）第 214929 号

责任编辑：周胜婷
责任校对：郑淑艳
责任印制：张佳裕

农产品供应链协调理论、方法与应用
綦方中　周根贵　著
经济科学出版社出版、发行　新华书店经销
社址：北京市海淀区阜成路甲 28 号　邮编：100142
总编部电话：010 - 88191217　发行部电话：010 - 88191522
网址：www. esp. com. cn
电子邮箱：esp@ esp. com. cn
天猫网店：经济科学出版社旗舰店
网址：http：//jjkxcbs. tmall. com
固安华明印业有限公司印装
710 × 1000　16 开　16. 25 印张　280000 字
2022 年 11 月第 1 版　2022 年 11 月第 1 次印刷
ISBN 978 - 7 - 5218 - 4264 - 7　定价：86. 00 元
（图书出现印装问题，本社负责调换。电话：010 - 88191510）
（版权所有　侵权必究　打击盗版　举报热线：010 - 88191661
QQ：2242791300　营销中心电话：010 - 88191537
电子邮箱：dbts@ esp. com. cn）

P 前 言
reface

　　农产品供应链的高效运作将会使得供应链中包括众多种植户、养殖户在内的各参与主体受益，但农产品供应链中生产环节和流通环节的复杂性以及产出和需求的不确定性给供应链的协调带来困难。农产品供应链在通常的分散决策模式下，自身收益的最大化无法实现供应链整体最优绩效，并最终引发供应链失调。资金与服务是制约农产品供应链协调运作的关键约束，而大量研究表明契约有助于供应链中成员间的协调。此外，农产品供应链运作模式的差异也需要相应地进行协调模式优化。

　　针对农产品和农产品供应链的特点，本书较为全面和系统性地阐述了农产品供应链中的协调理论、方法及其应用。全书分为6章：第1章对农产品供应链中的协调问题进行了概述；第2章针对以加工企业为核心的农产品供应链，在探讨多级农产品供应链协调问题的基础上，深入研究了以加工企业为核心的两级和三级农产品供应链协调模型；第3章根据农产品不同流通模式，探讨了基于协议流通的农产品供应链协调问题；第4章讨论了资金约束下的农产品供应链融资和风险控制的协调问题；第5章和第6章分别讨论了不确定环境下和网络均衡条件下的农产品供应链协调问题及其模型。

　　本书可供农产品供应链领域相关科研与管理人员、行业从业人员阅读和参考，也可用作物流管理、物流工程与管理、管理科学与工程等相关专业高年级本科生和研究生的教材或参考资料。与国内外现有相关著作相比，本书有两大显著特点：一是从资金约束、服务约束以及不同契约下探讨农产品供应链的协调模型，并形成较为完善的农产品供应链协调理论体系；二是从农产品供应链不同的运作模式出发研究农产品供应链协调模式的优化，为农产品供应链服务平台的构建提供理论与方法论支撑。

　　本书的框架和内容来自 2012 年开始的两项国家社科基金项目和一项国家自然科学基金的研究成果，易荟伟、郑佳琳、赵红梅、李娟、周礼南、唐伊妮、陈佳佳等研究生对本书贡献良多。本书的编写也引用了许多国内外有关专家和同行的研究成果，参考了一些咨询机构、行业企业和政府组织等公开发布或提供的资料，在此一并表示衷心的感谢。由于作者水平有限，书中存在一些纰漏，恳请读者批评指正。

作　者

2022 年春

目 录

Contents

第1章　农产品供应链协调问题概述

供应链协调是指对供应链各节点成员之间存在的物流、信息流以及资金流等要素设计合理的协调与激励机制，以实现整个供应链系统的整体效益不小于各子系统效益总和。针对现有农产品供应链结构及其特点，本书主要探讨5种管理模式及其协调问题，即以农产品加工企业为核心的农产品供应链、农民合作组织为核心的农产品供应链、以第三方物流企业为核心的农产品供应链、以连锁超市为核心的农产品供应链和以批发市场为核心的农产品供应链等管理模式等。

本章着重分析农产品供应链管理中存在的问题，特别是针对其中关键的协调问题，讨论在农产品供应链管理协调问题研究中引入契约机制和博弈模型的可行性与必要性。基于此，在后续章节的研究中，将分别从以加工企业为核心的农产品供应链协调、基于协议流通的农产品供应链协调、考虑资金约束的农产品供应链协调、不确定环境下和网络均衡条件下等几个方面来探讨农产品供应链的协调问题。

1.1　农产品与农产品供应链

1.1.1　农产品供应链结构

《中华人民共和国农产品质量安全法》将农产品内涵定义为"来源于农业的初级产品，即在农业活动中获得的植物、动物、微生物及其产品"。

国内部分学者认为农产品的定义可以分为狭义和广义两种。狭义的农产品是指由种植而获得的产品，包括粮食作物种植与经济作物种植产生的产品；广义的农产品除了狭义农产品外，还包括其他农业生产所产生的动植物产品，如林业产品、水产品、养殖产品等（吴砚峰等，2018）。另外一个针对农产品定义的关注点是农产品外延，主要体现在农产品是否包含不可食用的产品。结合农产品贸易现状和相关文献，将不可食用部分划入农产品含义之内更符合现实情况。因此，农产品主要指满足人类生存和生产需求的第一产业产物，包含可食用和不可食用部分（王莉婷等，2017）。

国际上对于农产品的定义也存在较大的差异。美国农业部的定义认为来源于耕作、放牧及任何同类或类似活动的产品均属于农产品。加拿大在《加拿大农产品法》中将农产品定义为动植物及其产品，包括饮料、食品等加工产品；该定义几乎包含了自然界中所有生物及其产品，较为宽泛，且把食品、饮料这些需经加工的产品也归于农产品一类。日本在《农林产品标准和正确标识法》中结合农产品基本特征与产业来源，认为农产品既包括了食物、饮料等经过加工的农产品，也包括直接来源于农业的产品或以其为原料、成分的产品。

与对农产品内涵与外延的界定存在较大差异不同，农产品供应链的概念相对一致。农产品供应链是一种组织形式或者动态网络结构：从产地的种植和养殖环节开始，经过生产/加工，再通过销售环节（包括批发、分销、零售），最终抵达终端消费者手中。在环节与环节之间由农产品信息流、物流和资金流进行串联，形成了农产品供应链。农产品供应链这一形式的出现及其不断优化，目的是为了降低农产品流通中的损耗，实现供应链上各节点收益的增加。农产品供应链是一种持续满足消费者动态需求、多赢的解决方案。

早在20世纪80年代就出现了关于供应链理论的研究。霍利亨（Houlihan，1985）首先提出了供应链的概念，他认为供应链是由生产商、经销商和消费者构成的系统。唐尼（Downey，1996）的研究表明农产品供应链是一个由上至下的垂直型链条，不仅包括农产品生产，还涵盖了加工及营销等相关流程。农产品供应链管理是现代农业发展的关键环节。汉德菲尔和尼科尔斯（Handfield & Nichols，1999）的研究认为，提升供应链各个环节的协调性是供应链管理的本质。因此在农产品供应链战略管理中建立有效的协同合作关系是其重要的策略（Witaya，2010）。

由于我国农业在发展过程中产生的问题日益显现，以及引进国外先进的农产品供应链相关理论，我国的研究学者在结合国情的前提下提出了自己的观点。农产品供应链的实质是由原材料供应商、生产商、加工者、物流服务中心和消费者等构建的一种组织形式和网络架构（冷志杰，2007）。崔春晓和邹松岐等（2013）的研究表明农产品供应链是产业链在农业上的实际运用，它包括原料供应、产品加工、运输和销售等环节，涉及农业生产过程中的各个相关部门，使用产业发展链条将相关企业和公司结合成一个整体。国家标准物流术语（GB/T 18354—2006）中将农产品供应链定义为"生产及流通过程中，涉及将产品或服务提供给最终用户所形成的网络结构"。

完整的农产品供应链包含了生产、加工、流通、销售等核心环节。这几个环节中，角色较多的是销售环节，通常分为田头交易、产地农批市场、销地农批市场、生鲜零售端（社区店、商超、菜市场、食配企业）等；而在源头的产地环节中，更多的是生产和加工者的角色，包括了农户、养殖种植户、农场、各类农产品生产加工企业等；供应链的末端则面对的是终端消费者，包含了个体消费者和餐饮企业或相关服务组织等。农产品供应链的结构如图1.1所示。

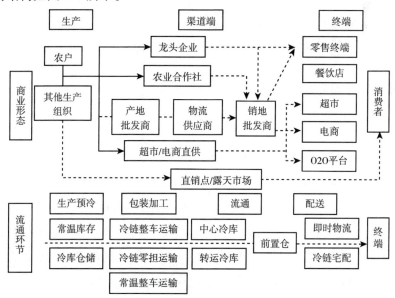

图 1.1 农产品供应链的网络结构

上述农产品供应链网络结构中包含了各供应链节点。要使得农产品供应链网络中各节点相互衔接、产生联系，还需要信息的传递、资金的往来和产品的流通，即供应链网络结构中的信息流、资金流和物流。信息流包括产地产品信息、价格信息等，也包括从消费者向农产品供应链上游一直到生产者层层传递的产品需求信息、需求量等；资金流通常是从供应链的下游向上游、后一节点向前一节点传递，涉及相关业务流程中的支付活动如集采付款、批发付款、自购付款、终端消费付款等；而物流则包含分拣、包装、运输、冷链、配送等活动，从供应链上游向下游实现农产品的空间转移效用。农产品供应链中的信息流、资金流、物流传递模式如图 1.2 所示。

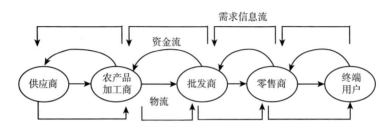

图 1.2　信息流、资金流、物流传递模式

1.1.2　农产品供应链特点

农产品本身往往具有鲜活性，其生产的区域性、季节性、分散性等特点也十分突出。同时作为人们的生活必需品，农产品消费弹性小，具有消费普遍性的特点。正是由于这些特性，导致了农产品供应链与其他行业/产业的供应链相比呈现出完全不同的特点。

1. 农产品供应链参与者众多、系统复杂

在农产品供应链中，农产品生产资料供应商提供种子、农药及农业机械等，种植/养殖户等生产者进行农产品的生产，加工企业对农产品进行加工，物流企业负责农产品的运输、储存、包装等，批发商、零售商将农产品批发销售给消费者，农产品产前、产中、加工、运输、销售等各个环节上都有众多参与者。从价值流的角度考虑，价值创造过程中因为环节过多导致成本增加，直接影响了供应链总体利润。由于农产品种植区域分散，数量庞大，品种繁多，使农产品供应链各环节的衔接问题复杂化。同时，多环节参与也直接影响了成员组织的灵活性和适应性，从而影响农产品到达消费者的最终时效。

2. 农产品供应链节点间的衔接不畅导致整体价值链增值困难

从信息流的角度考虑，供应链主体间的信息传递不通畅、不及时，最终导致节点间的衔接不畅；农业生产的季节性强，农产品上市时如果在短时间内难以调节，会使市场价格波动较大；此外农产品的鲜活易腐性限制了农产品在跨区域间和跨季节间的即时调节。在传统的农产品物流体系中，信息流、商流、物流和资金流在时间和空间上相互分离，不能很好地解决农产品在产供销中所形成的结构性矛盾，在农产品供应链条中，缺乏协调、合理的物流管理流程，使得物流的快捷性和高效性的功能不能得到最大化的发挥，农产品供应链的价值增值有限。

3. 农产品供应链对物流的要求较高

由于农产品生产具有区域性，而人们的需求是多样性的，因而需要不同区域间进行流通交易。然而农产品的鲜活易腐性，对农产品的物流要求很高，使流通成本上升，这限制了农产品流通路径。而且农产品流通中的商流、物流、信息流、资金流的全面协同与协调变得十分重要。在实际运作中一般可以借助信息网络和中介机构实现信息的交换和资金的流动，但物流往往更多地表现为商品实体在平面和空间上的移动，受自身性质的约束，其实施的成本和难度相对很高，成为供应链快速、有效运行的主要障碍面。特别是生鲜农产品对物流仓储、运输、配送的要求更高。在电子商务高速发展、农产品客户个性化需求日趋明显的形势下，物流瓶颈越来越突出。根据"木桶原理"，农产品供应链上任何一个成员物流效率的降低都会降低整个农产品供应链的竞争力。因此，提高农产品供应链物流的整体效率是十分迫切和必要的。

4. 市场存在较多的不确定因素

农产品供应链的影响因素之一就是农产品本身的多样性，不同的农产品有不同的生产方法，并且其不同的保管方式、运输方式都会对供应链造成影响（刘志华，2021）。农产品在生产阶段分散在各个不同区域，季节性强，生长时间长短不一，无法进行统一的生产组织，导致加工企业无法全面掌握市场上农产品的供求信息及竞争合作信息（李季芳等，2016）。如果市场无法在短时间内对农产品的价格进行适当的调节，会使农产品的市场价格产生很大的波动。另外，生鲜且容易腐烂的农产品进行跨地区调节及跨季节储存过程中存在的风险进一步增加了市场的不确定因素。

农产品具有的易腐性、生产周期性、需求弹性小等特点，致使农产品供应链相较其他产品供应链具有不同的特点，但是农产品供应链的核心同样是上下游企业的整合和信息共享，进行整个供应链协同，将供应链中的人、物、机器、信息、资金等资源进行关联，使其为同一目标进行协作，以实现总体利益的最大化。

1.2　农产品供应链管理模式与存在的问题

1.2.1　农产品供应链管理模式

农产品供应链管理模式主要有以下几类：以农产品加工企业为核心的农产品供应链；以农民合作组织为核心的农产品供应链；以第三方物流企业为核心的农产品供应链；以连锁超市为核心的农产品供应链；以批发市场为核心的农产品供应链。

1. 以农产品加工企业为核心的农产品供应链

以"农产品生产加工企业"作为供应链建设的核心节点，能够使得资本及技术优势最大化（杨跃辉等，2014）。这是一种传统的农产品供应链管理模式。农产品加工企业可以从自有的农产品生产基地，或者从农户、农产品生产加工企业、合作社等获得农产品供应，经过初级加工或深加工后销售给超市、企业或者批发商，并最终到达消费者手中。以农产品加工企业为核心的农产品供应链管理模式如图1.3所示。

这种管理模式存在的不确定因素比较多。农产品加工企业通过对市场需求进行预测，确定某类农产品的生产数量、生产优先级顺序以及存货标准等。作为核心的农产品加工企业需要在网络销售、产品设计和品牌影响力等方面具有一定的优势。其中最重要的是品牌影响力，强大的品牌影响

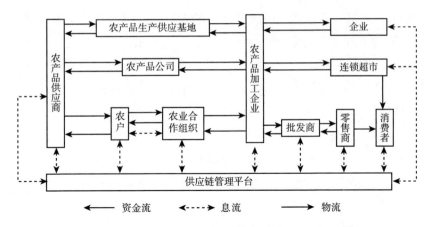

图 1.3　以农产品加工企业为核心的农产品供应链管理模式

力能够将供应链中上下游节点企业与自身紧密地连接在一起。基于农产品对物流的安全性要求高，这就需要核心加工企业对物流信息的掌控能力比较强大。

2. 以农民合作组织为核心的农产品供应链管理模式

这种模式是农业规模化和集约化的最大化体现，合作关系维持的时间比较长，信息对称。农民合作组织将农户委托销售的农产品简单加工处理之后，直接提供给批发市场或零售商等，减少了中间环节，并且使农产品的生产趋于规范化、标准化，使农业生产的组织化水平得到进一步的提高。以农民合作组织为核心的农产品供应链管理模式如图 1.4 所示。

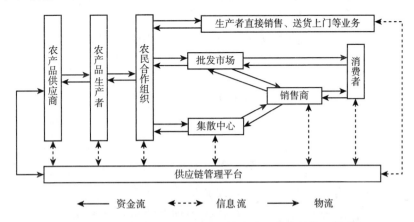

图 1.4　以农民合作组织为核心的农产品供应链管理模式

拥有知名品牌和较强组织服务能力的农民合作组织在整个农产品供应链管理过程中占据着优势。政府和农民合作组织相互依存,政府利用合作组织推进产业结构调整,合作组织利用政府提供的资源不断扩张,改善自己的经营环境和外部关系。目前,我国运用这种管理模式的农产品供应链所提供的农产品数量在农产品总量中所占的比重还很低。

3. 以第三方物流企业为核心的农产品供应链管理模式

这种模式的第三方物流企业扮演的角色是服务集成商,不仅提供一般的运、存储等服务,还提供增值服务,将各物流要素进行有机的整合,使其成为连接生产、加工和销售的核心环节,并承担起组织协调和监控的使命,对整个农产品供应链的资源进行有效的优化配置和管理。以第三方物流企业为核心的农产品供应链管理模式如图 1.5 所示。

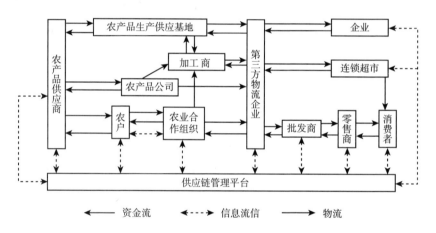

图 1.5   以第三方物流企业为核心的农产品供应链管理模式

在这种模式中,第三方物流企业拥有庞大的规模,雄厚的资金支持、高水平的技术以及完善的物流服务系统。第三方物流企业运用自己较高的信息技术能力对整个农产品供应链进行整合,进一步确立并巩固了自己在整个农产品供应链中的主导地位。目前很少有物流企业能够依靠自己的品牌实力主导整个农产品供应链的运作,因此该模式尚未得到有效的发展。

4. 以连锁超市为核心的农产品供应链管理模式

以连锁超市为核心的农产品供应链管理是市场拉动型模式,其具有广阔的分销网络和贴近终端消费者等特点(张传国等,2018)。这种模式将市场对农产品的需求作为中心出发点。连锁超市与上游农产品供应企业建立并维持良好的合作关系,形成直接有效的农产品供应渠道,减少了中间环节。通过物流配送中心直接向连锁门店提供农产品,也符合消费者对农产品安全性和新鲜度的要求。以连锁超市为核心的农产品供应链管理模式如图1.6所示。

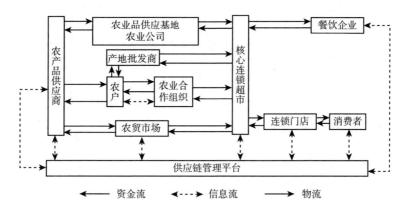

图1.6 以连锁超市为核心的农产品供应链管理模式

作为核心企业的连锁超市必须要具备完善的配送系统才能对消费者需求的变化作出快速反应,才能满足消费者对农产品新鲜度和安全性的要求。同样,若想拥有对供应链的管理主导权,连锁超市还需要有强大的资金支持、良好的信誉和服务质量等。为了增加供应链中各节点企业的信息透明度,连锁超市必须拥有水平较高的信息技术支持。

5. 以批发市场为核心的农产品供应链管理模式

农产品批发市场作为核心企业,上游与农产品生产企业相连接,下游与零售商相连接,形成了产销存等一体化模式。同时,由批发市场带动供应链中生产和销售环节共同发展,建立起风险共担、利益共享的机制。以批发市场为核心的农产品供应链管理模式如图1.7所示。

以批发市场为核心的农产品供应链中,批发市场的规模严重制约着其作为核心企业作用的发挥,规模经营毋庸置疑地可以给批发市场带来更多的效益。如果批发市场想降低交易费用,扩大交易数量,政府需要对批发市场的基础设施建设进行投资扶持,以促进市场繁荣。批发市场成为核心的关键就是它拥有强大的物流能力,使得农产品运输、储存、配送等能够

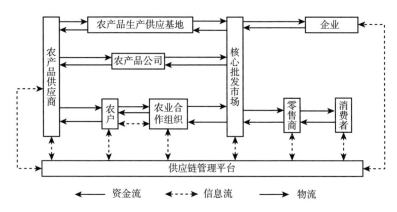

图1.7 以批发市场为核心的农产品供应链管理模式

低成本、高效率地完成。另外，批发市场需要建立与上下游各主体的一体化信息系统，在农产品供应链上实现信息共享，这是农产品供应链能够实现高效管理的重要条件。

1.2.2 农产品供应链存在的问题

近年来，我国的农业和农村经济都取得了巨大的成就，多种农产品产量位居世界前列。但是我国农产品的供应和消费与发达国家相比仍处于比较低的层次，农产品市场还不成熟，农产品供应链的发展也存在很多问题。

1. 流通和营销观念相对落后

目前，我国在农产品流通方面仍处于"穿新鞋，走老路"的状态。农户和相关的农产品生产方虽然朝着市场需要的方向组织生产，但缺少自己的经销组织，无法把生产出来的农产品销往有利的市场。更多地关注生产环节，农产品的加工和包装环节得不到足够重视，不能树立良好的商品形象。

2. 农产品物流水平较低

农产品物流具有专业性强、技术管理要求高、营运成本高的特点（薛丽柯等，2014）。目前为止，我国农产品冷链物流还没有全面推广和普及。我国果蔬、肉类、水产品使用冷藏系统运输的分别占比35%、57%、69%，远低于西方发达国家90%的平均水平。另外，生鲜农产品的物流成本占总成本的 30% ~ 40%，损耗率为 10% ~ 15%。① 农产品物流基础设施建设非常不完善，在农村，联运交通网络尚未形成，专业的运输组织数量少，储藏以及装卸等技术不专业，物流信息传递方法落后，相关方无法掌握全面的农产品物流信息。此外，物流网络的布局不合理，农产品流通环节冗长也导致农产品物流环节损耗增大。

3. 农产品流通过程中增值服务水平低

农产品流通过程中的分级、包装、加工、配送以及仓储和管理等，是农产品增值的重要活动。农产品的加工及其副产品的综合利用，不仅可以减少农产品损失，而且可以延长农产品的保质期限，满足人们对农产品多样性需求。在我国，农产品加工比例相对较低，很大一部分农产品不经加工就直接进入消费市场，农产品加工及流通过程的增值服务无法得以实现。

4. 农产品供应链中核心企业影响力相对较弱

农业核心企业的数量少且规模不大，没有能力重新构建供应链，虽然部分龙头企业有了发展，但相对于世界上农产品加工企业仍然没有优势（李菁，2015）。目前，我国的农产品供应链大多是以批发市场为核心。但批发市场的机制尚不健全，基础设施建设也不完善。而且交易方式相对落后，信息化程度低，造成电子商务的价值无法得到体现。相应地，农产品供应链上的其他节点企业影响力小。对农产品加工企业而言，在供应链中的影响力小进一步造成专业化程度低和竞争力低，也会影响农产品质量和企业规模的进一步发展。

5. 农产品供应链各节点企业衔接不紧密

目前，我国农产品供应链上的经营主体大多以个体农户和中小型商户为主，在追求自身利润最大化的过程中，难以实现整个农产品供应链的协调。一些农产品流通过程的中介组织发展缓慢，无法起到有效撮合供需、降低交易费用的作用，甚至在一定层面上阻碍了农产品供应链的有效运作。总的来说，我国农业产业化经营水平不高，产供销一体化水平低，又缺乏专业性的人才以及对整个农产品供应链各节点企业的有效协调和整体规划，使得农产品供应链的优势不能完全发挥出来。

---

① 资料来源：中物联冷链委发布的《2019 农产品产地冷链研究报告》。

6. 政府宏观调控体系不成熟

与欧美发达国家相比，我国农产品流通相关的法律法规和政策等体系尚处于发展和完善当中。这些宏观调控体系对农业产业的发展起到重要作用，也是影响农产品供应链发展的重要因素之一。涵盖农产品生命周期各阶段的生产/加工/流通标准化体系，以及农产品质量安全与检测体系，都影响着农产品供应链的发展，而这些标准化体系和检测体系也在不断完善中。

7. 缺乏有效的信息交换网络平台

农产品供应链的特点之一是系统复杂、各节点之间呈现明显的异地分布状态。在农产品供应链实现农产品从田间到餐桌的流通过程中，如果各节点之间没有一个高效的信息交换与共享机制，将导致上游节点对产品流向无法进行跟踪，下游节点以及消费者无法对农产品加工或流通过程中的相关信息等进行追溯。而现有的一些农产品信息服务平台由于缺乏有效的系统集成、信息共享和安全监管，也将导致整个农产品供应链无法实现充分协调。

1.3　农产品供应链协调方法

供应链体系在全球飞速发展，供应链成员之间的协调成为造成供应链效率的关键影响因素。根据美国一项食品行业的研究，供应链合作伙伴之间缺乏有效的协调造成了每年 300 亿美元的浪费（Mashall，1997）。供应链协调成为供应链管理领域重要的研究主题。国内外学者对于供应链协调定义差异不大。

有些学者将供应链协调定义为联合、协调、调整供应链成员的包括行动、目的、决策、信息、知识、资金等一系列目标，以达到供应链目标（Simatupang et al.，2002）。陈原等（2008）认为供应链协调是以合作竞争思想为指导，采用各种协调理论、管理方法措施和技术实现手段来组织和调控供应链体系内各要素，提高供应链体系的整体功能和绩效。

本书将供应链协调界定为对供应链各节点成员之间存在的物流、信息流以及资金流等要素设计合理的协调与激励机制，使得供应链上各成员建立一种战略联盟式的合作关系，从而合理地分担风险和分享利润；特别是通过上下游信息的共享程度提高，使得总成本与风险降低，最终实现整个供应链系统的整体效益不小于各部分子系统效益的总和。

从可操作的角度来看，农产品供应链的协调可以是指围绕核心企业来构建自身的业务流程，将企业内部以及上下游节点企业之间的各种业务当作一个整体功能过程，把农产品生产资料供应商、生产者、加工者、经销商、消费者有效地结合成为一体，将农产品供应链中的物流、资金流和信息流进行计划、组织、协调和控制，以确保在恰当的时间将正确数量、质量合乎标准的农产品配送到正确的地点，以提高整个农产品供应链运行效益的一套方法。

国内外学者在供应链协同理论和方法方面有大量的研究。陈方若、费德格伦和郑宇生（Chen，Federgruen & Zheng，2001）的研究表明，供应链管理的一个重要问题就是供应链协同，可以对整个供应链中的库存进行管理。辛西亚、尼尔森和托马斯（Cynthia，Nelson & Thomas，2003）的研究指出，供应链协同有利于供应链的企业之间关键资源的共享，更有利于企业在市场中获得更有影响力的地位。杨路明（2019）认为，供应链协同有利于供应链中的企业提高信任度，同步决策，整合供应链管理的实施过程，增加整体的柔性，以实现供应链总体效益最高。

1.3.1 基于契约的农产品供应链协调

正是由于农产品供应链的特点以及农产品供应链管理中关键的协调问题，吸引了众多学者对供应链失调现象展开研究。大量的研究表明，在农产品供应链成员之间缔结契约关系是解决农产品供应链失调问题的有效途径。目前广泛应用于协调供应链的契约形式主要有：批发价格契约、收益共享契约、回购契约、期权契约和数量折扣契约等。

1. 批发价格契约

批发价格契约是指在销售提前期，供应商和零售商通过协商使零售商在购买产品时只需要向供应商支付协商而定的单位产品批发价格。由于其简单和实施成本低，因此批发价格契约在实际市场环境中得到了普遍的应用。但大量研究表明，批发价格契约下零售商需独自承担需求不确定的风险和库存压力，因此批发价格契约因无法消除供应链中存在的"双重边际化效应"而不能有效地协调供应链。由双重边际化导致的供应链失调现象是指，由于供应链成员在做决策时，都以自身收益最大化为目标进行决策，从而致使供应链成员中单个企业的利益与整个链条的利益相冲突（Spengler，1950）。当使用批发价格合同协调供应链时，只有供应商制定的批发价格与其边际成本相等时才能实现供应链的协调，这时供应商的收益为零，而供应商以自身收益的最大化为目标，会制定较高的批发价格，在较高的批发价下无法实现供应链的协调（Lariviere & Porteus，2001）。赵正佳（2008）对两阶段供应链的研究表明，联合契约能够实现供应链的协调，其中任何一个契约不能单独使供应链实现协调。批发价格无法协调供应链，一般将批发价格契约与其他的契约相结合来协调供应链。

2. 收益共享契约

收益共享契约最早出现在录像带的出租行业中。收益共享契约通常指的是供应商提供给零售商一个较低单位产品批发价格，而零售商需将其销售收入按约定的比例支付给供应商。对零售商而言，收益共享契约可以为其降低库存压力，进而降低一部分风险；对供应商而言，收益共享契约能促进零售商增加其产品的订购量，进而使供应商的收益有所提高。莫蒂默（Mortimer，2000）选择计量经济学角度对录像租赁业进行了研究，他发现收益共享契约提高了供应链7%的利润。基于收益共享契约的三级供应链协调研究，证明了当收益共享系数满足一定的条件时可以实现供应链的协调，通过调整收益共享系数可以使供应链上成员的收益均有所提高（Giannoccaro & Pontrandolfo，2004）。以两阶段报童模型为基础、引入收益共享契约的研究表明，收益共享契约能够协调供应链，该契约在实际应用过程中的收益共享比例受供应商和零售商讨价还价能力的影响（Cachon & Lariviere，2005）。

3. 回购契约

供应商为激励零售商增加产品的订购量，在批发价格契约的基础上，向零售商承诺若在销售期结束时零售商存在产品剩余，供应商则将以一个低于产品单位批发价格的单位回购价格对零售商处的剩余产品进行全部回购。对于由一个原材料供应商、一个制造商、一个零售商组成的三级供应链，在供应商和制造商的产出均随机，且零售商面临不确定的市场需求时，可以发现简单的供应链契约不能协调供应链；而当引入回购契约，在满足一定条件时，能使得三级供应链达到协调（Arcelus & Kumar，2016）。此外，回购契约可以有效地避免零售商在销售期末以一个超低的单位产品售价对剩余产品进行贱卖处理的现象，从而降低因产品供过于求给供应商带来的负面影响。因此回购契约能够在一定程度对供应商产品的口碑和品牌价值进行维护。

4. 期权契约

期权契约是金融工程领域中一种有效规避风险的金融衍生工具。近年来，期权契约作为一种有效的应对市场需求不确定的工具被广泛应用于供应链管理中。期权契约包含两个参数，即单位期权购买价与单位期权执行价。零售商通过以单位期权购买价从供应商购买一定量的期权，从而预留在未来某一特定日期之前以约定的单位执行价向供应商购买不超过期权订购量产品的权利，零售商作为期权的持有者可以根据实际需求选择执行或不执行期权。期权契约使零售商能够柔性订购产品，从而灵活性地应对市场需求的不确定性。

5. 数量折扣契约

数量折扣契约是协调供应链的契约中易操作的契约。它是供应商为了激励零售商增加订货量而制定的一种根据零售商订货量对批发价进行一定比例的折扣的契约。有学者探讨了不确定产出和随机性需求的时尚供应链基于数量折扣的协调模型，研究了无论是以供应商导向还是以制造商导向的斯塔克伯格（Stackelberg）博弈模型，理论和数值分析表明数量折扣合同可以在很大程度上减少由不确定产出和不确定需求带来的负面影响（Peng & Zhou，2013）。此外，还有数量柔性契约，即销售商通常享有两次订货机会，在供应商的生产进度达到某一点时，销售商能够根据需求信息调整之前的订货量。基于数量柔性契约的协调机制通常用在计算机和电子行业的零件交易过程中，汽车行业有时也会出现。

这些契约主要是基于供应链上的成员间的资金流、物流等，通过设置合理的契约参数，达到收益合理分配，风险多方共担，实现供应链整体绩效最优的同时供应链上的成员的绩效也得到改进，实现多方共赢。

1.3.2　基于博弈模型的农产品供应链协调

1. 合作博弈和非合作博弈

古典博弈有三个最基本的假设：其一，博弈参与人必须是理性的，所谓的理性是指，理性的博弈参与人需要具有博弈的完全知识，能够确切地知道整个博弈的状态空间，而且其逻辑能力是相对无限的。其二，博弈参与人都要知道博弈规则。其三，博弈参与人需要具有关于这些理性的共同知识。

对于博弈论的研究，从一开始就分为合作与非合作博弈两个分支。随着信息经济学以及学科的发展，非合作博弈在研究市场机制效率问题方面起着越来越重要的作用，已经占据了经济学的主流地位。

通常情况下，合作博弈不会考虑参与者之间的合作能否实现，而是直接对参与者合作可能出现的结果进行分析；而非合作博弈则是研究当具有约束力的合作协议无法实现时，参与者怎样通过自身的理性行为影响对方从而达成合作的目的。合作博弈是以联盟为单位进行分析，考虑的是参与者如何构建不同形式的联盟来实现协议规定的目标，并不考虑联盟形成的具体过程。这也正是非合作博弈所考虑与研究的内容。合作博弈与非合作博弈具有不同的侧重点。合作博弈强调的是公平以及效率，强调集体理性；非合作博弈则注重个体决策最优化，强调个体理性，其结果既可能是无效率的也可能是有效率的。

目前经济学家所谈论的博弈论基本是指非合作博弈。在研究一个具体问题的过程中，非合作博弈至少涉及五方面的内容：（1）参与人，即局中人，以期达到自身利益最大化而选择一定的行动的决策主体。（2）博弈信息，参与人所掌握的对自身决策有一定影响的关于其他参与人的所有知识。（3）博弈策略，即战略，参与人为了保证自身利益的最大化，应当在何种条件下选择何种行为，即参与人选择行为所遵循的规则。（4）博弈时序，参与人决策的时间顺序，是同时决策还是按照先后次序决策对博弈均衡能够产生一定的影响。（5）博弈方的支付或者收益，所有参与人的策略或者行为函数，参与从博弈中能够获得的利益水平，是所有参与人真正关心的对象，例如农产品加工商能够获得的最终利润。以上五个方面是一个非合作博弈定义时必须设定的。

合作博弈研究的内容包括成本分摊以及系统整体利益，研究的重点是联盟收益的分配，并不是供应链渠道协调的实现方式。合作博弈的解除了文献中通常会提到的沙普利（Shapley）值及加权沙普利值之外，还有欧文（Owen）值、不可分成本的平均分摊解、一致许可值以及联盟形成等。应用非合作博弈研究供应链协调问题过程中，产生了许多关于渠道协同的契约机制，例如期权契约、回购契约、收入共享契约、数量折扣契约、数量柔性契约和价格补贴契约等。

2. 斯塔克伯格博弈

斯塔克伯格博弈问题所研究的决策问题具有主从递阶结构，是由德国经济学家海因里希·冯·斯塔克伯格（Heinrich Von Stackelberg）提出的。斯塔克伯格问题的最优解称为斯塔克伯格均衡。在斯塔克伯格决策问题中，处于较高决策层次的称为领导者（leader），处于下级决策层次的称为追随者（follower）。领导者能够预期到其追随者对自己所选择的策略的反应，进一步利用这些反馈回来的信息作出有利于自己的最优策略。

假设在某个斯塔克伯格博弈中，有1个领导者（L），n个追随者（F），领导者从自己的策略集 $X \subseteq R^m$ 中选择其中某一个策略，每个追随者就会根据领导者的策略 $x \subseteq X$ 对自身策略 y 在策略集 $Y_i(x) \subseteq R^m$ 进行选择。需要注意的是每个追随者的成本函数除了依赖于领导者的策略 x 之外，还依赖于其他所有追随者的策略。

一般而言，在斯塔克伯格博弈决策过程中，领导者对追随者行使某种引导权和控制权。追随者也可以在他的管理范围之内行使一定的决策权力，只不过这种决策权相比较而言处于从属地位。在多层次的决策系统之中，每一个级别的参与者都有属于自己的目标函数，层次越高，目标越重要，其目标越具有系统性、全局性。由此可见，最后的决策结果往往是使各个层次的决策者之间达到一种协调的方案，这个方案既可以最优化最高层次决策者目标，又可以使较低层次决策者的目标在上级决策的约束之下在从属位置上达到相应的最优。

在实际的生产运作过程中，供应链上的成员往往以自身收益的最大化为目标。当供应链上个体的收益达到最优时，供应链整体收益并没有达到最优，这将导致双边际效应，引发供应链失调。鉴于斯塔克伯格博弈模型在解决上下端失调问题上的有效性，有必要探讨在农产品供应链协调问题的研究中引入博弈理论。

首先，从研究需要解决的问题来看。农产品供应链各个成员之间的关系是既合作又竞争的关系，农产品供应链管理的目的就是希望通过供应链上各成员之间的协同运作实现个体理性与集体理性的协调，从而实现供应链系统的整体效益最优。从微观的层面来看，在农产品供应链管理中，农产品供应链的运作管理是需要解决的关键问题，主要分为供应链组织战略、合同供应商的选择、供应链绩效激励机制、合作协同运作以及联盟成员关系建立等。这是与博弈论所研究的内容保持一致性的。

其次，从研究的基本要素来看。农产品供应链由农产品生产商/农户、供应商（收购商）、农产品加工商、农产品分销商以及物流服务提供商等各个节点企业构成，这些节点企业也就是博弈的参与人；农产品供应链中各个节点企业的目标是不同的，这些不同的目标以及选择的行为规则促进了博弈策略空间的形成；各个节点企业在农产品供应链中所得的收益各不相同，从而构成了各个企业的收益函数。因此，以上三个方面构成了博弈论所研究的基本要素，符合博弈论研究的基本框架。

由此可见，博弈论非常适合研究农产品供应链协调问题。将博弈信息和博弈时序这两个角度的划分结合起来，可以有四种不同类型的博弈，如表 1.1 所示。

表 1.1   四种不同类型的博弈

行动顺序	完全信息	不完全信息
静态	完全信息静态博弈 （纳什均衡）	不完全信息静态博弈 （贝叶斯纳什均衡）
动态	完全信息动态博弈 （子博弈精炼纳什均衡）	不完全信息动态博弈 （精炼贝叶斯纳什均衡）

在农产品供应链的整个体系中，各节点企业都会在自己的战略空间中选择适合自己的行动。所谓供应链协调，也可以认为是通过设计某一种机制来改变供应链上各成员的行动策略，然后按照博弈理论研究范式来达到各决策的均衡，从而实现农产品供应链的整体绩效最优。换言之，农产品供应链协调研究的是各节点企业的决策及其相关节点企业决策之间的影响，通过合理的协调机制使得农产品供应链上各节点企业决策的行动能够协调一致，从而实现个体理性与集体理性相统一。

第 2 章 以加工企业为核心的农产品供应链协调机制

农产品加工业是国民经济基础性和保障民生的重要支柱产业，在服务"三农"、壮大县域经济、促进就业、扩大内需、增加出口、保障营养健康与质量安全等方面发挥重要作用。本章对以加工企业为核心的农产品供应链协调机制进行以下几个方面的研究：首先，基于委托代理理论，建立两级农产品供应链模型，求解并对比信息对称以及信息不对称两种情况下农产品加工商和销售商的最优决策；然后建立三级农产品供应链模型，在价格敏感的随机需求量和随机供应量条件下，讨论集成系统下的联合最优对策和以加工商为领导者、收购商和销售商为追随者的斯塔克伯格博弈对策并进行分析比较，得出供应价格合同和批发价格合同都无法实现农产品供应链协调的结论。

2.1 多级农产品供应链协调及文献综述

2.1.1 农产品多级供应链结构

农产品供应链实际上是一种组织形式或者动态网络结构，它由农产品生产资料供应商、农产品种植者或养殖者、农产品加工商、物流服务经销商以及消费者等各个环节构成。农产品供应链除了是一条连接各个节点主体的产品物料链之外，还是一条增值链，其价值的增加产生于加工、包装和运输等过程之中。农产品供应链的多级网络结构模型如图2.1所示。

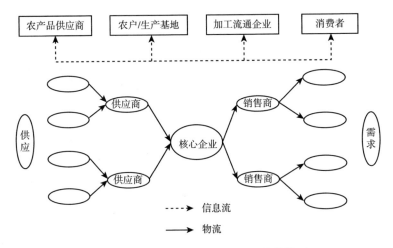

图2.1　农产品供应链中多级网络结构模型

由图2.1可知，在该网络结构模型中，各个节点是靠物流、资金流和信息流进行连接，最终服务于消费者的。需求信息流的流向自上而下，供应信息流则自下而上，因此信息流的流向是双向的，这为创造价值进而完成交易奠定了良好的基础。物流起着传递价值的作用，以满足需求。资金流是根据上游企业所创造的价值对其作出的经济补偿。

一般情况下，农产品供应链可以分为两种类型：生鲜农产品供应链和加工农产品供应链。生鲜农产品供应链所涉及的农产品易腐烂变质，在从田间到零售系统的整个过程中其基本特征没有发生变化。加工农产品供应链涉及的农产品加工程度比较高。在传统的农产品生产和流通过程中，生产者、中间商和消费者各个主体之间的链接不紧密，农产品供应链改变了这种链接不紧密的关系，从而使得农产品经营者在激烈的市场竞争中获得了竞争优势。

2.1.2　农产品多级供应链协调相关研究

随着市场竞争的越发激烈，供应链之间的竞争成为发展企业核心竞争力的关键一环，供应链上的各主体能否保持持久、稳定的合作关系，相关的利益分配能否相对科学、合理，是发展有效供应链的关键。国内外诸多学者在多级供应链协调分配机制与利益分配机制方面都有相应的研究。

1. 供应链协调分配机制相关研究

供应链协调的提出是为了应对供应链各级成员间对某类问题产生歧义时的应对措施，也可以称为是缓解内部成员间关系的方法（Xu，2010）。阿尔欣德等（Arshinder et al.，2009）研究了三级供应链上不同的契约协调机制，发现供应链协调契约对供应链成员绩效的影响不是固定的。尚卡等（Shankar et al.，2013）对四级供应链上工厂的选址和库存容量选择提供了科学计算，这条供应链包括供应商、生产商、配送公司和顾客四方主体构成，他们在多目标和群体智能多目标混合粒子群优化算法的基础上，建立了一个关于选址和运输成本最优化模型。

信息不对称是供应链中一直存在的一个重要问题。贾因等（Jain et al.，2013）认为，信息不对称容易在供应链交易中对交易双方之外的第三方产生非市场化的影响，因此他们通过拍卖的机制将供应链中的多项任务进行分配，使得供应链上各主体实现统筹利益最优。张慧娟等（2017）通过建立基于风险控制和信息共享协调的博弈模型，得出以下结论：完善的信息共享机制可以有效协调第三方农产品供应商的利益；防范农产品流通的实际风险，可以实现供应链各级参与者的共赢。

对于供应链的资源分配问题，有学者运用启发式算法创造了一个帕累托最优模型，该研究提出了将订单进行动态分配来实现帕累托最优（Kim & Cho，2010）。这种动态分配是通过各成员的代理谈判实现的，谈判参与主体越多，产生且获得的利益就越多。而另外一些研究则在传统分配机制的基础上提出采用经济谈判机制实现供应链资源的最节约（Kaihara & Fujii，2013）。

朱丹丹等（2014）研究了多级供应链库存系统协调问题，基于遗传算法建立了相应数学模型和仿真优化器，有效地解决了多级库存系统的协调问题，取得了较为满意的最优解。曹武军和李新艳（2014）构建了农产品双渠道供应链协调的改进收益共契约模型，并且验证了这个模型对供应链协调的有效性。陈可嘉（2016）等对供应链要素数量之间的协调作了一定研究。他们提出当存在供应中断和需求风险时供应商的数量选择，同时探讨了供应商数量与交易的风险、采购所需成本之间的关系。周建频和周小番（2021）构建了一个供应链多级库存决策系统的仿真优化模型，并在不同需求条件下进行了仿真测试，为解决供应链多级库存决策提供参考。

庄品（2004）提出，合理的激励协调机制对维护供应链的稳定具有一定的意义，有利于促进供应链中各成员风险共担、利益共享、降低库存、提高共同利益，推动供应链向好发展。王君君等（2018）提出构建收益共享契约能够调整整条供应链的收益，使供应链协调发展。谭春桥等（2019）则认为，供应链中各成员的公正性以及成本分担契约机制均不能彻底使供应链达到协调，而是要通过成本分担–两部关税的组合契约公式。

2. 供应链利益分配方法研究

合理的供应链利益分配方法会促进供应链中良好的合作关系。姜林（2014）认为如果供应链中每个成员都以实现自己的最优利益为首要目标，就会出现"双重边际效应"。针对这个问题，需要制定一个利益协调机制，在保证参与成员利益合理分配的同时能够实现对供应链成员的有效激励，使得个体成员的利益与供应链的整体利益达到统一。

协调多级供应链利益分配问题的一个方法是制定收益共享合同，根据供应链的特点及成员意愿调整合同参数，从而优化供应链成员间的利润，同时整条供应链的绩效也会随之改进（Giannoccaro & Pontrandolfo，2004）。马赫什和耶胡达（Mahesh & Yehuda，2008）对于多级供应链中供应商的谈判能力与成员之间的联盟对利益分配的影响作了分析，发现价格是其重要影响因素。克劳德和索尼亚（Claude & Sonia，2010）认为，公平、合理的供应链分配方法有利于促进供应链之间的稳定，促进利益和资源共享，反而纯竞争性的供应链关系不利于供应链的公平。

周业付（2017）和白晓娟（2019）为了实现相对公平的收益分配，引入了修正因子。蔡丽红（2017）认为农产品供应链合理的利益分配有助于促进农产品的稳定性，同时也对农产品的发展有推动作用。张喜才等（2018）认为在农产品供应链中，完善的利益分配机制可能推动供应链的良性发展，以及供应链各成员合作时产生的收益大于分散收益。黎枫等（2019）提出成本分担契约能够解决多个供应商的利益分配矛盾问题。花均南（2020）通过对绿色农产品三级供应链协调的研究，建立了不同决策模式下供应链成员的利润模型和"收益与成本分担"的混合契约模型。结果表明，混合合同可以降低绿色农产品的销售价格，提高绿色程度，增加绿色农产品的市场需求。利益和成本的合理分配可以使绿色供应链的所有成员实现双赢。

2.2　以加工企业为核心的两级农产品供应链协调模型

2.2.1　理论基础

1. 委托代理理论简述

委托代理理论最早产生于股份制企业体制治理问题研究过程中。委托代理理论是指一个或多个参与人（委托人）想使另外一个或多个参与人（代理人）选择符合自身利益的行动，但是委托人无法直接观测到究竟选择了怎样的行动，只能观测到相关变量，这些相关变量由代理人所选择的行动以及其他随机因素决定，即委托人只能观测到代理人所选行动的不完全信息。在这种情况下，委托人就需要根据所掌握的不完全信息制定合理的奖惩制度，已达到促使代理人选择符合自身利益的行动的目的。

之所以会产生代理问题，原因可大体归纳为两点：一是委托人和代理人目标不一致。委托人追求的是自身的利益最大化，而代理人的目标是多元化的。代理人除了获得经济收入的目标之外，可能还有提高自身社会地位、拥有更大的权利以及提高声誉等其他一系列目标。对于一个企业而言，股东们希望追求的是长远利益，而聘用的经理人如果合同期比较短，就有可能为了追求个人短期的经济利益牺牲公司的长远利益。代理人为了追求自身利益从而损害委托人利益，就是由于二者目标的不一致性造成的。二是信息不对称。委托人无法完全掌握代理人所采取的行动信息，无法判断代理人是否尽到最大努力来实现自身利益最大化。代理人因为这种信息不对称现象的存在，通常会为了追求自身利益而不顾委托人利益。

委托代理理论发展到目前为止，主要有三种模型化方法，即一般分布方法、状态空间模型化方法和分布函数的参数化方法。"一般分布方法"能够得到简便的一般化模型，但是这种方法很抽象，不能很清晰地解释代理人所发生的成本和选择的行动。"状态空间模型化方法"的求解是对自然状态取期望值，虽然不能得到有信息的经济上的解，但是能够将每种技术关系直接地表达出来。"分布函数的参数化方法"是目前被广泛使用的标准化方法，同"状态空间模型化方法"不同，该方法是通过对产出求取期望值进行求解的。

在委托代理理论中，有两个基本约束，即参与约束和激励相容约束。所谓参与约束就是指代理人在接受合同的情况下所获得的期望效用不能小于保留效用（不接受合同情况下能够得到的最大期望效用）。激励相容约束是指代理人通常情况下所选择的总是使自己期望效用最大化的行动，在信息对称的情况下，激励相容约束通常会不起作用。

2. 供应链上委托代理理论基本模型分析

供应链上各企业之间的委托代理关系强调的是合作与协调。各节点企业除了考虑自身利益，还会考虑供应链整体利益，这样就形成了别具一格的委托代理关系。供应链上的委托代理关系是道德风险和逆向选择并存的。供应链上的委托代理关系可以构建如图 2.2 所示的模型。

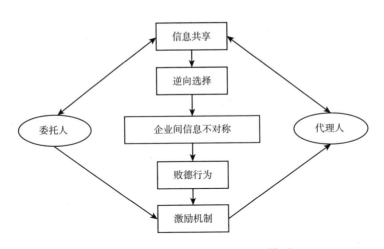

图 2.2　供应链上的委托代理关系模型

如图 2.2 所示，根据委托代理理论，"逆向选择"问题的解决办法一般是通过"信号传递"和"信息甄别"。信号传递是指代理人为了示好主动向委托人传递私有信息，而信息甄别是指代理人的私有信息通过委托人设计的契约来揭示。败德行为则是指委托人设计一定的激励机制来约束代理人。

（1）逆向选择问题。委托人不能完全观测到代理人的信息，而代理人完全知道自己的类型，了解自身信息。逆向选择问题就是代理人为了取得委托人的信息，主动发出信号，显示自身类型，委托人则通过观测到的代理人的信号对代理人的类型进行判定，进而签订契约；委托人也可以指定相应的契约来主动甄别代理人的相关信息，代理人可以选择适合的契约进行活动。

（2）败德行为问题。败德行为是指由于委托人无法完全观测到代理人的行动，代理人可能借机作出有损委托人利益的行为。委托人如果想减少败德行为的发生，就需要设计一定的激励机制，使得代理人能够选择委托人提供的激励奖励，放弃败德行为。

3. 委托代理问题在供应链中的特点

供应链各企业之间的委托代理问题属于多阶段动态模型。如果供应链上各企业为了眼前的利益采取欺骗等方式，企业间的合作关系维持的时间就会很短。从长远来看，长期合作所带来的收益远远大于短期受益。因此，供应链上各企业需要以诚相待，尽量避免道德风险问题的出现，从而保持企业间长期的合作关系。供应链上各企业之间的委托代理关系具有多阶段性、长期性，供应链上企业的制度设计以及激励问题变得越来越重要。

供应链企业之间既合作又竞争。供应链思想的关键之处就在于使供应链上各企业将链上其他企业视为合作伙伴，为了满足市场需求，实现消费者满意的最终目标，各企业不仅仅考虑自身的利益，而且开始注重整个供应链的整体利益。但是，虽然供应链上各企业朝着整体优化的目标努力，企业之间的利益冲突依旧是存在的，各企业之间的竞争也是存在的。委托代理关系的研究可以安排和涉及供应链上各企业之间的制度，从而实现各企业之间的风险分担以及利益共享。

供应链上各企业之间属于道德风险和逆向选择并存的委托代理关系。供应商的评价和选择涉及了逆向选择问题，在供应链上，企业之间的合作关系客观上需要减少供应商的数量，从而建立简便快捷的供应体系。所谓的逆向选择问题，就是企业若想加入供应链成为供应商，就需要向采购商传达信号，以便采购商通过供应商传达的信号对其资格进行甄别。

供应链上各企业之间属于多任务的委托代理关系。随着技术创新速度不断加快、产品需求的顾客化以及企业竞争的全球化，供应链上各企业之间的竞争已经不是传统的价格战。现在市场对于产品交货期、质量以及服务具有越来越高的要求，企业已经不可能单凭价格取胜，企业需要在质量改进、技术创新、提供产品服务以及缩短交货提前期等各方面作出响应。因此，供应链上各企业就需要在有限的时间和经济资源约束下衡量各目标的优先级顺序，企业之间的报酬激励以及绩效评价需要具有综合性。

2.2.2 模型描述

1. 模型框架与研究假设

本节考虑由一个农产品加工商和一个农产品销售商所组成的两级农产品供应链，其模型如图2.3所示。农产品加工商对农产品原材料首先进行初级加工，得到初级加工的农产品，再对初级加工的农产品进行二次加工，得到深加工农产品。因此，农产品加工商向市场提供了初级加工农产品和深加工农产品两种产品类型。

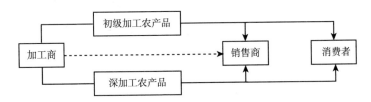

图 2.3 以加工商为核心的两级农产品供应链模型

由图2.3可知，加工商首先进行农产品的加工，产生初级加工农产品和深加工农产品两种产品类型，然后委托销售商代理销售。加工商需要向销售商支付一定的佣金。假设农产品加工商为风险中性，农产品销售商为风险厌恶。两种类型农产品销量均与销售商的促销努力 e 正相关，销售商的努力程度越大，农产品的销售量也越大。市场对于两种类型的农产品有固定需求 q，即若市场不发生意外状况，销售商即使不付出任何努力也可以保证有 q 单位的销量。由于加工商委托销售商销售其产品，为了保证销售商的收入，加工商向销售商提供固定收入 α。鉴于农产品通常具有自身的特性，假定本书所研究的初级加工农产品和深加工农产品都是不可回收的，但是具有一定的剩余残值。

2. 变量定义与符号说明

对相关变量作如下定义和说明：p_i 为农产品的零售价格；c_i 为农产

的生产成本；Q_i 为农产品的销售量；q_i 为市场对于农产品固定需求；β_i 为加工商给予销售商每单位利润的提成，即佣金率；α 为销售商的固定收入；w 为销售商的实际收益；$\bar{w}$ 为销售商的确定性收益；w_0 为销售商的保留效用，即不接受合同时能得到的最大期望效用；Π_i 为表示收益，若下标为 m 表示加工商的收益，下标为 n 则表示销售商的收益。其中，$i = x$ 或 y，x 代表初级加工农产品，y 代表深加工农产品。$Q_i = f(e_i) + q_i + \eta_i$ 其中 $\eta_i \sim N(0, \xi_i^2)$，$\xi_i$ 表示市场随机因素。$\dfrac{\partial f(e_i)}{\partial e_i} > 0$ 代表促销努力的边际销售量为正数，即销售商付出的促销努力越大，销售量就越大；$\dfrac{\partial f(e_i)}{\partial e_i} \leq 0$ 代表促销努力的边际销售量不变或为递减。为了分析简便，我们不妨假设 $f(e_i) = e_i$，此时 $\dfrac{\partial f(e_i)}{\partial e_i} = 0$，即促销努力所带来的销售量的增加速度是不变的。

农产品销售获得的总收益为：

$$S(Q_x, Q_y) = (p_x - c_x)Q_x + (p_y - c_y)Q_y \tag{2-1}$$

加工商向销售商支付的报酬函数为 $P(Q_x, Q_y)$，由固定收入和提成两部分组成，即

$$P(Q_x, Q_y) = \alpha + \beta_x(p_x - c_x)Q_x + \beta_y(p_y - c_y)Q_y \tag{2-2}$$

销售商的促销努力成本为 $C_r(e_x, e_y)$，满足 $\dfrac{\partial C_r}{\partial e_i} > 0$，且 $\dfrac{\partial^2 C_r}{\partial e_i^2} > 0$，设

$$C_r(e_x, e_y) = \frac{e_x^2}{2} + \frac{e_y^2}{2} \tag{2-3}$$

政府对农产品加工企业进行补贴，加工商所获得的政府补贴为：

$$G(Q_x, Q_y) = g_x Q_x + g_y Q_y \tag{2-4}$$

其中，g_x 和 g_y 分别代表政府对初级加工农产品和深加工农产品的单位补贴。

3. **加工商和销售商的期望收益分析**

加工商的收益可以表示为 $\Pi_m = S(Q_x, Q_y) - P(Q_x, Q_y) + G(Q_x, Q_y)$。用其期望来表示 $E(\Pi_m) = E(S(Q_x, Q_y) - P(Q_x, Q_y) + G(Q_x, Q_y))$，化简得到

加工商的期望收益为：

$$E(\Pi_m) = \sum_{i=x,y} ((p_i - c_i)(1 - \beta_i) + g_i)(e_i + q_i) - \alpha \qquad (2-5)$$

销售商的期望收益为：

$$E(\Pi_r) = E(P(Q_x, Q_y) - C_r(e_x, e_y)) \qquad (2-6)$$

销售商属于风险厌恶，假设以负指数效用函数 $V(x) = - \mathrm{e}^{-rx}$ 作为销售商效用函数，即 $\Pi_r = - \mathrm{e}^{-rw}$。其中 r 表示当事人的风险规避程度，$r < 0$ 表示风险偏好，$r = 0$ 表示风险中立，$r > 0$ 表示风险规避。若 $u(\bar{w}) = E(\Pi_r)$，则 $\bar{w}$ 就是等价收益。

假设 $w \sim N(s,t)$，则

$$s = \alpha + \beta_x(p_x - c_x)(e_x + q_x) + \beta_y(p_y - c_y)(e_y + q_y) - \frac{e_x^2}{2} - \frac{e_y^2}{2}$$

$$t = \beta_x^2(p_x - c_x)^2\xi_x^2 + \beta_y^2(p_y - c_y)^2\xi_y^2$$

$$E(u) = \int_{-\infty}^{+\infty} - \mathrm{e}^{-rw} \frac{1}{\sqrt{2\pi t}} \mathrm{e}^{-\frac{(x-s)^2}{2t}} \mathrm{d}x = - \mathrm{e}^{-r(s-\frac{rt}{2})}$$

从而 $- \mathrm{e}^{-r\bar{w}} = - \mathrm{e}^{-r(s-\frac{rt}{2})}$，即 $\bar{w} = s - \frac{rt}{2}$，故销售商的等价收益可以表示为：

$$\bar{w} = \alpha + \sum_{i=x,y} \left(\beta_i(p_i - c_i)(e_i + q_i) - \frac{e_i^2}{2} - \frac{r}{2}\beta_i^2(p_i - c_i)^2\xi_y^2 \right)$$

2.2.3 信息对称情形下的决策分析

在农产品加工商和销售商的信息对称的情形下，加工商能够观测到销售商的促销努力水平。这种情形下，只有参与约束条件发挥作用，激励相容约束条件是不起作用的。加工商的决策模型如下：

$$\max_{(\beta_x, \beta_i)} E(\Pi_m) = \sum_{i=x,y} ((p_i - c_i)(1 - \beta_i) + g_i)(e_i + q_i) - \alpha$$

$$\mathrm{s.t.}\ \alpha + \sum_{i=x,y} \left(\beta_i(p_i - c_i)(e_i + q_i) - \frac{e_i^2}{2} - \frac{r}{2}\beta_i^2(p_i - c_i)^2\xi_i^2 \right) = w_0$$

$$(2-7)$$

农产品加工商的目标是自身利益最大化,在这种条件下,加工商提供给销售商的报酬绝对不会小于销售商的保留效用,因此参与约束条件只能取等式,得

$$\alpha = w_0 - \sum_{i=x,y} \left(\beta_i (p_i - c_i)(e_i + q_i) - \frac{e_i^2}{2} - \frac{r}{2} \beta_i^2 (p_i - c_i)^2 \xi_i^2 \right)$$

$$(2-8)$$

将式(2-8)代入式(2-7),则原问题可以转换为:

$$\max_{(\beta_x, \beta_y, e_x, e_y)} E(\Pi_m) = \sum_{i=x,y} (p_i - c_i + g_i)(e_i + q_i)$$

$$- \sum_{i=x,y} \left(\frac{e_i^2}{2} + \frac{r}{2} \beta_i^2 (p_i - c_i)^2 \xi_i^2 \right) - w_0 \quad (2-9)$$

式(2-9)分别对 e_x,e_y,β_x,β_y 求一阶偏导,可得 $e_x^{s*} = p_x - c_x + g_x$,$e_y^{s*} = p_y - c_y + g_y$,$\beta_x^{s*} = 0$,$\beta_y^{s*} = 0$。

将求偏导结果代入式(2-8)可得

$$\alpha^{s*} = w_0 + \sum_{i=x,y} \frac{(p_i - c_i + g_i)^2}{2} \quad (2-10)$$

农产品加工商的期望收益为:

$$E(\Pi_m^{s*}) = \sum_{i=x,y} \left(\frac{(p_i - c_i + g_i)^2}{2} + (p_i - c_i + g_i) q_i \right) - w_0 \quad (2-11)$$

在信息对称的情况下,农产品加工商完全能够观测到销售商的促销努力程度,若加工商发现销售商的努力 $e_x < p_x - c_x + g_x$,$e_y = p_y - c_y + g_y$,则加工商有权使付给销售商的报酬小于保留效用,从而促使销售商最终必定会选择 $e_x^{s*} = p_x - c_x + g_x$,$e_y^{s*} = p_y - c_y + g_y$,以实现自己的利润最大化。

2.2.4 信息不对称情形下的决策分析

绝大多数情况下,农产品加工商和销售商之间的信息都是不对称的,加工商无法掌握销售商的促销努力水平。在这种情况下,激励相容约束就

开始起作用，具体决策模型如下：

$$\max_{(\beta_x,\beta_y)} E(\Pi_m) = \sum_{i=x,y} \left((p_i - c_i)(1 - \beta_i) + g_i \right)(e_i + q_i) - \alpha$$

$$(2-12)$$

$$\text{s. t. } e_x^*, e_y^* \in \text{argmax}\,\overline{w} = \alpha + \sum_{i=x,y} \left(\beta_i(p_i - c_i)(e_i + q_i) - \frac{e_i^2}{2} \right.$$
$$\left. - \frac{r}{2}\beta_i^2(p_i - c_i)^2\xi_i^2 \right)$$
$$\alpha + \sum_{i=x,y} \left(\beta_i(p_i - c_i)(e_i + q_i) - \frac{e_i^2}{2} \right.$$
$$\left. - \frac{r}{2}\beta_i^2(p_i - c_i)^2\xi_i^2 \right)$$
$$\geqslant w_0$$

第一阶段，对激励相容约束求一阶条件 $\dfrac{\partial \overline{w}}{\partial e_x} = \beta_x(p_x - c_x) - e_x = 0$，可得

$$e_x^{ns*} = \beta_x(p_x - c_x) \tag{2-13}$$

同样的，

$$e_y^{ns*} = \beta_y(p_y - c_y) \tag{2-14}$$

加工商为实现自己的利益最大化，参与约束条件依旧取等号。

第二阶段，将式 (2-8)、式 (2-13)、式 (2-14) 代入式 (2-12) 求得

$$E(\Pi_m) = \sum_{i=x,y} \left(\beta_i - \frac{1}{2}\beta_i^2 - \frac{r}{2}\beta_i^2\xi_i^2 \right)(p_i - c_i)^2$$
$$+ \sum_{i=x,y} \left((p_i - c_i + g_i)q_i + g_i\beta_i(p_i - c_i) \right) - w_0$$

$$(2-15)$$

对式 (2-15) 求一阶条件

$$\frac{\partial E(\Pi_m)}{\partial \beta_x} = (1 - \beta_x - r\xi_x^2\beta_x)(p_i - c_i)^2 + g_x(p_x - c_x) = 0$$

可得

$$\beta_x^{ns*} = \frac{p_x - c_x + g_x}{(1 + r\xi_x^2)(p_x - c_x)} \tag{2-16}$$

同样，

$$\beta_y^{ns*} = \frac{p_y - c_y + g_y}{(1 + r\xi_y^2)(p_y - c_y)} \qquad (2-17)$$

将式 (2-13)、式 (2-14)、式 (2-16)、式 (2-17) 代入式 (2-8) 得

$$\alpha^{ns*} = w_0 + \sum_{i=x,y} \frac{(p_i - c_i + g_i)^2 (r\xi_i^2 - 1)}{2(1 + r\xi_i^2)^2} - \sum_{i=x,y} \frac{(p_i - c_i + g_i)q_i}{1 + r\xi_i^2}$$

$$(2-18)$$

求得农产品加工商的期望收益为：

$$E(\Pi_m^{ns*}) = \sum_{i=x,y} \frac{(p_i - c_i + g_i)^2}{2(1 + r\xi_i^2)^2} + \sum_{i=x,y} (p_i - c_i + g_i)q_i - w_0$$

$$(2-19)$$

2.2.5 两种情况决策分析对比

表 2.1 比较了信息对称及信息不对称情况下的决策结果。

表 2.1　　　　　　　　信息对称及信息不对称情况下的决策结果

项目	信息对称	信息不对称
β_x	0	$\dfrac{p_x - c_x + g_x}{(1 + r\xi_x^2)(p_x - c_x)}$
β_y	0	$\dfrac{p_y - c_y + g_y}{(1 + r\xi_y^2)(p_y - c_y)}$
e_x	$p_x - c_x + g_x$	$\beta_x(p_x - c_x)$
e_y	$p_y - c_y + g_y$	$\beta_y(p_y - c_y)$
$E(\Pi_m)$	$\sum_{i=x,y} \dfrac{(p_i - c_i + g_i)^2}{2}$ $+ \sum_{i=x,y} (p_i - c_i + g_i)q_i - w_0$	$\sum_{i=x,y} \dfrac{(p_i - c_i + g_i)^2}{2(1 + r\xi_i^2)^2}$ $+ \sum_{i=x,y} (p_i - c_i + g_i)q_i - w_0$

从表 2.1 可以得出以下结论：

结论 2.1 由 $\beta_y^{ns*} = \dfrac{p_y - c_y + g_y}{(1 + r\xi_y^2)(p_y - c_y)}$ 可得：

（1）若 $\xi_i \to +\infty$，则 $\lim\limits_{\xi_i \to 0} \beta_i = 0$。说明在信息不对称的情况下，若销售商所销售的农产品具有很高的市场确定性，则激励因子（佣金率）趋向于零，即销售商无法通过销售产量来获得收入。此时加工商为了达到激励销售商的目的，就需要向销售商提供固定的支付合同。

（2）销售商属于风险厌恶，此时 $r > 0$，r 和 β_i 负相关，即销售商的风险规避程度越大，激励因子就越小。尤其是当 $r \to +\infty$ 时，$\lim\limits_{r \to +\infty} \beta_i = 0$，说明销售商具有很差的市场承受能力。因此，加工商需要综合考虑销售商的风险规避程度来设定激励因子。

结论 2.2 由 $e_i^{ns*} = \beta_i(p_i - c_i)$ 可得销售商的促销努力水平与加工商设定的激励因子正相关；当 $\beta_i \to \infty$ 时，则 $\lim\limits_{\beta_i \to 0} e_i = 0$，即若加工商设定的激励因子过小，销售商就会选择消极怠工，不付出促销努力。

结论 2.3 由式（2-19）可知 $E(\Pi_m^{ns*})$ 与 r 负相关，即销售商对风险的规避程度越大，加工商所获得的期望收益就会越少。$E(\Pi_m^{ns*})$ 与 ξ_i 也是负相关，即市场具有越高的确定性，加工商提供给销售商的激励因子就会越低，销售产量就会相对降低，因此加工商所获得的期望收益也会相应降低。

结论 2.4 （1）由 $\beta_i^{s*} - \beta_i^{ns*} = -\dfrac{p_i - c_i + g_i}{(1 + r\xi_i^2)(p_i - c_i)} < 0$ 可知，信息对称下的激励因子低于信息不对称情况下的激励因子，因为在信息不对称情况下，加工商无法完全观测到销售商的努力水平，因此只有提供比较高的激励因子来激励销售商付出较多的努力提高销售产量。

（2）由 $e_i^{s*} - e_i^{ns*} = (1 - \beta_i)(p_i - c_i) + g_i > 0$ 可知，信息对称情况下的努力水平高于信息不对称情况下的努力水平，这是因为在信息对称的情况下，加工商能够完全观测到销售商的努力水平，销售商只能付出较多的努力让加工商满意，从而获得较多的期望收益。

（3）信息对称情况下加工商的期望收益高于信息不对称情况下的期望收益，即

$$\Delta\Pi_m = E(\Pi_m^{s*}) - E(\Pi_m^{ns*}) = \sum_{i=x,y} \frac{r\xi_i^2(p_i - c_i + g_i)^2}{2(1 + r\xi_i^2)^2} > 0 \quad (2-20)$$

由式（2-20）可知，在信息不对称情况下，加工商虽然付出了相比之下较多的激励因子，但是销售商付出的促销努力还不及信息对称情况下付出的促销努力，导致信息对称情况下的销售产量高于不对称情况下的产量。也就是说，在信息不对称情况下，激励因子高，销售产量低，从而期望收益不及信息对称情况下的期望收益。

2.2.6　数值仿真

本小节中，通过数值仿真考察销售商的风险规避程度以及市场的不确定程度对于加工商提供的激励因子、销售商的努力程度以及加工商的期望收益的影响。相关参数取值需符合：$p_x > c_x$，$p_y > c_y$，$p_x > p_y$，$c_x > c_y$，$p_i - c_i > g_i$。假设 $r = 0.03$，0.05，0.07，$\cdots$，0.23，$p_x = 120$，$p_y = 160$，$c_x = 90$，$c_y = 110$，$g_x = 5$，$g_y = 10$，$\xi_x = \xi_y = 4$，5，6，$\cdots$，14。

由图 2.4 可知，加工商所提供的激励因子随着市场确定程度升高以及销售商风险规避程度的增大而不断变小，这与结论 2.1 相对应。

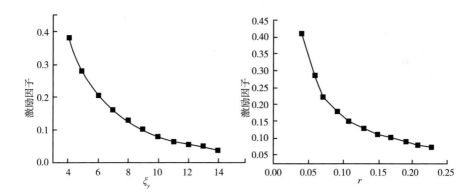

图 2.4　市场确定程度与风险规避程度对激励因子的影响

以深加工农产品为例进行分析，初级加工农产品具有相似的趋势。由图 2.5 可知，销售商付出的促销努力随着市场稳定程度的升高以及自身风险规避程度的增大而变小，这是与结论 2.2 相对应的。

在信息不对称的情况下，加工商需要付出代理成本，即加工商在信息对称条件下和信息不对称条件下的期望收益差，即式（2-20）。

代理成本与销售商的风险规避程度及市场确定性也存在一定关系（见

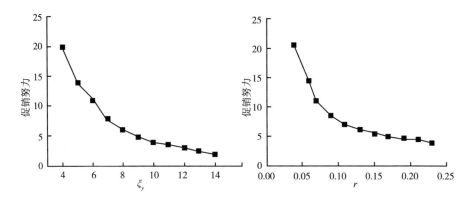

图 2.5　市场确定程度与风险规避程度对促销努力的影响

图 2.6）。代理成本随着市场确定程度的升高以及销售商风险规避程度增大而升高，这是因为随着风险规避程度以及市场确定程度的升高，加工商提供的激励因子会变小，此时为了激励销售商付出更多的促销努力水平来扩大销售产量，加工商就需要提供更高的代理成本以达到激励销售商的目的。

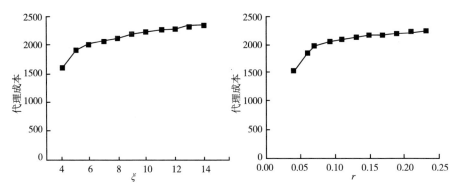

图 2.6　市场确定程度与风险规避程度对代理成本的影响

2.2.7　研究结论

　　本节基于委托代理理论，对以加工商为核心的两级农产品供应链的协调机制进行了研究。本节首先对委托代理理论进行了基本介绍，建立了以加工商为核心的两级农产品供应链模型，并分别求解了信息对称以及信息不对称情况下的最优决策，分析了销售商的风险规避程度以及市场不确定程度对于加工商提供的激励因子、销售商付出的促销努力、加工商的期望收益的影响，最后通过数值仿真对结论进行了进一步的说明。

2.3　以加工企业为核心的三级农产品供应链协调模型

2.3.1　模型描述

1. 模型框架

本节综合考虑由农产品加工商、供应商（收购商）与销售商（农贸市场、商贩、超市等）构成的三级农产品供应链协调模型。一般以加工商为核心的三级农产品供应链框架如图 2.7 所示。

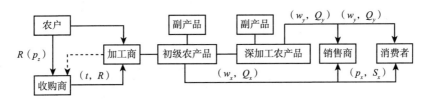

图 2.7　以加工商为核心的三级农产品供应链框架

以农产品加工商为核心，由收购商向加工商提供农产品原材料，在收购商供给不足的情况下，加工商可以从现货市场的农户手中直接获取原材料。加工商对农产品分别进行初级加工和深加工，向销售商提供两种不同的产品类型。假定初级加工的农产品可以进一步用于深加工，其残值为 v，深加工农产品的残值为 0。并且，加工商为了保证自己的原材料供应，与收购商事先签订供应价格合同并约定了目标供应量，即如果收购商的供应量超过（不足）约定的目标供应量，加工商将对超额（短缺）供应量进行奖励（惩罚）。假设供应链中加工商、收购商和销售商都是风险中性和完全理性的。

2. 变量定义及符号说明

（1）加工商的决策变量：w_x/w_y 为初级加工/深加工农产品单位批发价格；t 为加工商获取原材料的单位供应价格。

（2）收购商的决策变量：p_z 为收购商收购农产品原材料的单位收购价格；T 为目标供应量。

（3）销售商的决策变量：p_x/p_y 为初级加工/深加工农产品单位零售价格；Q_x/Q_y 为销售商向加工商初级加工/深加工农产品的订货量。

（4）其他变量：v 为初级农产品的单位残值；λ/τ 为惩罚合同规定的单位奖励/惩罚因子；$\dfrac{1}{\xi}$ / $\dfrac{1}{\delta}$ 为原材料的初级加工率或初级农产品的深加工率；c_a 为加工商从农户手中获取农产品原材料的单位收购价格；Π_i 的下标 $i = m,r,s$ 分别代表农产品加工商、销售商以及供应商的利润；$D(p_x)/d(p_y)$ 为依赖零售价格的初级加工/深加工农产品的随机需求量；$R(p_z)$ 为依赖收购价格的随机收购（供应）量。

这里采用与埃蒙斯（Emmons）类似的价格依赖随机供应量和随机需求量。随机收购（供应）量的密度函数和分布函数分别表示为：

$$h(z \mid p_z) = \frac{1}{R(p_z)}h\left(\frac{z}{R(p_z)}\right), z \geq 0$$

$$H(z \mid p_z) = H\left(\frac{z}{R(p_z)}\right) \text{且} \frac{\partial H(Z \mid p_z)}{\partial p_z} < 0$$

其中，假设收购量的期望为 $R(p_z)$，实际的收购量表示为 $Z(p_z,\theta) = \theta R(p_z)$，均值 $\mu_z = \mu_\theta R(p_z)$，$\theta$ 是独立于 p_z 的随机变量。初级加工农产品随机需求的密度函数表示为：

$$f(x \mid p_x) = \frac{1}{D(p_x)}f\left(\frac{x}{D(p_x)}\right), (x \geq 0)$$

分布函数为：

$$F(x \mid p_x) = F\left(\frac{x}{D(p_x)}\right), \text{且} \frac{\partial F(x \mid p_x)}{\partial p_x} > 0$$

类似地，深加工农产品随机需求的密度函数和分布函数分别为：

$$g(y \mid p_y) = \frac{1}{d(p_y)}g\left(\frac{y}{d(p_y)}\right), x \geq 0$$

$$G(y \mid p_y) = G\left(\frac{y}{D(p_y)}\right) \text{且} \frac{\partial G(y \mid p_y)}{\partial p_y} > 0$$

下面简要介绍本节中将要用到的几个子函数。

初级加工农产品的期望销售函数 $S_x(Q_x, p_x)$，即

$$S_x(Q_x, p_x) = E(\min(x, Q_x)) = \int_0^{Q_x} xf(x \mid p_x)\mathrm{d}x + \int_{Q_x}^{+\infty} Q_x f(x \mid p_x)\mathrm{d}x$$

$$= Q_x - \int_0^{Q_x} F(x \mid p_x)\mathrm{d}x \qquad (2-21)$$

同样的，深加工农产品的期望销售量为

$$S_y(Q_y, p_y) = Q_y - \int_0^{Q_y} G(y \mid p_y)\mathrm{d}y \qquad (2-22)$$

加工商付出的原材料总成本函数表示为 $C_m(p_z, t, Q_x, Q_y)$。原材料总成本包括两部分，一部分是从收购商处获得的原材料成本，另一部分是从农户处获得的原材料成本，即

$$C_m(p_z, t, Q_x, Q_y) = tz(p_z, \theta) + c_a(\xi Q_x + \xi\delta Q_y - z)^+ \qquad (2-23)$$

加工商在对农产品进行初级加工和深加工过程中产生的副产品销售收入表示为 $U(Q_x, Q_y)$，其中 α 和 β 分别为初级加工和深加工副产品的单位价格，即

$$U(Q_x, Q_y) = \alpha(\xi Q_x + \xi\delta Q_y - Q_x - \delta Q_y) + \beta(\delta Q_y - Q_y)$$

$$= \alpha(\xi - 1)Q_x + \alpha\delta(\xi - 1)Q_y + \beta(\delta - 1)Q_y \qquad (2-24)$$

加工商根据目标供应量对收购商进行奖惩，奖惩函数记为 $P(z, T)$，即

$$P(z, T) = \lambda(z - T)^+ - \tau(T - z)^+ \qquad (2-25)$$

3. 期望收益分析

加工商的收入由产品批发收入和副产品收入组成。加工商的成本不仅包括原材料的采购成本，还包括对农产品供应商的奖惩成本。加工商的期望收益如下：

$$E(\Pi_m(w_x, w_y, t; Q_x, Q_y, T, p_z))$$

$$= E(w_x Q_x + w_y Q_y + U(Q_x, Q_y) - C_m(p_z, t, Q_x, Q_y) - P(z, T))$$

$$(2-26)$$

销售商的期望收益如下：

$$E(\Pi_r(Q_x, Q_y, p_x, p_y; w_x, w_y))$$

$$= E(p_x S_x(Q_x, p_x) + p_y S_y(Q_y, p_y) - (w_x Q_x + w_y Q_y) - v(Q_x - x)^+)$$

$$(2 - 27)$$

农产品原材料供应商的期望收益如下:

$$E(\Pi_s(T, p_z; t)) = E(tz(p_z, \theta) - p_z z(p_z, \theta) + P(z, T)) \quad (2 - 28)$$

为了便于分析,假设 φ 服从 $[0, \bar{\varphi}]$ 区间内的均匀分布,则

$$F(\varphi) = \frac{\varphi}{\bar{\varphi}}, F^{-1}(\varphi) = \bar{\varphi}\varphi, D(p_x) = k_x(p_x - \eta_x)$$

其中, k_x 为需求价格弹性, $k_x < 0$, $\eta_x > w_x$, $w_x > v$。

类似的,有:

$$\Psi \sim U(0, \overline{\Psi}), d(p_y) = k_y(p_y - \eta_y)$$

其中, $k_y < 0$, $\eta_y > w_y$。

$$\theta \sim U(0, \bar{\theta}), R(p_z) = k_z(p_z - \eta_z)$$

其中, $k_z < 0$, $\eta_z > 0$。

2.3.2 联合最优策略分析

将农产品加工商、销售商和农产品原材料供应商视为集成系统, w_x, w_y 和 t 称作系统内部参数,以农产品供应链整体利润最大化为目标,联立式 (2-26)、式 (2-27) 和式 (2-28) 可得

$$E(\Pi_l) = E(\Pi_m + \Pi_r + \Pi_s)$$

$$= E(U(Q_x, Q_y) - c_a(\xi Q_x + \xi \delta Q_y - z)^+ + p_x S_x(Q_x, p_x)$$

$$+ p_v S_y(Q_y, p_y) + v(Q_x - x)^+ - p_z z(p_z, \theta))$$

$$= \alpha(\xi - 1)Q_x + (\alpha\delta(\xi - 1) + \beta(\delta - 1))Q_y$$

$$- \frac{c_a \xi^2 (Q_x + \delta Q_y)^2}{2\bar{\theta}R(p_z)} + p_x Q_x - \frac{(p_x - v)Q_x^2}{2\bar{\varphi}D(p_x)}$$

$$+ p_y Q_y - \frac{p_y Q_y^2}{2\bar{\psi} d(p_y)} - \frac{\bar{\theta}}{2} p_z R(p_z) \qquad (2-29)$$

由式（2-29）对 Q_x 求偏导，可得

$$\frac{\partial E(\Pi_I)}{\partial Q_x} = \alpha(\xi-1) - \frac{c_a \xi^2 (Q_x + \delta Q_y)}{\bar{\theta} R(p_z)} + p_x + \frac{(p_x - v) Q_x}{\bar{\varphi} D(p_x)}$$

而由 $\dfrac{\partial^2 E(\Pi_I)}{\partial Q_x^2} = -\dfrac{c_a \xi^2}{\bar{\theta} R(p_z)} - \dfrac{(p_x - v)}{\bar{\varphi} D(p_x)} < 0$ 可知，当一阶偏导取零的时候，

初级加工农产品订货量 Q_x 取到最优值。即当 $\dfrac{\partial E(\Pi_I)}{\partial Q_x} = 0$ 时，求得

$$Q_x^{I*} = \left(\alpha(\xi-1) - \frac{c_a \xi^2 \delta Q_y}{\bar{\theta} R(p_z)} + p_x \right) \left(\frac{p_x - v}{\bar{\varphi} d(p_x)} + \frac{c_a \xi^2}{\bar{\theta} R(p_z)} \right)^{-1} \quad (2-30)$$

对于深加工农产品的订货量 Q_y 的最优取值也是同样的求解方法，可得

$$Q_y^{I*} = \left(\alpha\delta(\xi-1) + \beta(\delta-1) - \frac{c_a \xi^2 \delta Q_x}{\bar{\theta} R(p_z)} + p_y \right) \left(\frac{p_y}{\bar{\psi} d(p_y)} + \frac{c_a \xi^2 \delta^2}{\bar{\theta} R(p_z)} \right)^{-1}$$
$$(2-31)$$

由式（2-29）对 p_x 求偏导，可得

$$\frac{\partial E(\Pi_I)}{\partial p_x} = Q_x - \frac{Q_x^2}{2\bar{\varphi}} \frac{D(p_x) - k_x(p_x - v)}{D(p_x)^2}$$

又由 $\dfrac{\partial^2 E(\Pi_I)}{\partial p_x^2} = -\dfrac{\eta_x - v}{\bar{\varphi} D(p_x)^3} k_x^2 Q_x^2 < 0$ 可知，对 p_x 的一阶偏导为 0 时，p_x 取得

最优值，可得初级加工农产品最优零售价满足：

$$p_x^{I*} = \frac{1}{k_x} \left(\frac{Q_x k_x (v - \eta_x)}{2\bar{\varphi}} \right)^{\frac{1}{2}} + \eta_x \qquad (2-32)$$

同样的，当 $E(\Pi_I)$ 对 p_y 的一阶偏导数为 0 时，深加工农产品零售价格 p_y 的最优取值满足以下条件：

$$p_y^{I*} = \frac{1}{k_y}\left(-\frac{Q_y k_y \eta_x}{2\bar\varphi}\right)^{\frac{1}{2}} + \eta_y \qquad (2-33)$$

同样方法求解 p_z 的最优取值:

$$\frac{\partial E(\Pi_I)}{\partial p_z} = \frac{c_a k_z (\xi Q_x + \xi\delta Q_y)^2}{2\bar\theta R^2(p_z)} - \frac{\bar\theta k_z}{2}(2p_z - \eta_z)$$

$$\frac{\partial^2 E(\Pi_I)}{\partial p_z^2} = -\frac{c_a k_z^2(\xi Q_x + \xi\delta Q_y)^2}{\bar\theta R^3(p_z)} - \bar\theta k_z < 0$$

由此可得农产品原材料的最优收购价格满足:

$$p_z^{I*} = \frac{1}{2}\left(\frac{c_a \xi^2(Q_x + \delta Q_y)}{\bar\theta^2 R^2(p_z)} + \eta_z\right) \qquad (2-34)$$

2.3.3 分散系统的斯塔克伯格对策

在以加工商为核心的三级农产品供应链中,加工商作为资源的占有方,与销售商签订了批发价格合同,与收购商签订了供应价格合同。当加工商为领导者,销售商和收购商为追随者时,三者进行三阶段的博弈。本书采用逆向归纳法求解分散系统下的斯塔克伯格最优对策。逆向归纳法除了适用于完美信息博弈,还适用于部分非完美信息博弈。

此中的博弈过程主要分为三个阶段。首先,销售商在给定的加工商批发价格条件下最大化自己的期望收益函数。然后,收购商根据给定的农产品原材料供应价格最大化自己的利润函数。最后,加工商根据以上求解的销售商和收购商的最优策略进行自身的决策变量取值。

以下是以加工商为领导者,销售商和收购商为追随者的一主多从斯塔克伯格对策具体模型。

$$\begin{cases}(L): \max_{w_x, w_y, t} E(\Pi_m(w_x, w_y, t, Q_x, Q_y, T, p_z)) = E(w_x Q_x + w_y Q_y + U(Q_x, Q_y) \\ \qquad\qquad\qquad\qquad\qquad\qquad\qquad - C_m(p_z, t, Q_x, Q_y) - P(z, T)) \\ Q_x = \arg\max_{Q_x, Q_y, p_x, p_y} E(\Pi_r(Q_x, Q_y, p_x, p_y; w_x, w_y))\end{cases}$$

$$
\begin{cases}
Q_y = \arg\max\limits_{Q_x,Q_y,p_x,p_y} E(\Pi_r(Q_x,Q_y,p_x,p_y;w_x,w_y)) \\[2mm]
T = \arg\max\limits_{T,p_z} E(\Pi_s(T,p_z;t)) \\[2mm]
p_z = \arg\max\limits_{T,p_z}(\Pi_s(T,p_z;t)) \\[2mm]
(F1): \max\limits_{Q_x,Q_y,p_x,p_y} E(\Pi_r(Q_x,Q_y,p_x,p_y;w_x,w_y)) = E(p_x S_x(Q_x,p_x) + p_y S_y(Q_y,p_y) \\[2mm]
\qquad\qquad\qquad\qquad\qquad\qquad\qquad\qquad - (w_x Q_x + w_y Q_y) + v(Q_x - x)^+) \\[2mm]
(F2): \arg\max\limits_{T,p_z} E(\Pi_s(T,p_z;t)) = E(tz(p_z,\theta) - p_z z(p_z,\theta) + P(z,T))
\end{cases}
$$

第一阶段，销售商在给定的加工商批发价格条件下最大化自己的期望收益函数。

由式（2 - 27）对 Q_x 的一阶条件可解得

$$
F\left(\frac{Q_x}{D(p_x)}\right) = \frac{p_x - w_x}{p_x - v}
$$

即最优的初级加工农产品订货量满足：

$$
Q_x^{s*} = D(p_x)F^{-1}\left(\frac{p_x - w_x}{p_x - v}\right) \tag{2-35}
$$

令 $\dfrac{p_x - w_x}{p_x - v} = \rho_x$，则

$$
Q_x^{s*} = D(p_x)F^{-1}(\rho_x)
$$

同样，最优的深加工农产品订货量满足：

$$
Q_y^{s*} = d(p_y)G^{-1}\left(\frac{p_y - w_y}{p_y}\right) \tag{2-36}
$$

令，$\dfrac{p_y - w_y}{p_y} = \rho_y$，则

$$
Q_y^{s*} = d(p_y)G^{-1}(\rho_y)
$$

将 Q_x^{s*} 和 Q_y^{s*} 代入式（2 - 27）可得

$$E(\Pi_r(Q_x, Q_y, p_x, p_y; w_x, w_y))$$

$$= (p_x - v)D(p_x)\int_0^{F^{-1}(\rho_x)} xf(x)\,\mathrm{d}x + p_y d(p_y)\int_0^{G^{-1}(\rho_y)} yf(y)\,\mathrm{d}y$$

$$(2-37)$$

由式（2-37）分别对 p_x 和 p_y 求一阶条件，可得初级加工农产品和深加工农产品的最优零售价格满足：

$$p_x^{s*} = \frac{3v + \eta_x + \sqrt{(\eta_x - v)(\eta_x + 8w_x - 9v)}}{4} \qquad (2-38)$$

$$p_y^{s*} = \frac{\eta_y + \sqrt{\eta_y^2 + 8w_x\eta_y}}{4} \qquad (2-39)$$

第二阶段，收购商根据给定的农产品原材料供应价格 t 最大化自己的利润函数。

由式（2-28）对目标供应量 T 求一阶条件可以解得

$$H\left(\frac{T}{R(p_z)}\right) = \frac{\lambda}{\lambda - \tau}$$

即最优的目标供应量应满足如下条件：

$$T^{s*} = R(p_z)H^{-1}\left(\frac{\lambda}{\lambda - \tau}\right) \qquad (2-40)$$

若令 $\frac{\lambda}{\lambda - \tau} = \rho_T$，则

$$T^{s*} = R(p_z)H^{-1}(\rho^T)$$

将 T^{s*} 代入式（2-28）可得

$$E(\Pi_s(T, P_z; t)) = \frac{\overline{\theta}(t - p_z + \lambda)R(p_z)}{2} - \frac{\overline{\theta}\lambda^2 R(p_z)}{2(\lambda - \tau)} \qquad (2-41)$$

由式（2-41）对 p_z 求一阶条件可得农产品原材料的最优收购价格满足：

$$p_z^{s*} = \frac{1}{2}\left(\eta_z + t - \frac{\lambda t}{\lambda - \tau}\right) \qquad (2-42)$$

第三阶段，根据以上求解的销售商和收购商的最优策略，加工商确定初级加工和深加工农产品批发价格 w_x 和 w_y 以及原材料供应价格 t，由式（2-26）可得 w_x、w_y 和 t 分别满足以下条件：

$$2w_x^{s*} = p_x^{s*} - \alpha(\xi - 1) + \frac{c_a \xi^2 (Q_x^{s*} + \delta Q_y^{s*})}{\bar{\theta} R(p_z^{s*})} \qquad (2-43)$$

$$2w_y^{\xi*} = p_y^{s*} - (\alpha\delta(\xi - 1) + \beta(\delta - 1)) + \frac{c_a \delta \xi^2 (Q_x^{s*} + \delta Q_y^{x*})}{\bar{\theta} R(p_z^{s*})}$$

$$\qquad (2-44)$$

$$t^{s*} = \frac{c_a \xi^2 (Q_x^{s*} + \delta Q_y^{s*})^2}{\bar{\theta}^2 R(p_z^{s*})} + \frac{\lambda}{\lambda - \tau} - 2(p_z^{s*} - \eta_z) \qquad (2-45)$$

2.3.4 集成系统与分散系统对策比较分析

分散系统与集成系统下相同的决策变量取值情况如表 2.2 所示。

表 2.2 集成系统与分散系统决策变量

变量	联合最优策略	分散系统最优策略
Q_x	$Q_x = \left(\alpha(\xi - 1) - \dfrac{c_a \xi^2 (Q_x^{s*} + \delta Q_y)}{\bar{\theta} R(p_z)} + p_x \right) \dfrac{\bar{\varphi} D(p_x)}{p_x - v}$	$Q_x = D(p_x) F^{-1} \left(\dfrac{p_x - w_x}{p_x - v} \right)$
Q_y	$Q_y = \left(\alpha\delta(\xi - 1) + \beta(\delta - 1) - \dfrac{c_a \delta \xi^2 (Q_x + \delta Q_y)}{\bar{\theta} R(p_z)} + p_y \right) \dfrac{\bar{\psi} d(p_y)}{p_y}$	$2\bar{\psi} d^2(p_y) = -k_y \eta_y Q_y$
p_x	$2\bar{\varphi} D^2(p_x) = Q_x k_x (v - \eta_x)$	$p_x = \dfrac{3v + \eta_x + \sqrt{(\eta_x - v)(\eta_x + 8w_x - 9v)}}{4}$
p_y	$2\bar{\psi} d^2(p_y) = -k_y \eta_y Q_y$	$p_y = \dfrac{\eta_y + \sqrt{\eta_y^2 + 8w_x \eta_y}}{4}$
p_z	$2p_z = \dfrac{c_a \xi^2 (Q_x + \delta Q_y)^2}{\bar{\theta}^2 R^2(p_z)} + \eta_z$	$2p_z = \eta_z + t - \dfrac{\lambda t}{\lambda - \tau}$

通过对斯塔克伯格博弈对策和联合最优策略的对比分析，得出以下结论。

结论 2.5 在以加工商为核心的农产品供应链中，加工商通过制定合适的批发价格来实现农产品供应链的协调，即 w_x 需满足 $Q_x^{s*} = Q_x^{I*}$，w_y 需满足 $Q_y^{s*} = Q_y^{I*}$。

以深加工农产品为例进行分析。

假设 $Q_y^{s*} = Q_y^{I*}$ 等价于

$$d(p_y) G^{-1}\left(\frac{p_y - w_y}{p_y}\right) = \left(\alpha\delta(\xi - 1) + \beta(\delta - 1)\right.$$

$$\left. - \frac{c_a\delta\xi^2(Q_x^{I*} + \delta Q_y^{I*})}{\overline{\theta}R(p_z^{s*})} + p_y\right)\frac{\overline{\psi}d(p_y)}{p_y}$$

则深加工农产品的批发价格满足：

$$w_y = w_y^b = \frac{c_a\delta\xi^2(Q_x + \delta Q_y)}{\overline{\theta}R(p_z^{s*})} - \alpha\delta(\xi - 1) - \beta(\delta - 1)$$

然而，

$$2w_y^{s*} - 2w_y^b = p_y + (\alpha\delta(\xi - 1) + \beta(\delta - 1)) - \frac{c_a\delta\xi^2(Q_x + \delta Q_y)}{\overline{\theta}R(p_z)}$$

$$> 0$$

即 $w_y^{s*} > w_y^b$，说明加工商若想实现供应链协调，需要以牺牲自己的利润作为代价，显然理性的加工商是不愿意放弃自身利益的，因此单纯地依靠签订批发价格合同来实现农产品供应链协调是不可能的。

结论 2.6 在加工商和收购商之间，当 $p_y^{s*} = p_z^{I*}$ 时，求得

$$t = t^b = \frac{c_a\xi^2(Q_x + \delta Q_y)^2}{\overline{\theta}^2R^2(p_z)} + \frac{\lambda t}{\lambda - \tau}$$

显然 $t^{s*} < t^b$，加工商想要实现农产品供应链协调，则必须提高农产品原材料的供应价格 t，对于理性的加工商也是不可能的，因此依靠供应价格合同实现农产品供应链协调也是不可能的。

2.3.5　数值算例

对于农产品供应链系统参数进行以下设置：$v = 1.0 \times 10^4$ 元/吨，$c_a = 7.5 \times 10^3$ 元/吨，$\tau = 150$ 元/吨，$\alpha = 280$ 元/吨，$\beta = 3000$ 元/吨，$\dfrac{1}{\xi} = 0.7$，$\dfrac{1}{\delta} = 0.5$。

初级农产品期望需求量 $D(p_x) = 2.667 \times 10^{-2} \times (p_x - 15000)$ 千吨，深加工农产品期望需求量 $d(p_y) = 0.389 \times (p_y - 26500)$ 千吨，期望供应量 $R(p_z) = 0.75 \times (p_z - 7300)$ 千吨。另外，φ，ψ 和 θ 均服从 $[0, 2]$ 的均匀分布。

在斯塔克伯格博弈对策中，销售商的最优零售价格 $p_x^{s*} = 1.41 \times 10^4$ 元/吨，$p_y^{s*} = 2.50 \times 10^4$ 元/吨，最佳订货量 $Q_x^{s*} = 17.10$ 千吨，$Q_y^{s*} = 132.49$ 千吨；收购商的最优化收购价格 $p_z^{s*} = 7.56 \times 10^3$ 元/吨，目标供应量 $T^{s*} = 765.18$ 千吨；加工商的最优批发价格 $w_x^{s*} = 1.26 \times 10^4$ 元/吨，$w_y^{s*} = 2.22 \times 10^4$ 元/吨，从收购商手中获取的原材料最优供应价格 $t^{s*} = 8.11 \times 10^3$ 元/吨。加工商的最优利润为 4.98×10^4 万元，销售商的最优利润为 2.00×10^4 万元，收购商的最优利润为 4.88×10^3 万元，三者的利润总和为 7.47×10^4 万元。

求得的联合最优策略仿真值如表 2.3 所示。

表 2.3　　　　　　　　　　两种策略下的变量值及利润

决策变量	斯塔克伯格博弈最优策略	联合最优策略
初级加工农产品零售价格（元/吨）	1.41×10^4	1.40×10^4
深加工农产品零售价格（元/吨）	2.50×10^4	2.49×10^4
初级加工农产品订货量（千吨）	17.10	19.56
深加工农产品订货量（千吨）	132.49	143.87
农产品原材料收购价格（元/吨）	7.56×10^4	7.55×10^4
系统利润总和（万元）	7.47×10^4	7.58×10^4

由表 2.3 中数据可以看出，联合最优策略的集成农产品供应链的最优利润和销售量均高于分散系统加工商、收购商和销售商的利润之和，这是

因为加工商和收购商之间签订的供应价格合同以及加工商和销售商之间签订的批发价格合同均无法实现农产品供应链的协调，从而导致了整个农产品供应链系统利润的降低。

2.3.6　研究结论

本节运用博弈论的方法，对以加工商为核心的三级农产品供应链模型的协调机制进行了研究。本节首先对博弈论及斯塔克伯格博弈进行了基本介绍，建立了以加工商为核心的三级农产品供应链模型，模型假设供应和需求都是随机的，而且加工商为了保证自己的原料供应，与农产品原材料供应商签订了目标奖惩合同；然后求解了集成系统下的联合最优策略以及斯塔克伯格博弈下的分散对策，对两种情况下的最优决策进行分析比较，得出无论是批发价格合同还是目标奖惩合同都无法实现供应链的整体协调的结论；最后通过数值算例对分散系统下以及集成系统下各变量及整体利润进行了进一步分析比较。

第3章 基于协议流通的农产品 供应链协调

从农业生产合作社到农超模式，传统农产品流通过程中的物流、信息流、资金流等方面都存在一些问题，导致信息不对称、技术落后，阻碍农产品的流通发展。因此，建立基于协议流通的农产品供应链协调模式是未来的农产品供应链大趋势。本章基于农产品协议流通与风险共担理论，提出了农产品协议流通模型，构建了一种生产－加工协调中的违约博弈模型，并根据"公司＋农户""公司＋农户＋收益分享""公司＋农户＋期权"等三种模式展开优化分析。

3.1 农产品供应链的流通模式

3.1.1 传统农产品流通模式的现状与问题

传统农产品流通是随着我国农产品流通和农产品产业化发展需要而产生和发展的。近年来，尽管农产品流通取得了一定的成绩，但同国外发达的市场经济体相比，无论在流通方式还是在流通技术上均处于比较落后的阶段，在物流、信息流、资金流的传递过程中存在许多可以改进和提升的空间。传统农产品流通模式如图 3.1 所示。

1. 物流分析

流通环节过多是传统农产品流通的主要问题，从农户到消费者之间至

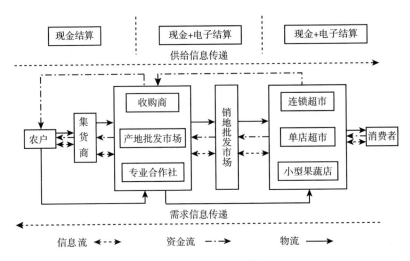

图 3.1 传统农产品流通模式

少要经过 3 个环节，流通环节过多的直接结果就是层层加价，导致终端采购成本上升。其次，由于农产品区别于一般产品，其易腐性的特点对时效性、安全性提出了更高的要求，而流通环节中每经过一道环节就需要进行相应的装卸、搬运、配送等物流作业，并经历多次转手，这使农产品的损耗不可避免地增加，并且质量安全追溯也难以实施，无法保障农产品的新鲜和安全。

2. 信息流分析

在农产品供应链条件下，农产品市场信息是连接农产品生产、加工、销售的纽带，是农产品流通顺畅的基础。虽然，近年来，农产品流通信息化建设取得了一定的成果，但是从整体上看，传统农产品流通模式信息流方面存在两个主要的问题：一是市场需求信息不能有效传达，还未实现真正意义上的供应链管理。供求信息分别单向传递，其会导致信息滞后和失真，导致牛鞭效应，放大市场风险。二是信息传递的纵向环节多，横向环节少。由于缺少统一的公共信息平台，生产者、流通企业、消费者之间缺乏有效的信息沟通，容易产生信息孤岛现象，导致农产品流通环节中成员的信息搜寻成本和交易费用增加。

3. 资金流分析

传统农产品流通模式资金流存在的问题有资金结算手段落后、生产与消费两端多以现金结算等。资金结算方式导致农产品供应商资金周转速度下降、盈利能力降低。

传统农产品流通模式中的物流、资金流、信息流都存在着大量的阻耗，导致流通不顺畅，制约了我国农产品流通的进一步发展。提升和完善农产品流通系统的关键是减少物流、资金流与信息流的阻耗，这需要对农产品传统流通模式加以改进，构建新型的农产品流通模式。

对传统农产品流通模式特点与问题的分析结果表明，减少子系统——物流、资金流与信息流的阻耗，是提升和完善农产品流通大系统的关键。基于供应链管理思想，在农产品流通过程中，有一个核心企业作为供应链的组织者和管理者可以将农产品的生产和消费结合起来的现代农产品流通模式，是农产品流通主体强化流通能力、提升效率和效益的重要途径。

3.1.2　基于供应链管理的农产品协议流通模式

"十一五"国家科技支撑计划"农村流通管理与服务体系建设关键技术研究开发及示范工程"中将"农产品协议流通"定义为参与农产品流通中的生产、加工和销售的各市场主体之间以协议为纽带，采用信息通信技术和供应链管理思想，通过核心企业进行信息传导、渠道建设、质量控制和物流保障，使农产品流通相对稳定和安全。

以协议流通方式为基础的新型农产品流通模式主要有：以批发市场为核心的农产品流通模式；以连锁超市为核心的农产品流通模式；以中间企业为核心的农产品流通模式；以及以零售企业为核心的农产品流通模式。随着市场竞争加剧、集约化发展以及供应链整合，流通模式集中化是未来的发展趋势。

四种核心企业主导的新型农产品协议流通模式中，中间企业供应链组织型协议流通模式和批发市场服务拓展型协议流通模式属于"三站式流通"，零售企业定点型协议流通模式属于"两站式流通"，连锁集团主导产业链型协议流通模式则属于"一站式流通"。

1. 中间企业供应链型农产品协议流通模式

目前，农产品加工业已经成为国民经济发展中总量最大、发展最快，对"三农"带动最大的支柱产业之一。农产品加工业是农业产业化发展的核心，是延长农产品产业链的关键环节。

中间企业供应链组织型流通模式是以实力雄厚的加工、贸易型企业为核心，通过国内外分销网络，将农产品直接送达终端。在供应链架构中，中间企业作为协议流通的组织者，处于生产与销售之间的枢纽位置，上游连接生产端，提供农产品生产管理和生产咨询，并按与生产者的协议采购并组织再加工，下游连接销售端，按照与零售商的协议向连锁门店及时配送。供应链的上下游企业间，以契约形式（如战略联盟、合资、合同协议）安排产品的交易，形成合作伙伴关系，以实现产品从生产到消费的流通。中间企业供应链型农产品协议流通模式如图 3.2 所示。

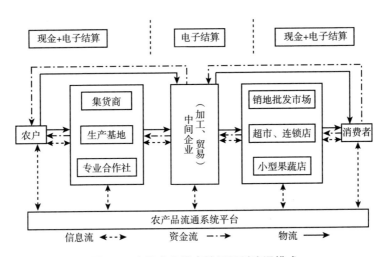

图 3.2　中间企业供应链组织型流通模式

在该模式下，中间企业不仅是协议流通的组织者，负责收集市场信息，组织新一轮生产与供应，而且是生产组织、供求组织和产品、质量安全的责任人。农产品从基地采购之后，不再经过批发市场和集贸市场，而是直接由配送中心初加工后送往零售终端消费者，减少了中间环节，提高了交易效率。而且，大型加工企业拥有良好物流设施与设备，对农产品进行规模化、标准化、专业化加工，不仅提高了农产品附加值和技术含量，为市场提供品种繁多的成品、半成品，更好地满足了消费者的多样化需求，还可以通过对上下游生产过程的监督，从源头确保产品质量安全。同时，参与供应链的主体更加组织化和标准化，提高了供应链的稳定性和安全性，为消费者提供了更高水平的服务。

2. 批发市场服务拓展型协议流通模式

中国农产品批发市场从 20 世纪 80 年代初期出现以来，经过近 40 年的发展，已完成从大量的小规模生产者到大量农产品零售商贩的转移，正在进入企业化运作阶段，成熟、规范的批发市场拥有的强大的商品集散功能、价格形成功能、信息服务功能以及调节供求功能，使得其能承担起供应链中核心企业的角色。以批发市场服务拓展型协议流通模式如图 3.3 所示。

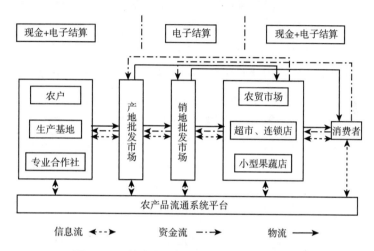

图 3.3　以批发市场服务拓展型协议流通模式

目前，由于以往消费观念和消费意识的延续，批发市场仍然是农产品流通主渠道。批发市场服务拓展型流通模式是以批发市场为核心的流通模式，即批发市场作为农产品协议流通供应链中的核心企业，通过配备完善的物流体系和信息平台等手段拓展农产品批发市场的功能，接受用户需求的拉力和基于利润需求的推力，向上、下游延伸服务功能，与超市等零售企业建立直接的长期协议关系，实现批发市场与农产品生产与零售领域的直接有效对接，形成农产品集批发交易、仓储保管、冷藏冷冻、分货拣选、流通加工、包装、配送及提供市场信息等综合化和一体化的农产品协议流通新模式。

在该模式中，企业化的批发市场与生产基地和专业大户建立稳定的战略联盟关系，保障了批发市场交易的稳定性和持续性；而且，批发市场驱动各参与主体实施供应链管理，建立利益共享、风险共担的运行机制，利用市场力量和批发市场协议流通管理平台两个手段直接监督机会主义行为，从而减少交易的不确定性;同时,农产品批发市场中批发商与供应商之间大多采用口头约定的形式,因此不必承担交易签约费用及交易履行费用,又由于批发商在批发市场中的长期经营,能够迅速掌握农产品的价格变动,可以减少投机现象的发生。

总体看,批发市场服务拓展型协议流通模式为交易双方提供自由交易的空间,为他们提供公平、公正、放心、有序的交易环境,实现信息共享、风险共担,保障了农产品质量安全,减少了流通环节,减低了交易费用,具有良好的发展前景。

3. 零售企业定点流通模式

零售企业定点流通模式是零售企业(一般是指大型超市或生鲜卖场),即在农产品供应链中作为农产品供应链条上的核心企业,负责组织和协调农产品从生产、加工、配送、检测、包装到销售的整个环节。零售企业定点型协议流通模式以超市单店为主,包括大型单店超市、中小规模零售门店,还包括社区的农产品便利店。与农贸市场相比,单店超市的经营主体具有一定规模,不是零散摊贩,但其实力和规模明显弱于连锁集团,这种模式可以依靠批发市场、供应商及合作社来供货。目前农产品流通实践中出现的"批零对接"形式,正是零售企业定点型流通模式的一种表现形式。

以零售企业为核心的模式要求零售企业在生产阶段选择供应方,与农户或农协等农产品生产组织建立协议关系。而在流通阶段,零售企业作为核心企业在流通过程中分享农产品生产与流通的价值链,是商品供应和质量保障的责任人。零售企业定点流通模式如图3.4所示。

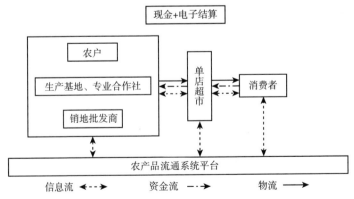

图3.4 以零售企业为核心的农产品流通模式

在这种模式下，零售企业与多个直采基地合作，最大限度地解决了农产品的"卖难"问题，使合作基地的产品都有了固定销路，也保障了零售企业对农产品销售的多品种要求。同时，零售企业与生产基地直接对接，大大减少了流通环节，降低了流通中的损耗，提高了流通效率和农产品的完好率。零售企业主导着整个农产品供应链，其发达的 POS 系统掌握着链上所有节点的信息，使其更容易准确地了解、分析、预测终端消费者需求，促进了以需求为导向的供应链的形成。此外，零售企业还拥有足够的资金和配套的物流服务作保障，保障了物流、资金流、信息流的稳定和畅通。

4. 连锁超市主导型协议流通模式

连锁超市主导型协议流通模式是以连锁超市为核心企业的供应链管理模式。连锁超市通过其强大快捷的信息系统、集约化的大型仓储配送中心、庞大的终端分销网络以及雄厚的资金、人才实力，成为供应链的核心企业。连锁超市主导型协议流通模式如图 3.5 所示。

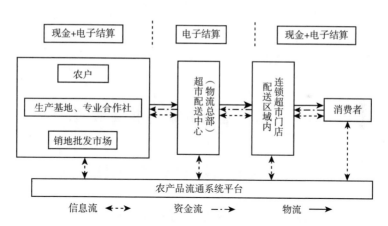

图 3.5　以连锁超市为核心的农产品流通模式

连锁超市以市场需求为中心，向农产品流通上游延伸，通过投资兴建基地或与农产品经销商、加工企业联合，与大规模稳定货源和基地的农产品生产商建立长期合作关系，管理农产品生产、加工、配送、零售的一体化产业链，并通过自建产品物流配送中心或采用第三方物流，向门店提供农产品，形成"基地生产、协议对接、品牌包装、统一加工、统一定价和连锁销售"的基本模式。

农超对接模式的农产品流通供应链是最短的，运作效率最高，是现代供应链管理中最先进、最有效的模式。超市取代了传统的流通模式中的批发商、零售商贩等环节，作为拥有独立产权的一个流通组织，与上游农产品供应企业建立并维持良好的合作关系，通过信息平台加工得出市场需求的真实结论，将市场对农产品的需求作为中心出发点，形成直接有效的农产品供应渠道，减少了中间环节，并通过物流配送中心直接向连锁门店提供农产品，相应地减少了流通链条上的流通主体，降低了交易费用和协调成本，除此之外，科学、高效的生鲜配送体系不仅能够提高农产品流通效率，节约农产品的流通时间，在一定程度上还可以降低农产品流通环节中的损耗率，更有助于实现产品质量、加工和管理的标准化，减少管理漏洞，真正符合消费者对农产品安全性和新鲜度的要求。

当前，以农超对接为代表的连锁集团主导型协议流通模式已经走过了初期的"破冰之旅"，正在进入面临大量问题有待解决的攻坚阶段。连锁超市主导型协议流通模式得以有效运行的关键是在政府和政策的支持下，连锁超市相关各方紧密合作，共同致力于建立基于信息透明、相互信任、认识统一、责任清晰、利益共享、风险共担、相互服务的长期合作、长期共生的农产品信息链增值服务链。

3.2　农产品协议流通博弈模型

3.2.1　农产品协议流通收益与风险共担的理论分析

农产品协议流通中的合约困境从表面上看是由农业运行过程中的诸多风险所引起的，实际上是根源于农产品合约的不完全性和机会主义行为。正是不完全合约使违约成为可能，而机会主义行为又使违约成为必然。

1. 不完全合约的风险

依照合约的完备程度，合约可以分为完全合约和不完全合约两类。完全合约是一种理想的合约，它假定缔约双方完全理性，并且缔约环境是完全竞争的市场。而在现实生活中的合约往往是不完全合约。在签约之前，由于外部环境的复杂性和多变性以及人的有限理性，加之农产品区别于工业品具有自然生产和经济生产的特点，不确定性更高，缔约双方（企业、农户）不能预见到未来可能发生的一切事件，也难以准确预见未来的价格变化，因而很难确定详尽和精确的合约条款，为了降低交易费用，便只能签订一个较为粗略的合约。其中，产销协议就是一种典型的不完全合约。

农产品协议流通中的不完全合约机制，旨在基于缔约各方关系，达成一定程度的承诺和连续性，同时保持一定程度的弹性，以应付需求的变动。然而，当有限理性和交易成本太高产生信息不完全以及追求利益最大化产生机会主义行为时，极易导致道德风险和逆向选择，这就产生了一个"注定不完全合约"。不完全合约暗含了合约纠纷或违约契机，这使得合约的签署各方需要承担一定的风险。这种风险是指农产品协议流通中出现的未能预测到的问题，它会影响到合约的履行，主要表现在其为双方事后压级压价、拒售和其他机会主义行为留下了很大的"公共领域"，在签约之后，合约的执行容易出现问题，且任何一方都很难阻止另一方的机会主义违约行为。典型的情况是，当市场价格低于合约价格时，龙头企业将直接从市场收购；而当市场价格高于合约价格时，小农户则违约将产品转售市场。

2. 农产品流通的"交易费用"

1937年，著名经济学家罗纳德·科斯（Ronald Cosas）在《企业的性质》一文中首次提出交易费用理论，它是新制度经济学最基本的概念。

在科斯之后，威廉姆森（Williasmson）等许多经济学家又进一步对交易费用理论进行了发展和完善。威廉姆森（Williasmson，2002）认为有限理性和机会主义行为、环境的不确定性和信息的复杂性、资产专用性是导致交易费用产生的三个原因，其中，资产专用性是最关键的因素，如果资产专用性越强，则越容易受到交易方的机会主义行为的威胁，交易费用就越高。农产品协议流通的合约签订双方中，与小农户相比较，龙头企业由于具有一定规模的专用性资产，更注意市场信誉所带来的长期利益，龙头企业一般更守约。

张定胜和杨小凯（2003）等经济学家在创立的新兴古典主义经济学中区分了两种不同类型的交易费用——外生交易费用和内生交易费用。外生交易费用包括运输过程中的资源消耗，用于生产、运输及交易过程中的交易设施等，在交易过程中直接或间接地发生，并非由于决策者利益冲突而导致；内生交易费用包含逆向选择、道德风险和机会主义等，潜在损失的可能性的衡量是通过概率和期望值来计算得到的。在农产品流通中，农产品的易腐败、资产专用性高、标准化程度低、价格波动频繁、不确定性强，导致了农产品交易的谈判、执行以及监督成本较高。

3. 农产品流通的"道德风险"与"逆向选择"

在供应链成员中存在不平衡的信息与力量对比和分布，且由于供应商和购买商也有实现自己局部最优的私利性，因此，供应链上各企业之间属于道德风险和逆向选择并存的委托代理关系。

农产品流通中的信息流应覆盖从生产到零售的所有环节。最上端的主体是农民，数量众多且分散，信息获取渠道狭窄，加之农产品交易信息有较大的即时性，这些都导致农产品流通的上游难以获取有效的需求信息；从下游消费者来看，需求偏好具有很大的多样性和差异性，需求信息难以整合至农产品生产者；从中间环节考虑，农产品加工、流通环节众多，地域跨度大，信息掌握困难，容易导致信息失真，产生牛鞭效应。因此，农产品供应链中的不完全信息、信息不对称和牛鞭效应的存在，都会产生道德风险，影响最优委托权的安排。道德风险最明显的表现就是合约双方在签约后采取不法行为获得收益。就农产品协议流通的合约而言，当市场价格高于合约价格时，作为农产品供应商的农民可能会选择隐瞒产量，以减少履约的数量，将隐瞒的农产品出售给市场以获得更高的利益；当市场价格低于合约价格时，农民则可能选择虚报产量，从市场上以市场价格购得虚报数量的农产品按照合约价格出售给企业，从而赚取市场价格与合约价格间的差价。

逆向选择是指隐藏知识的行为，当合约的一方不知道另一方某些相关的特征时，就存在隐藏知识的行为。在中国农产品流通中，广为分散的农户与下游企业之间存在信息不对称，这极易导致逆向选择。一方面，由于农户缺乏显示其可信赖程度的信号，下游企业难以辨别其信息特征，极易产生信息不对称；另一方面，农户属于信息弱势方，难以及时准确地把握市场需求，这使得拥有更完备的市场信息和法律知识的企业可能隐瞒知识，甚至诱使农民签订不合理的合约，从而损害农民的利益。

3.2.2 农产品流通的协调问题

农产品流通中的节点企业、企业目标和决策行为构成了博弈论的三大基本要素，形成了博弈论研究的基本框架：农产品供应链由供应商、加工商、分销商和物流企业等各个节点企业构成，这些节点企业即是博弈的参与人；农产品流通中各企业的目标并不相同，正是这些不同的目标和企业各自选择的决策行动构建了博弈策略空间；各节点企业在农产品流通中所获得的收益不相同，形成了他们的收益函数。因此，博弈论适合研究农产品流通问题。

农产品流通中各成员企业之间的关系属于既合作又竞争，农产品供应链系统效能，来自链上成员企业的真诚合作，而各成员企业会为了自身利益最大化在战略空间中选择适合自己的策略。农产品流通就得起到协调和平衡的作用，即通过设计某一种机制来改变链上各成员的行动策略，使得各成员企业通过协同运作以实现个体理性与集体理性的协调，最终实现农产品供应链系统的整体效益最优的目的。从博弈角度看，农产品流通的运作管理可以通过博弈理论研究范式来找到各决策的均衡，在农产品流通的运作管理中，需要解决的关键问题主要分为农产品流通系统内部的利益分享机制的构造、合同供应商的选择、供应链绩效激励机制的设计以及联盟成员关系的协调等。

目前，农产品流通系统内部利益分配不合理是导致农产品生产不规范的重要原因。农产品经销环节多，农产品经销商的利润占全部利润的80%，农产品生产者的利润只占20%（陈薇、杨春河，2008）。农产品流通系统内利益分配不均。一方面，损害了农产品生产者再生产的能力，从根本上影响农产品生产的规范发展；另一方面，生产者的不规范生产，损害了经销商的利益，殃及农产品消费者。因此建立农产品流通系统内合理的利益机制对于实现农产品产业化至关重要。

关于利益与风险分配问题，国外学者取得了较多的研究成果。1953年沙普利提出 n 个局中人合作的收益分配公式，定量研究了利益分配问题，启发了学界对供应链合作伙伴间收益分配的研究。在另一个经典的利益分配模型——报童模型中，当采用固定价格时（通过合同规定价格），收益分享将通过商誉惩罚成本与任意分配利润使供应链协调；但是在采购价格共同制定（通过市场博弈制定价格）的报童模型中，使交易协调的利润分配方式是唯一的（Keren，2009）。

近年来，协调机制成为供应链管理方面研究的热点之一。合约是一类重要的供应链协调机制，常见的合约形式包括数量折扣契约、回购合约、收入共享合约、期权合约等。通过博弈论的知识，将上述供应链协调机制引入普通合约，研究农产品流通中各节点企业的决策及其相关企业决策之间的影响，从而构建出能够协调农产品供应链各决策点行动的合约模式，实现个体理性与集体理性相统一，提高合约履约率。

3.2.3　农产品协议流通的相关研究

1. 农产品流通供应链研究

农产品协议流通本身是一种比较复杂的流通方式，其外在表现形式和内在结构都比较复杂，尤其是随着信息技术的发展，在农产品协议流通中更是发挥了重要作用，增加了它的复杂程度。

有研究认为企业以较低价格协调与整合供应链资源来减少整体信息不平衡，可以采取的有效方法是以信息技术为手段，聚合物流、信息流等各项资源，从而提高合作效率（Mehm et al.，2002）。为了使农业供应链有效运作，我们不仅应该建立有利于各方的伙伴关系，而且还应该满足一致运作、加强信息交流和安全责任的条件（Adrie et al.，2002）。布尔等（Burer et al.，2008）研究制定了完全符合农业种子行业供应商和零售商之间供应链协调要求的合同参数。

秦学和赵勇（2000）总结了我国当前农产品流通体制的弊端，同时提出改革和完善农产品市场体系的诸多方案。许璐（2001）认为深化农产品流通体制改革是开拓农村市场、增加农民收入的重要手段。章寿荣和王蕾（2006）以生鲜超市和农贸市场为切入点，探讨了他们实现组织效率的可能性，认为缩短流通链条的生鲜农产品流通主体可以有效地提高农产品流通效率。

符少玲等（2008）提出信息不完全条件下农产品供应链合作绩效问题，通过多维决策模型探讨提高农产品供应链合作绩效的途径。邓俊森（2008）认为农户的个体分散经营模式和供应链上下游之间联系的不紧密是造成农户交易成本提高和供应链不稳定的重要原因。陈小静（2010）以供应链为基础，提出了构建基于优质农产品供应链的农产品流通体系与政策建议。杨果（2017）认为当前农产品生产与流通领域仍存在许多问题，如农产品生产组织与流通模式不匹配、生产与利益分割不均衡、价格机制扭曲等，需要进行新的机制设计，提高组织化程度，推动现代化流通模式。

2. 农产品质量安全追溯体系研究

农产品协议流通作为一种把农产品的生产与销售紧密连接起来的流通模式，进一步提高了各方在市场中的企业化程度，同时提升了农产品生产和流通中的食品安全性和可追溯性，连接了农产品从生产到消费的各个环节。

由于市场各角色之间的信息不对称，研究认为，需要各种认证机构和标识来提供有关农产品质量的安全信息（Loureiro et al.，2001），农产品质量安全追溯体系信息的采集、传递、统筹所形成的各方之间稳定的信息流有助于缓解市场内各角色的信息不对称，同时使农产品质量安全变得透明、可信任（Crespi & Marette，2001）。食品安全追溯制度在确保食品质量和安全性上发挥了重要作用（Jill，2003）。农产品质量和管理结构在农产品供应链中存在一定的关系（Maze et al.，2001）。关于企业建立可追溯制度的动力，有研究认为其中一个重要方面是为企业带来一部分的收益（David，2006）。

由于参与主体的缺乏，容易造成安全追溯信息质量不高的局面。因此需要多元主体的共同参与、相互协调。例如政府、生产经营者等都能够在农产品质量安全可追溯体系中发挥作用、提高效能，共同消除农产品质量安全风险（陈彦丽，2014）。罗涯镕（2022）认为质量安全追溯体系建设存在的主要障碍是有主体因为缺乏认知与信任，参与的意愿较弱，同时可追溯农产品利润有限，也导致建设参与意愿不强。

3. 农户和公司合作关系研究

早在20世纪末，邢安会（1999）就提出了企业未能与农户结成利益共同体是众多农产品流通企业和加工企业面临生存和发展危机的重要原因。在农业企业合作中，要实行农产品价格保障机制和农户体系；建立产品质量追溯体系，提高农产品的环境安全性。同时，要完善农产品价格交易制度，保护供应链中农业企业的利益（李萍等，2019）。

研究证明，合作社和成员之间应该寻求一种新的合作方式（Hovelaque et al.，2009）。通过探讨供应约束和附加几个合同对当前合作的影响，发现合作社因为必须要接受来自所有成员的原材料，因此在市场趋势中处于劣势地位。以泰国甜椒为例，通过对协议流通合同中各方角色安排分析农户们更倾向于哪种收购渠道的研究结果表明，农户往往更倾向于非合同收购。如果以合同方式收购，合同中就应有可以改善农户和收购商之间的关系的条款，从而推动两方的良好合作（Schipmann et al.，2011）。

王秋芳（2006）构建了在农产品流通过程中确定战略合作伙伴的4C评价指标体系。周毅、吴碧波（2009）认为，传统农产品流通模式中的流通系统各环节组织成员关系混乱、政府作用和制度变迁、单一线性关系等因素，制约了各环节协同效应的发挥。学者们还提出构建以农产品流通咨询集成为中心的新型农产品流通模式的基本架构和路径选择。

3.3　生产－加工协调中的违约博弈模型

3.3.1　模型构架与研究假设

"公司＋农户"模式即订单农业，是指在农业生产经营过程中，农户与龙头企业或中介组织签订有法律效力的产销合同，由此确立双方的权利和义务关系，农户根据合同安排组织生产，企业或组织按合同收购农产品的一种农业产销模式，这是当前农业产业化经营的主导形式。"公司＋农户"模式的违约风险主要有自然风险、市场风险和道德风险3类。

订单农业的契约困境从表面上看，是由订单农业运行过程中诸多风险引起的，实际上则根源于农产品契约的不完全性和机会主义行为产生的道德风险。正是不完全契约使违约成为可能，而机会主义行为又使违约成为必然。本节将通过博弈论来分析农户与企业之间由于道德因素而形成的违约风险。

3.3.2　变量定义与符号说明

由于公司和农户在"公司＋农户"模式中的商品契约为远期合约，即签约后一段时间才履行合约。企业和农户在 $T=0$ 时签订一份契约，在 $T=1$ 契约到期时，企业和农户基于对违约和履约的收益考虑，选择违约或履约的行动策略使得所获的收益最大化。此时农户和企业不但需要考虑 $T=1$ 时点的收益，还得考虑 $T=2 \sim T=n$ 的阶段可以取得的收益。假设以下条件：

（1）在该博弈模型中，公司和农户都是理性的经济人。

（2）市场价格属于公司和农户的共有信息。

（3）公司和农户的行为可以有违约与履约两种选择；并且如果一方违

约，那么该方将不可能有再次参与合约模式的机会。

（4）由于契约模式可以将市场交易内部化，因此在"公司 + 农户"模式中，博弈双方根据合同交易可以节省交易费用，其中单位合同产品能为农户节省交易费用 W_1，为企业节省交易费用 W_2。

（5）合同价为 P_c，市场价格 P_m 在合同收购价 P_c 的基础上以幅度 X 波动，单位合同农产品违约金为 E，合同交易量 Q。

（6）在"公司 + 农户"模式中，公司以市场价格在 $T = 1$ 时根据合同购得农产品，加工得到每单位农产品流通的附加价值（即每单位农产品经加工后出售的纯利润）为 N，并且假定行情变化不对纯利润 N 产生影响。

（7）农户生产该单位农产品的成本和与公司签订合约进行交易的成本之和为 C_1，并假设其不存在资产专用性问题。

（8） P_i 为 $T = i$ 时点的市场价格，农户贴现率为 r_1，企业贴现率为 r_2，并且由于农户更看重短期收益，其期贴现率 r_1 高于企业贴现率 r_2。

（9）双方效用值等同于收益值。

3.3.3 农户和企业的收益期望分析

农户 $T = 2 \sim T = n$ 期的合同交易收益为：

$$\Pi_{c1} = \sum_{i=2}^{n} \frac{(P_c - C_1)}{(1 + r_1)^{i-1}} \tag{3-1}$$

农户 $T = 2 \sim T = n$ 期的市场交易收益为：

$$\Pi_{m1} = \sum_{i=2}^{n} \frac{(P_i - C_1 - W_1)Q}{(1 + r_1)^{i-1}} \tag{3-2}$$

公司 $T = 2 \sim T = n$ 期的合同交易收益为：

$$\Pi_{c2} = \sum_{i=2}^{n} \frac{(N + P_i - P_c)Q}{(1 + r_1)^{i-1}} \tag{3-3}$$

公司 $T = 2 \sim T = n$ 期的市场交易收益为：

$$\Pi_{m2} = \sum_{i=2}^{n} \frac{(N - W_2)Q}{(1 + r_1)^{i-1}} \tag{3-4}$$

用 A 表示农户，B 表示公司；O 表示履约，用 D 表示违约，得公司和农户的收益矩阵如表3.1所示。

表 3.1　$T=1$ 时公司和农户在"公司＋农户"模式中考虑长期收益的博弈矩阵

农户 A	公司 B	
	履约 O	违约 D
履约 O	$(P_c - C_1)Q + \Pi_{c1}$, $(N + P_m - P_c)Q + \Pi_{c2}$	$(P_m - C_1 - W_1 + E)Q + \Pi_{c1}$, $(N - W_2 - E)Q + \Pi_{m2}$
违约 D	$(P_m - C_1 - W_1 - E)Q + \Pi_{m2}$, $(N - W_2 + E)Q + \Pi_{c2}$	$(P_m - C_1 - W_1)Q + \Pi_{m1}$, $(N - W_2)Q + \Pi_{m2}$

在 $T=1$ 时点公司和农户考虑长期收益的博弈矩阵里，双方愿意在 $t=0$ 期签订合约，代表双方认为在 $t=1$ 期合约模式期望大于市场交易期望收益，同理，每一期对下一期有同样判断，这表示从 $t=1$ 期到 $t=n$ 期通过合约交易的期望收益大于市场交易的期望收益，即

$$E(\Pi_{c1}) > E(\Pi_{m1}),\ E(\Pi_{c2}) > E(\Pi_{m2})$$

在 $t=1$ 期，令 $X=P_m-P_c$，$P_m > P_c$，对企业而言，当农户违约时，企业履约和违约的收益之差为：

$$\begin{aligned}
U_B(D_A, O_B) - U_B(D_A, D_B) &= Q(N - W_2 + E) + \Pi_{c2} - Q(N - W_2) - \Pi_{m2} \\
&= QE + \Pi_{c2} - \Pi_{m2} \\
&> 0
\end{aligned} \tag{3-5}$$

当农户履约时，企业履约和违约的收益之差为：

$$\begin{aligned}
U_B(O_A, O_B) - U_B(O_A, D_B) &= Q(N + P_m - P_c) + \Pi_{c2} - Q(N - W_2 - E) - \Pi_{m2} \\
&= Q(x + W_2 + E) + \Pi_{c2} - \Pi_{m2} \\
&> 0
\end{aligned} \tag{3-6}$$

所以无论农户履约或者违约，企业都会选择履约，即此时履约是企业的占优策略。

对农户而言，由于此时企业必定履约，所以农户履约和违约的收益之差为：

$$U_A(O_A, O_B) - U_B(D_A, O_B) = Q(P_c - C_1) + \Pi_{c1} - Q(P_m - C_1 - W_1 - E) - \Pi_{m1}$$

$$= Q(W_1 + E - x) + \Pi_{c1} - \Pi_{m1}$$
$$> 0 \tag{3-7}$$

当式（3-7）小于0，即 $X > W_1 + E + \dfrac{\Pi_{c1} - \Pi_{m1}}{Q}$ 时，农户选择违约。令

$O_2 = W_1 + E + \dfrac{\Pi_{c1} - \Pi_{m1}}{Q}$，则当 $0 < X < O_2$ 时，双方博弈的均衡解为（履约，

履约），当 $X > O_2$ 时，双方的均衡解为（违约，履约）。

同理，当 $P_m < P_c$ 时，对农户而言，当企业履约时，农户履约和违约的
收益之差为：

$$U_A(O_A, O_B) - U_A(D_A, O_B) = Q(-X + W_1 + E) + \Pi_{c1} - \Pi_{m1}$$
$$> 0 \tag{3-8}$$

当企业违约时，农户履约和违约的收益之差为：

$$U_A(O_A, D_B) - U_A(D_A, D_B) = QE + \Pi_{c1} - \Pi_{m1}$$
$$> 0 \tag{3-9}$$

所以，此时履约为农户的占优策略。

由于农户选择履约，所以企业履约和违约的收益之差为：

$$U_B(O_B, O_A) - U_B(D_B, O_A) = Q(X + W_2 + E) + \Pi_{c2} - \Pi_{m2} \tag{3-10}$$

当式（3-10）小于0，即 $X < \dfrac{-(\Pi_{c2} - \Pi_{m2})}{Q} - W_2 - E$ 时，公司选择违约。

令 $O_1 = \dfrac{-(\Pi_{c2} - \Pi_{m2})}{Q} - W_2 - E$，则当 $-\infty < X < O_1$ 时，双方的博弈

均衡解为（履约，违约），当 $X < O_1 < 0$ 时，双方的博弈均衡解为（履约，
履约）。

综上，"公司 + 农户"合约交易模式下导致违约的 X 波动区间为：

$$(-\infty, O_1) \cup (O_2, +\infty)$$

根据"公司 + 农户"模式违约区间的表达式，违约产生的原因是农产
品价格波动的幅度比违约方在合约模式下节约的交易费用、违约金和公司
的长期合作价值总和还大，但是违约所得的收益其实来自对方的损失，同

时一方违约使得双方必须进行市场交易，不得不付出额外的交易费用，若将双方作为一个整体考虑，违约使得总体收益下降，以 $X > 0$ 时的情况为例，此时企业选择履约，假设此时 $X > O_2$，则农户选择违约，双方的收益总和为：

$$U_A(D_A, O_B) - U_B(D_A, O_B) = Q(P_m - C_1 - W_1 - E) + \Pi_{m1}$$
$$+ Q(N - W_2 + E) + \Pi_{c2} \qquad (3-11)$$

若农户选择履约，则双方收益总和为：

$$U_A(O_A, O_B) - U_B(O_A, O_B) = Q(P_c - C_1) + \Pi_{c1} + Q(N + P_m - P_c) + \Pi_{c2}$$
$$(3-12)$$

式 （3-12） -式 （3-11） 得

$$Q(W_1 + W_2) + \Pi_{c1} - \Pi_{m1} > 0 \qquad (3-13)$$

可以看出，双方都履约情况下总体收益多出部分刚好为节约的交易费用和长期合作价值之和，因此考虑是否可以在合约中签订当价格波动超出一定范围时，价格波动受益方给予对方适当补偿，使得合约履行。

3.4 生产 - 加工协调模式的优化与分析

3.4.1 "公司 + 农户 + 收益分享"优化模式

在3.3节中"公司 + 农户"模式下将公司和农户作为一个整体考虑，两者的整体收益在双方均履约的情况下大于一方违约情况，因此，可以考虑收益分享的优化策略，即在合约中签订当价格波动超出一定范围时，价格波动受益方给予对方适当补偿，使得合约履行。

这里的适当补偿是指补偿给予方在付出补偿使对方履约后的剩余收益大于对方违约时自身的收益，并且补偿接收方接受补偿并履约后其总收益大于其违约收益。当 $X > O_2$ 时，企业选择履约，而农户选择违约，令

$$Z_1 = U_B(O_A, O_B) - U_B(D_A, O_B)$$
$$= Q(N + P_m - P_c) + \Pi_{c2} - Q(N - W_2 + E) - \Pi_{c2}$$
$$= Q(X + E - W_2) \qquad (3-14)$$

$$Z_2 = U_A(D_A, O_B) - U_A(O_A, O_B)$$
$$= Q(P_m - C_1 - W_1 - E) + \Pi_{m1} - Q(P_c - C_1) - \Pi_{c2}$$
$$= Q(X - W_1 - E) + \Pi_{m1} - \Pi_{c2} \tag{3-15}$$

并且

$$Z_1 - Z_2 = Q(W_1 + W_2) + \Pi_{c1} - \Pi_{m1} > 0 \tag{3-16}$$

Z_2 为农户违约收益与履约收益之差，如果企业给予的补偿 $T_1 > Z_2$，则农户选择履约；Z_1 为企业在农户履约和违约时的收益差，如果补偿 $T_1 < Z_1$，则企业愿意进行补偿使得农户履约。由上述可知 $Z_1 > Z_2$，所以存在补偿值 $T_1 \in (Z_2, Z_1)$，使得双方都愿意添加补偿条款，从而使得在价格波动 $X > O_2$ 时双方博弈均衡为（履约，履约），并且双方收益都大于（违约，履约）时的各自收益。

当 $X < O_1$ 时，企业选择违约，同理可令

$$Z_3 = U_A(O_A, O_B) - U_A(O_A, D_B)$$
$$= Q(W_1 - X - E) \tag{3-17}$$
$$Z_4 = U_B(O_A, D_B) - U_B(O_A, O_B)$$
$$= Q(-W_2 - X - E) + \Pi_{m2} - \Pi_{c2} \tag{3-18}$$

并且

$$Z_3 - Z_4 = Q(W_1 + W_2) + \Pi_{c2} - \Pi_{m2}$$
$$> 0 \tag{3-19}$$

所以存在补偿 $T_1 \in (Z_4, Z_3)$，使得企业在接受补偿后收益大于违约收益从而履约，并且农户在付出补偿使得企业履约后的收益大于企业违约时自身的收益。

因此，若在合约中设定条约：当价格波动 $X > O_2$ 时，企业给予农户 T_1 的补偿 $[T_1 \in (Z_2, Z_1)]$；当价格波动 $X < O_1$ 时，农户给予企业 T_2 的补偿 $[T_1 \in (Z_4, Z_3)]$。则博弈的均衡解稳定为（履约，履约），并且双方都愿意添加次附加条约。

在签订带有附加协议的合约后，合约双方免除了价格波动带来的不利影响，但是与此同时也失去了波动带来的额外收益。虽然双方都愿意添加

附加协议，但这是基于签订合约的前提，即若签订合约，则愿意签订附加协议。但是由于失去了价格波动带来的额外收益，波动受益方可能不愿签订合约，以农户为例，如果其在 $T=0$ 期认为 $T=1$ 期价格波动 X 的期望值非常大，则其可能在期初选择不签订合约，因为不签订合约时他不用付出违约金，双方的收益分析与前文出现差异，因此有必要分析合约双方是否愿意签订合约。

对农户而言，如果他在 $T=0$ 期不签订合约，则其在 $T=1$ 期的期望收益为：

$$\begin{aligned} A_1 &= E(Q(P_m - C_1 - W_1) + \Pi_{m1}) \\ &= E(Q(P_m - P_c + P_c - C_1 - W_1)) + \Pi_{m1} \\ &= Q(P_c - C_1 - W_1) + QE(X) + \Pi_{m1} \\ &= Q(P_c + u - C_1 - W_1) + \Pi_{m1} \end{aligned} \quad (3-20)$$

其中，假设 X 服从均值为 u，方差为 1 的正态分布。

如果他在 $T=0$ 期签订合约，则在 $T=1$ 期，当 $X \in (-\infty, O_1)$ 时，其收益表达式为：

$$Q(P_c - C_1) + \Pi_{c1} - T_2 \quad (3-21)$$

当 $X \in (O_1, O_2)$ 时，其收益表达式为：

$$Q(P_c - C_1) + \Pi_{c1} \quad (3-22)$$

当 $X \in (O_2, +\infty)$ 时，其收益表达式为：

$$Q(P_c - C_1) + \Pi_{c1} - T_1 \quad (3-23)$$

所以，在 $T=1$ 期的期望收益可表示为：

$$\begin{aligned} A_2 &= \int_{-\infty}^{O_1} ((P_c - C_1)Q + \Pi_{c1} - T_2)P(x)\,\mathrm{d}x + \int_{Q_1}^{O_2} ((P_c - C_1)Q + \Pi_{c1})P(x)\,\mathrm{d}x \\ &\quad + \int_{O_2}^{+\infty} ((P_c - C_1)Q + \Pi_{c1} + T_1)P(x)\,\mathrm{d}x \\ &= (P_c - C_1)Q + \Pi_{c1} - \int_{-\infty}^{O_1} T_2 P(x)\,\mathrm{d}x + \int_{O_2}^{+\infty} T_1 P(x)\,\mathrm{d}x \end{aligned} \quad (3-24)$$

同理，对于企业而言，如果不签约，则其期望收益为：

$$B_1 = Q(N - W_2) + \Pi_{m2} \quad (3-25)$$

如果签约，则当 $X \in (-\infty, O_1)$ 时，其收益表达式为：

$$Q(N + X) + \Pi_{c2} - T_2 \qquad (3-26)$$

当 $X \in (O_1, O_2)$ 时，其收益表达式为：

$$Q(N + X) + \Pi_{c2} \qquad (3-27)$$

当 $X \in (O_2, +\infty)$ 时，其收益表达式为：

$$Q(N + X) + \Pi_{c2} - T_1 \qquad (3-28)$$

所以，其期望收益为：

$$
\begin{aligned}
B_2 &= \int_{-\infty}^{O_1} (Q(N+X) + \Pi_{c2} - T_2)P(x)\mathrm{d}x + \int_{O_1}^{O_2} (Q(N+X) + \Pi_{c2})P(x)\mathrm{d}x \\
&\quad + \int_{O_2}^{+\infty} (Q(N+X) + \Pi_{c2} - T_1)P(x)\mathrm{d}x \\
&= (u + N)Q + \Pi_{c2} - \int_{-\infty}^{O_1} T_2 P(x)\mathrm{d}x + \int_{O_2}^{+\infty} T_1 P(x)\mathrm{d}x \qquad (3-29)
\end{aligned}
$$

因此，在 $A_1 < A_2$，$B_1 < B_2$ 的情形下，双方不必担心收益分享合约会使其失去由于价格波动带来的额外收益，而且还可以免除价格波动带来的不利影响，从而减少了企业与农户存在的机会主义行为、敲竹杠行为，提高了合约的履约率。

3.4.2 "公司 + 农户 + 期权" 优化模式

虽然，"公司 + 农户 + 收益分享"模式优化了分配机制，在一定程度上有助于提高农业订单履约率，却因其难以从根本上规避农产品的市场风险，故不能从根本上解决违约问题。

农产品协议流通不是一种现货交易，它是一种较长期的协议安排，具有期货性。例如，订单农业就是一种在农作物种植前签订契约，在收获期履约的产销模式，它属于期货贸易。因此，根据这种特性，可以寻求金融创新，把期货市场和期权思想引入农产品协议流通中，借助现代金融市场打破订单农业交易系统的封闭性；运用期货和期权等金融工具，通过构建

"公司 + 农户 + 期权"模式完善利益风险分配机制,以规避市场风险,最终实现提高契约履约率的目的。

假定公司代农户在期货期权市场上进行套期保值,买入基础价格为 P_c、期权费为 G_1 的看涨期权,合同中约定农户只有履约时才能获取期权收益,若企业违约,则需要向农户偿还期权费 G_1,同理,农户代企业在期权市场买入基础价格为 P_c、期权费为 G_2 的看跌期权,其余条件一样,且合同收购价 P_c 为签约时的市场价格,期权市场不存在基差风险。

若双方履约,则其第一期收益分别为:

$$农户收益 = \begin{cases} (P_c - C_1 - G_1)Q, & P_c > P_m \\ (P_m - C_1 - G_1)Q, & P_c < P_m \end{cases} \quad (3-30)$$

$$企业收益 = \begin{cases} (N + P_c - P_m - G_2)Q, & P_c > P_m \\ (N - G_2)Q, & P_c < P_m \end{cases} \quad (3-31)$$

下面考虑双方可能违约的情况,根据上文可知,当 $X > 0$,即 $p_m > p_c$ 时,农户存在违约倾向,但是由于加入了期权因素,所以需要重新计算。此时当农户选择违约时,如果企业选择履约,他可以从农户那里收回看跌期权费用 G_2,此时由于 $p_m > p_c$,看跌期权价值为 0,所以企业履约收益为:

$$(N - W_2 + E + P_m - P_c)Q + \Pi_{c1} \quad (3-32)$$

如果企业选择违约,则无法收回看跌期权费用 G_2,其收益为:

$$(N - W_2 - G_2)Q + \Pi_{m2} \quad (3-33)$$

明显,此时企业的选择为履约。

当农户选择履约时,企业选择履约的收益为:

$$(N - G_2 + P_m - P_c)Q + \Pi_{c2} \quad (3-34)$$

如果企业选择违约,则将付出违约金和看涨期权费用 G_1,所以违约收益为:

$$(N - G_1 - G_2 - E - W_2)Q + \Pi_{m2} \quad (3-35)$$

显然此时企业也选择履约。因此,当 $p_m > p_c$ 时,企业的占优策略为履约。此时对农户而言:

$$U_B(O_A, O_B) - U_B(D_A, O_B)$$

$$= (P_m - C_1 - G_1)Q + \Pi_{c1} - (P_m - C_1 - G_1 - G_2 - E - W_1)Q - \Pi_{m1}$$

$$= (G_2 + E + W_1)Q + \Pi_{c1} - \Pi_{m1}$$

$$> 0 \qquad\qquad (3 - 36)$$

所以，此时履约也是农户的占优策略，因此当 $p_m > p_c$ 时，双方选择履约。

当 $p_m < p_c$ 时，此时看涨期权价值为0，由前文可知农户履约的可能较大。如果企业选择违约，则

$$U_A(O_A, D_B) - U_A(D_A, D_B)$$

$$= (P_c - C_1 + E)Q + \Pi_{c1} - (P_m - C_1 - G_1 - G_2 - W_1)Q - \Pi_{m1}$$

$$= (P_c - P_m + E + G_1 + G_2 + W_1)Q + \Pi_{c1} - \Pi_{m1}$$

$$> 0 \qquad\qquad (3 - 37)$$

所以企业违约时农户选择履约。

如果企业选择履约，则

$$U_A(O_A, O_B) - U_A(D_A, O_B)$$

$$= (P_c - C_1 - G_1)Q + \Pi_{c1} - (P_m - C_1 - G_1 - G_2 - E - W_1)Q - \Pi_{m1}$$

$$= (P_c - P_m + E + G_2 + W_1)Q + \Pi_{c1} - \Pi_{m1}$$

$$> 0 \qquad\qquad (3 - 38)$$

所以当 $p_m < p_c$ 时，履约是农户的占优策略。由于农户选择履约，对企业而言，则：

$$U_B(O_A, O_B) - U_B(O_A, D_B)$$

$$= (N + P_c - P_m - G_2)Q + \Pi_{c2} - (N + P_c - P_m - G_1 - G_2 - E - W_2)Q - \Pi_{m2}$$

$$= (E + G_1 + W_2)Q + \Pi_{c2} - \Pi_{m2}$$

$$> 0 \qquad\qquad (3 - 39)$$

因此，当 $P_m < P_c$ 时，履约均为双方的占优策略。

结合上面两种情况，我们发现在加入期权因素后，无论价格波动处于什么情况，履约均为双方的占优策略。而且"公司＋农户＋期权"模式帮助农户规避了市场风险，稳定了农户收益，且农户享有价格上升的风险利益；同时，可以促进农户进一步扩大规模，增加资产专用性投资，降低农户农产品的平均成本，增加农民收入。而公司在"公司＋农户＋期权"模式中锁定了收益，稳定了农产品货源，通过契约与农户建立起稳定的长期

的合作关系，保证企业的效益与声誉，提高企业的运行效率。"公司 + 农户 + 期权"模式从根本上扼制了公司和农户的违约行为，有效地解决了公司和农户的风险和违约问题。

3.4.3　"公司 + 农户"模式的违约区间

考虑公司和农户在 $T = 0$ 时公司和农户签订了一份玉米契约，在 $T = 1$ 合约到期时，企业和农户基于对违约和履约的收益考虑，以选择违约或履约的行动策略使得所获的收益最大化。此时农户和企业不但需要考虑 $T = 1$ 时点的收益，除此之外，还得考虑 $T = 2 \sim T = 10$ 的阶段可以取得的收益。

由于契约模式可以将市场交易内部化，因此在"公司 + 农户"模式中，博弈双方根据合同交易可以节省交易费用，其中每千克玉米能为农户节省交易费用 $W_1 = 0.15$，为企业节省交易费用 $W_2 = 0.2$；玉米的合同收购价为 $p_c = 3$ 元，交易时的市场价格 p_m 在合同价 $p_c = 3$ 元上下以幅度 X 波动（$X \in [-3, +\infty]$），单位合同产品违约金为 $E = 0.2$ 元，合同交易量 $Q = 1$ 千克；当 $T = 1$ 时，公司按合同以市场价格购买该玉米，经加工获得的农产品流通附加价值（即每单位玉米经加工后出售的纯利润）为 $N = 0.3$ 元，并且假定行情变化不对纯利润 N 产生影响，并且假设企业的贴现率为 $R_2 = 0.2$，农户每生产千克玉米的成本和与公司签订合约进行交易的成本之和为 $C_1 = 2.5$ 元（包括机会成本），农户的贴现率为 $R_1 = 0.25$；p_i 为 $T = i$ 时点的市场价格。每一单位货物通过合约交易比通过市场交易的额外收益对农户是 0.01，对企业是 0.015。

当 $P_m - P_c = X > O_2$ 时，农户违约，即

$$
\begin{aligned}
O_2 &= \frac{\Pi_{c1} - \Pi_{m1}}{Q} + W_1 + E \\
&= \sum_{i=2}^{10} \frac{0.01}{(0.25 + 1)^i} + 0.35 \\
&= 0.385
\end{aligned}
\tag{3-40}
$$

当 $P_m - P_c = X < O_1$ 时，企业违约，即

$$
O_1 = -\frac{\Pi_{c2} - \Pi_{m2}}{Q} - W_2 - E
$$

$$= - \sum_{i=2}^{10} \frac{0.015}{(0.2+1)^i} - 0.4$$

$$= -0.46 \tag{3-41}$$

所以，使得合约履行的 X 波动区间为（-0.46，0.385），即：当价格的波动幅度，一旦偏离了区间（-0.46，0.385）时，就会有一方有违约动机和行为。

3.4.4 "公司+农户+收益分享"优化模式博弈结果

根据 3.4.1 节得到的结论是，使得双方在 $T=0$ 期愿意签订合约的条件为：$A_1 < A_2$，$B_1 < B_2$。在其他条件已知时，$A_1 < A_2$ 和 $B_1 < B_2$ 是否成立取决于 u 值，因此，我们得到的结果是一个使这个条件成立的 u 的区间。根据 3.4.1 节，已知 $Z_2 \leqslant T_1 \leqslant Z_1$，$Z_4 \leqslant T_2 \leqslant Z_3$，以 $u>0$ 为例：当 $u>0$ 时，农户不签约的收益可能较大，且企业愿意签约；为了使得农户签约，随着 u 值的增加，企业需要支付的转移 T_1 增加，直到 $T_1 = Z_1$，此时 u 值达到使得双方签约的临界值，所以为求 u 的可能区间，这里取 $T_1 = Z_1$，同理，取 $T_2 = Z_3$。当 $u>0$ 时，农户可能选择不签约，企业选择签约，此时

$$A_1 = Q(P_c + u - C_1 - W_1) + \Pi_{m1}$$
$$= 3 + U - 2.5 - 0.15 + \Pi_{m1}$$
$$= u + \Pi_{m1} + 0.35 \tag{3-42}$$

$$A_2 = (P_c - C_1)Q + \Pi_{c1} - \int_{-\infty}^{Q_1} Z_3 P(x)\mathrm{d}x + \int_{Q}^{+\infty} Z_1 P(x)\mathrm{d}x$$

$$= 0.5 + \Pi_{c1} - \int_{-\infty}^{-0.46}(-x-0.2+0.15)P(x)\mathrm{d}x + \int_{0.385}^{+\infty} xP(x)\mathrm{d}x$$

$$= 0.5 + \Pi_{c1} + \int_{-\infty}^{-0.46}[(x-u)+u+0.05]P(x)\mathrm{d}x$$

$$\quad + \int_{0.385-u}^{+\infty}((x-u)+u)P(x)\mathrm{d}x$$

$$= 0.5 + \Pi_{c1} + \int_{-\infty}^{-0.46-n}(t+u+0.05)\varphi(t)\mathrm{d}t + \int_{0.385-u}^{+\infty}(t+u)\varphi(t)\mathrm{d}t$$

$$= 0.5 + \Pi_{c1} + (u+0.05)\Phi(-0.46-u) - \frac{1}{\sqrt{2\pi}}e^{\frac{(u+0.46)^2}{2}}$$

$$+ u(1 - \Phi(0.385 - u)) + \frac{1}{\sqrt{2\pi}} e^{\frac{(u-0.385)^2}{2}} \tag{3-43}$$

我们知道，随着 u 增加，农户不签约收益比签约收益越来越多，即 $A_1 - A_2$ 是 u 的单调递增函数，当 $A_1 - A_2 = 0$ 时，u 取临界值，当超过这一值时，农户不签约。令

$$A_1 - A_2 = u + (\Pi_{m1} - \Pi_{c1}) - 0.15 - (u + 0.05)\Phi(-0.46 - u)$$
$$- \frac{1}{\sqrt{2\pi}} e^{-\frac{(u+0.46)^2}{2}} + u(1 - \Phi(0.385 - u)) + \frac{1}{\sqrt{2\pi}} e^{-\frac{(u-0.385)^2}{2}}$$
$$= 0 \tag{3-44}$$

其中，$\Pi_{m1} - \Pi_{c1} = -0.035$。

利用 Excel 的单变量求解，求出此时的 $u \approx 0.516$。

同理，当 $u < 0$ 时，企业有可能不愿意签约，此时

$$B_1 = Q(N - W_2) + \Pi_{m2}$$
$$= 0.1 + \Pi_{m2} \tag{3-45}$$

$$B_2 = (u + N)Q + \int_{-\infty}^{O_1} Z_3 P(x)\,\mathrm{d}x - \int_{O_2}^{+\infty} Z_1 P(x)\,\mathrm{d}x$$
$$= 0.3 + u + \Pi_{c2} + \int_{-\infty}^{O_1 - 0.46} ((x - u) + u + 0.05)P(x)\,\mathrm{d}x$$
$$- \int_{0.385}^{+\infty} ((x - u) + u)P(x)\,\mathrm{d}x$$
$$= 0.3 + u + \Pi_{c2} - (u + 0.05)\Phi(-0.46 - u)$$
$$- u(1 - \Phi(0.385 - u)) + \frac{1}{\sqrt{2\pi}} e^{\frac{(u+0.46)^2}{2}} - \frac{1}{\sqrt{2\pi}} e^{-\frac{(u-0.385)^2}{2}} \tag{3-46}$$

令

$$B_2 - B_1 = u + (\Pi_{c2} - \Pi_{m2}) + 0.2 - (u + 0.05)\Phi(-0.46 - u)$$
$$- u(1 - \Phi(0.385 - u)) + \frac{1}{\sqrt{2\pi}} e^{-\frac{(u+0.46)^2}{2}} - \frac{1}{\sqrt{2\pi}} e^{\frac{(u-0.385)^2}{2}}$$
$$= 0 \tag{3-47}$$

其中，$\Pi_{c2} - \Pi_{m2} = 0.06$，求解可得 $u \approx -0.301$。

所以使得双方在期初愿意签订合同的 u 的区间为 $(-0.301, 0.516)$。

我们知道 $X = P_m - P_c$，$X \in N(u,1)$，即 $P_m \in N(P_c + u,1)$。市场价格属于均值为 $P_c + u$、方差为 1 的正态分布，在一个确定的市场中，其均值应是一个确定值，也就是说 $P_c + u$ 是一个常数，P_c 与 u 形成一条斜率为 -1 的直线，前文得出要使得双方签约，条件为 $u \in (-0.301, 0.516)$，这是一个相对较小的区间，要使得 u 属于这一区间，要求 P_c 与 P_m 相差不大，这就是说市场自身要求合同价格不能偏离市场的均值，交易的任意一方都不能够设定有利于自身的合同价 P_c 并从中受益，他们得到的利益应该是合作后节省的交易费用以及合作带来的偏好值，因此，收益分享模型有利于促进市场的公平和高效。

3.4.5 "公司 + 农户 + 期权" 优化模式博弈结果

假定公司代农户在期货期权市场上进行套期保值，买入基础价格为 3 元、期权费为 0.15 元的看涨期权，合同中约定农户只有履约时才能获取期权收益，若企业违约，则需要向农户偿还期权费 0.15 元，同理，农户代企业在期权市场买入基础价格为 3 元、期权费为 0.15 的看跌期权，其余条件与 3.4.2 节所假设的保持一致，且合同收购价 3 元为签约时的市场价格，期权市场不存在基差风险。

期权模式下农户单期的收益为：

$$\int_{-\infty}^{0} (P_c - C_1 - G_1) Q f(x) \, dx + \int_{0}^{+\infty} (P_c - C_1 - G_1) Q f(x) \, dx$$

$$= \int_{-\infty}^{0} 0.35 f(x) \, dx + \int_{0}^{+\infty} (x + 0.35) Q f(x) \, dx$$

$$= 0.35 \int_{-\infty}^{+\infty} f(x) \, dx + \int_{0}^{+\infty} ((x - u) + u) f(x) \, dx$$

令，$x - u = t$，则有：

$$0.35 + \int_{-u}^{+\infty} (t + u) \Phi(t) \, dt$$

$$= 0.35 + u(1 - \Phi(-u)) + \int_{-u}^{+\infty} t \Phi(t) \, dt$$

$$= 0.35 + u(1 - \Phi(-u)) + \frac{1}{\sqrt{2\pi}} e^{-\frac{u^2}{2}} \qquad (3 - 48)$$

企业单期收益为：

$$\int_{-\infty}^{0}(P_c - C_1 - G_1)Qf(x)\mathrm{d}x + \int_{0}^{+\infty}(P_c - C_1 - G_1)Qf(x)\mathrm{d}x \cdot$$

$$= \int_{-\infty}^{0}0.35f(x)\mathrm{d}x + \int_{0}^{+\infty}(x + 0.35)Qf(x)\mathrm{d}x$$

$$= 0.35\int_{-\infty}^{+\infty}f(x)\mathrm{d}x + \int_{0}^{+\infty}((x - u) + u)f(x)\mathrm{d}x \qquad (3-49)$$

3.4.4节已经证明，"公司＋农户＋收益分享"优化模式比"公司＋农户"有利于促进市场的公平和高效。而又由于"公司＋农户＋期权"优化模式和"公司＋农户＋收益分享"优化模式期权模式两者未来收益预期表达式均为 Π_{c1}，因此可直接比较当期收益的大小得出哪种模型更优。

对农户而言，期权模式下收益为：

$$0.35 + u(1 - \Phi(-u)) + \frac{1}{\sqrt{2\pi}}e^{-\frac{u^2}{2}} \qquad (3-50)$$

收益分享模式下收益表达式为：

$$0.5 + (u + 0.05)\Phi(-0.46 - u) - \frac{1}{\sqrt{2\pi}}e^{\frac{(u+0.46)^2}{2}}$$

$$+ u(1 - \Phi(0.385 - u)) + \frac{1}{\sqrt{2\pi}}e^{\frac{(u-0.385)^2}{2}} \qquad (3-51)$$

两种模式下，农户受益和均值 u 都成正相关，由式（3-50）-式（3-51）得到农户在期权模式和收益分享模式下的收益之差，如图3.6所示。

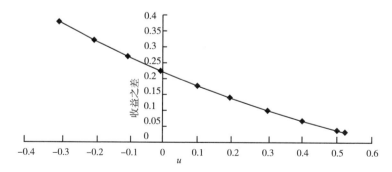

图3.6　农户在期权模式和收益分享模式下的收益之差

在 u 的取值范围（-0.301，0.516）下，两者之差大于 0，即期权模式下的农户收益均大于收益分享模式下的农户收益。其中，当 $u=0$ 时，农户的期权模式收益为 0.749，农户的收益分享模式为 0.528。

此外，利用 Excel 单变量求解农户在期权模式和收益分享模式下的收益之差为 0 时，求得 $u=2.56 \times 10^{15}$。显然，现实中不可能出现这样大的均值，因此当 u 处在正常范围下，对农户而言，期权模式更优。

对企业而言，期权模式下收益表达式为：

$$0.15 - u(\Phi(-u)) + \frac{1}{\sqrt{2\pi}}e^{-\frac{u^2}{2}} \tag{3-52}$$

收益分享模式下收益表达式为：

$$0.3 + u - (u+0.05)\Phi(-0.46-u) - u(1-\Phi(0.385-u))$$
$$+ \frac{1}{\sqrt{2\pi}}e^{\frac{(u+0.46)^2}{2}} - \frac{1}{\sqrt{2\pi}}e^{\frac{(u-0.385)^2}{2}} \tag{3-53}$$

由式（3-52）-式（3-53）得到企业在期权模式和收益分享模式下的收益之差，如图 3.7 所示。在 u 的取值范围（-0.301，0.516）下，两者之差大于 0，即期权模式下的企业收益均大于收益分享模式下的企业收益。其中，当 $u=0$ 时，企业的期权模式收益等于 0.549，企业的收益分享模式收益等于 0.272。

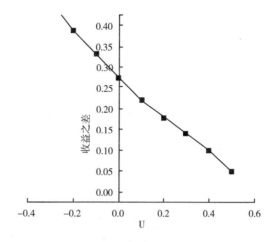

图 3.7 企业在期权模式和收益分享模式下的收益之差

　　此外，利用 Excel 单变量求解得到当两者相等时的 u 值，此时 $u = 2.735$。则当 $u > 2.735$ 时，企业选择收益分享模式收益更大，但是前文已经证明，使得双方愿意签订收益分享合同的条件是 $u \in (-0.301, 0.516)$。所以 $u > 2.735$ 时，双方无法签订收益分享合同，同时，现实中也不可能出现如此定价的合同，此时 $p_c = 3$。若 $u < 2.735$，则意味着产品的价值大于 5.735，不符合现实，因此企业的选择也是期权模式。

　　综上所述，期权模式较收益分享模式更优，主要原因是其锁定了风险，同时也可享受有益价格波动带来的额外收益。收益分享模式可作为一种第二选择，在一些经济落后、无法进行期权交易的国家和地区可以实施。

第4章 资金约束下的农产品
供应链协调

资金约束是制约农业发展的一大瓶颈。由于农产品的产出具有不确定性，一般较难从金融机构获得融资。本章首先考虑供应链内部融资来解决资金约束问题：在内部融资的基础上分析供应链的协调，研究蔬果类农产品销售环节的供应链协调。将零售商分为无资金约束和有资金约束两类，分别分析供应链在分散决策下和集中决策下的最优决策。将零售商有资金约束和无资金约束进行对比分析，发现供应链的内部融资可以很好地解决资金约束，还可以提高供应链的绩效。其次，研究基于订单农业的供应链外部融资风险规避问题：基于演化博弈理论构建农户、核心企业与银行的三方演化博弈模型，分析各博弈主体行为选择及其演化稳定策略。充分利用核心企业优势规避外部融资风险，丰富了农产品供应链协调的研究。

4.1 融资方式及文献综述

4.1.1 资金约束下的融资方式

如果供应链上的某一企业面临资金约束，不仅资金约束企业的运营会受到影响，也会对其上下游企业的运营产生重大影响，降低供应链上所有成员的收益。因此资金约束的企业以及其上下游企业会通过各种渠道或途径来减轻资金约束对自身运营的影响。根据目前的研究可以将资金约束企业的融资方式分为两大类：一类是供应链内部融资，它借助供应链上下游企业的交易信用来缓解资金压力，如延期付款和预付货款；另一类是供应链外部融资，它通过向金融机构申请贷款来解除资金压力。

1. 供应链内部融资

关于供应链成员间内部融资的研究，杨凤梅（2012）将供应链内部融资定义为：在以供应链核心企业为主导建立的供应链中，农产品生产企业以未来生产的产品为抵押从核心企业处获得生产所需资金，并在实现农产品销售后，归还核心企业先期投入资本并将剩余资金投入核心企业的再生产中，建立稳定的供应链合作关系。

供应链内部融资包括企业内源融资与企业间融资。企业内源融资主要指企业通过留存盈余与折旧的方式不断进行自身积累、将储蓄转化为投资从而实现筹资的过程。企业间融资指由供应链上下游主体企业的长期稳定的订单合约关系产生商业信用，以商业信用为基础，使交易主体间形成延期付款、预收账款以及生产性资金借贷关系（张桂僮，2017）。

供应链的内部融资要求在供应链的某节点处实现资金集聚，此节点行为能够影响整个供应链的运行，此节点称为供应链核心企业。而其他的节点行为对供应链的运行有较大的影响和制约，这些节点对资金的需求大，且自身资本较少，并且受风险较大、成本较高或者抵押物缺失的影响，无法从正规融资渠道获得所需资金。此时，此类节点以未来产品为抵押从供应链核心企业处实现资金融入，解决资金不足的问题，供应链核心企业以资金的投入实现对供应链的掌控，稳定供应链的运行，降低企业运行的风险（杨凤梅，2012）。

延期付款和预付货款是内部融资的主要表现形式，在企业之间普遍存在。预付货款既可以缓解上游供应商的资金压力，也可以避免企业自身可能面临的缺货损失。预付货款主要有两种形式：一种是下游企业预定产品，下游企业在供应商生产或发货前提前支付一定比例的货款给其上游供应商。现在很多的电商企业都采用预售的方式，销售者先支付全部货款的一定比例，在收到商品之后再支付剩余的货款，电商企业一般会给予一定比例的价格折扣给消费者，采用这种方式可以帮助电商企业更加合理地安排产品的产量，可以避免产品的滞销和缺货，也可以起到帮助企业缓解资金压力的作用。另一种变现形式是缩短支付期。当上游企业原本给予了下游企业一定的支付周期时，下游企业主动缩短支付周期，也可以起到缓解上游企业资金压力的作用。延期付款也主要有两种形式：第一种，零售商是强势企业，要求延期付款，降低自身的资金压力，通过占用其供应商资金的形式来实现自身规模的扩张和自身市场占有的扩大。第二种，供应商是强势企业，为了激励其下游企业增加订货量，增加自身的收益，允许其下游企业延期付款。

2. 供应链外部融资

供应链外部融资是指供应链中资金约束的企业通过抵押或担保的方式向银行等金融机构申请贷款的融资方式。银行为了规避风险一般要求信用评级不高的企业提供抵押或担保，这很大程度制约了中小企业的融资。外部融资比较适用于拥有较多固定资产和信誉良好的企业。对于缺乏可抵押的固定资产和资信水平较低的资金约束企业很难从银行等金融机构获取资金。在西方发达国家，它们的金融市场非常发达，企业的征信体系比较完善，有发展潜力的中小企业也很容易获得融资。我们国家还没有建立完善的征信体系，这使得中小企业很难从金融机构获得融资。随着金融市场的不断完善，金融机构的不断创新，出现了以核心企业为中心的供应链金融。这里的核心企业指的是规模大、资金实力雄厚、信用评级等级优良的大企业。供应链上核心企业的上下游企业可以以将核心企业的订单、应收账款等向金融机构抵押或质押，以获得融资资金来缓解自身的资金压力，但这种新型的融资方式也有自身的局限，如果供应链中的企业没有核心企业仍然很难从金融机构取得融资。

3. 内外部融资对比

部分学者进行了基于供应链的内部融资与基于银行的外部融资的比较。王文利等（2013）的研究对比了供应商存在资金约束时，零售商提前支付的内部融资模式与零售商为供应商提供担保的外部融资模式，研究了两种融资模式下零售商和供应商的最优决策。

内部融资相对于外部融资的优势主要体现在：供应链中的企业之间建立了较长时间的合作关系，对供应链上成员的资信状况比较了解，相对于外部融资而言具有信息优势。另外，当融资企业破产时，供应链上融出资金的企业相比银行等金融机构更加容易将破产企业的产品变现，因而内部融资的风险要低于外部融资。内部融资也有自身的局限性，内部融资要求供应链上资金约束企业的上下游企业必须是资金充足的，如果其上下游企业也有资金约束则无法提供融资服务，而外部融资中的银行等金融机构资金实力雄厚。

4.1.2　农产品供应链融资的相关研究

1. 农业供应链融资研究现状

由于农业生产周期长，生产前期需要投入大量生产资料，使得农户面临着巨大的资金缺口，随着订单农业的深入发展，农业生产前期所需资金融资困难的问题日益严重，与此同时，各项推进农业贷款的政府政策也相继出台，因此如何完善农村金融环境，推进农业供应链金融发展，缓解农户融资难问题成为学者们研究的热门领域。

通常，供应链金融是由拥有完整产业链或是完整产业链形态的某个行业，以其中的突出环节——核心企业为中心开展产业链上下游企业融资的行为。因此，供应链金融的发展往往需要完整的产业链环境作为支撑。苟文峰等（2009）研究发现，我国的供应链由于核心企业供应链管理意识薄弱、链条集体非理性导致的潜在整体风险较大、信息技术滞后等因素，严重制约着国内供应链融资发展。农村信贷市场失灵主要是由于信息不对称、道德风险、农户缺乏相应的抵押担保品等原因造成（王益君等，2009）。同时，信贷风险大、风险控制能力相对较弱、金融监管工作难度大等也是制约供应链融资发展的重要因素，应完善农村金融环境，促进新型农村金融机构规范发展（马丽华等，2010）。

完善农村金融市场是解决订单农业违约问题的有效手段。截维等（David et al.，2013）通过对比供应商、购买商参与和不参与三种情况，发现供应链融资可实现购买方延迟支付和供应商赊账。有研究指出，订单农业供应链可以与合作伙伴以订单融资、应收账款融资、存货质押融资以及仓单融资等融资形式进行供应链融资（Wang et al.，2013）。娄培培（2013）提到，银行可以跳出仅对借款人自身信用状况评估的视角，通过深化与核心企业的合作关系，结合贸易背景真实性审查，基于农业中小企业在交易过程中的订单、应收账款和存货等资产，对其提供配套融资。叶飞等（2016）对在农户资金短缺情形下由一个风险中性型公司和一个风险规避型农户组成的订单农业供应链的融资定价问题进行了建模分析。

全浙玉（2017）根据沙普利值深入探讨了农业供应链金融收益分配机制，得出：与传统融资方式相比，农业供应链金融模式既可以保证各参与主体利益的公平分配，又能够实现供应链整体利益最大化。陈永辉等（2018）构建了核心企业主导的农业供应链金融贷款服务定价模型，研究发现：农业供应链金融鼓励农户扩大高价值农产品的生产规模，有助于引导农产品种类结构的调整，提高农产品生产规模，同时可提高农户、收购方和供应链整体利润水平，并且接近供应链协调的最优水平，是一种有效服务于农产品供销的农村金融创新。

黄建辉等（2018）提出，"贸易信用 + 政府补偿策略"的供应链内部融资方式可以用来破解农户融资难题，同时政府应为贸易信用融资提供风险补偿和保障，并部分或者全部补偿公司因自然灾害而遭受的损失。刘超等（2019）认为，基于 P2P 平台的农业金融服务新模式，能将上下游中小企业、农户的利益进行捆绑，围绕供应链生产经营场景，进而帮助生产、加工、销售等环节的资金需求主体进行融资。黄建辉等（2019）通过构建政府、银行、公司与农户的四阶段斯塔克伯格动态博弈模型，分析了政府补贴对供应链各方最优决策的影响，并得到了社会福利最大化下的政府补贴机制。

2. 农产品供应链的内部融资研究

农产品供应链的内部融资是指在以农产品供应链核心企业为主导建立的供应链中，农户以农产品订单为担保与核心企业签订契约，农户从供应链核心企业处获得生产经营所需资金，在农户实现产品销售后，归还核心企业先期投入资本并将剩余资金投入核心企业的再生产中，核心企业通过自身在农产品供应链资金流、物流和信息流方面的优势，为农户提供灵活的融资产品和服务，以此来实现供应链内部资金的流动，并建立稳定的供应链合作关系。

供应链内部融资模式要求农产品供应链在某一节点具有资金的集聚，该节点能够对供应链有较大影响，并且农户和核心企业对于资金的需求和闲置时间不一致，这样才可以实现核心企业和农户的资金调配使用，实现供应链的内部融资。由此可知适用供应链内部融资的农产品应具有生产周期较长、生产投入较大、供应具有间断性、消费具有持续性、具有规模生产效益等特点。

杨凤梅（2012）在研究中使用博弈分析来解决农产品供应链内部资金供给的风险；同时通过实证研究验证了供应链内部资金解决方案的可行性。冯渊等（2018）认为缺乏资金和融资困难是制约农民合作社发展的瓶颈，提出了以"农户+龙头企业"融资模式为基础的内部融资模式，并对融资前后进行了成本效益对比，得出内部融资有利于缓解资金缺乏和融资困难的问题。王星星（2021）在研究中分析了农户对生猪供应链内部融资的参与意愿以及相关的影响因素。林强等（2021）的研究考虑了产出不确定性和供应链各部分地位不对等性，构建了由单个缺乏资金的农户和单个资金充沛的公司组成的订单农业供应链的内部融资决策模型，分析了资金约束的农户通过定向（生产农资、技术支持与培训）融资或非定向（预付款/定金）融资方式得到资金支持时，农户的最优生产决策、公司的最优收购价格决策和双方的融资决策及其期望收益。

郑勇（2014）在分析农产品供应链内部资金需求特征的同时，使用内部融资来解决资金缺乏的问题，并分析了供应链各方的风险，提出了资金流约束的供应链合作模式下的公平利益分配、违约惩罚与守约激励机制，用以控制农产品供应链内部融资的风险。黄建辉等（2018）研究了当农产品产出不确定且政府补贴公司预付款损失时，公司贸易信用和政府补贴对供应链的价值创造与社会福利的影响。陈永辉等（2018）的研究建立了一个以核心企业为主导的农产品供应链内部融资决策模型，研究发现农业供应链金融能够同时提高供应链各成员和整体的利润水平。伯根等（Bergen et al.，2019）研究了在产出、需求与价格不确定时，由农户、加工企业和制造商组成的三级农业供应链金融融资问题，分析得出制造商通过控制上游农户的生产可以获得收益，并且订单农业可以增加整个供应链的收益。

3. 农产品供应链的外部融资研究

农业供应链外部融资是指农业供应链外部的金融机构依托供应链内部核心企业所掌握的信息流等，获取农业供应链其他参与主体真实风险类型的资金融通行为（王力恒等，2016）。农业供应链外部融资是一种农村金融领域的创新模式，为解决农户融资难问题提供了思路。农业供应链区别于传统两方借贷，它能够借助于核心企业的商业激励和横向选择职能，弥补传统借贷因信息不对称所导致的贷前甄别、贷后监督和激励机制失效困境。

农业供应链外部融资引入了资金雄厚、信誉良好的核心企业，利用其同业监管职能，为供应链中有资金需求但信用额度低的成员开展融资。作为缓解农户融资难问题的创新模式，农业供应链外部融资成为国内外学者和政府层面关注的焦点。

威廉姆森等（Williamson et al.，2007）认为，预先采取各种防范措施来确保交易各方的良好信用关系，可较好地防止因机会主义而导致的信用问题。有学者研究发现"银保协作""银保担协同"等方式能有效提高融资方信用降低借贷方风险（Angelucci et al.，2013；Lifang Hu et al.，2019）。而戴桂勋等（2010）对供需失衡原因的研究发现，影响因素有制度缺失、风险控制、交易成本及资金存量等。其中，风险是由信息不对称、道德风险以及农户缺乏相应担保品造成的。正规金融机构在商业化改革的过程中，涉农贷款业务不增反缩，非正规金融机构业务在政府的打压中畸形发展，农户和农企的资金需求无法得到满足（段伟常等，2012）。农业供应链金融的发展需要各个参与主体从整个供应链的角度出发，发挥各自优势并相互配合，保证信息流、资金流、物流在供应链中的畅通无阻，同时以联合一切可以联合的力量为原则（邵娴，2013）。由于农村金融市场存在严重的市场失灵，发展不完善，因此银行并不会将农户等作为一个良好的融资对象，即使有部分金融机构愿意提供贷款，但是作为缺乏有效风险控制机制和保障机制的高风险农业还是难以从银行获得足够的贷款资金（杨军等，2017）。

申云等（2019）基于合作社的视角，从事前甄别、过程控制与事后履约三个维度分析了农业供应链金融信贷风险防控机制，研究发现，事前甄别机制可实现事前风险预防，监控约束和信用捆绑是过程风险防控机制的核心，社会资本的信号传递、惩戒机制以及供应链内部成员关系的专用性是事后履约机制的有效保障，通过借助限制性准入、声誉、信任惩戒以及社会网络等方面的激励相容来实现信贷履约。贾辉辉等（2019）基于对陕西省4个国家级重点扶贫开发县1080户获得扶贫贴息贷款的建档立卡贫困户的调查数据，采用倾向得分匹配法研究发现，参加"银行＋农业企业＋专业合作社＋贫困户"供应链融资显著提高扶贫贴息贷款用途的精准性，降低道德风险。彭红军等（2020）利用序贯博弈模型研究订单农业供应链主题决策与利润，研究发现，农产品产出随机性限制了农业生产规模的提高，加剧了农户融资难和融资贵的问题，加大了金融机构的信用风险。

现有文献认为，农业供应链外部融资能缓解农户融资弱质性，从而推进农业发展，实现供应链整体价值提升。皮上玉（2020）研究发现，合理分担需求风险、提高剩余单位补偿成本以及增加农户农资投入可以更好地实现农业供应链金融的利益共享。潘永昕等（2020）认为，农业供应链金融借助核心企业优秀资质与信用，将供应链商业信用与银行金融产品相结合，实现信息流、产品流和资金流有效联结，从而推动农业供应链的协调可持续运转。邹建国（2020）认为发展农业供应链金融，可进一步促进农业产业化发展，其通过农业供应链的"产业联动、以大带小"，实现农业供应链的集约化与组织化，实现"小农户"和"大市场"的有机对接。

4.1.3　受资金约束的农产品供应链协调问题

供应链主体的资金受限会影响农产品供应链协调，分别考虑农产品生产环节和销售环节的供应链协调问题。

1. 农产品生产环节的供应链协调问题

农产品生产者与下游企业签订购销合同，规定农产品生产者在农产品成熟时交割符合质量要求的农产品，企业以约定的价格收购农产品。假定下游企业与农产品生产者签订购销合同确定的订购量为 q，生产者根据订购量确定的农资投入量为 Q，上游供应商将 Q 单位的原材料发货给农产品生产者，农产品生产者进行生产经营活动，在农产品成熟后，实际的交货量为 Q_x，订单农业的运作流程如图 4.1 所示。

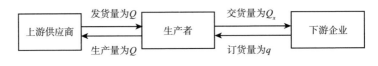

图 4.1　订单农业的运作流程

2. 农产品销售环节的供应链协调问题

构建由单个农产品供应商和单个农产品零售商组成的二级农产品供应链。农产品的市场需求 D 是随机的，蔬果类农产品的需求受农产品的价格及农产品新鲜度的影响。蔬果类农产品快要上市时，农产品零售商根据自

身的资金状况和历史市场需求数据向农产品供应商确定自己的订购量。将
零售商分为无资金约束和有资金约束两种类型，分别研究这两种情况下基
于收益共享契约的供应链协调。

零售商存在资金约束时，如果不采取融资活动，会引起产品滞销。农
产品易腐烂不易存储，供应商需承担重大的损失。农产品供应商为了防止
农产品的滞销给自己造成巨大的损失，允许零售商延期付款但延期支付的
款项需支付利息。零售商在延期付款期间获得的销售收入还可以通过其他
的投资活动获取收益，这部分收益可以抵扣一部分的利息支出。在农产品
供应链中，零售商决定农产品的订货量和零售价，农产品供应商决定农产
品的批发价，他们均以自身的收益最大化为目标作出决策。

4.2　农产品生产环节的供应链协调

农产品生产者的资金约束也是影响农产品生产投入量的重要因素，考
虑生产者可能存在资金约束，将农业生产者分为资金充足的农产品生产者
和有资金约束的农产品生产者，分别分析农产品生产者的最优农产品生产
投入量及收益。

4.2.1　模型构建

1. 模型的参数

q 表示下游企业在购销合同下的订货量。p_m 表示农产品在购销合同下约
定的农产品的收购价。p_s 表示农产品的原材料的单位成本。C_m 表示农产品
生产过程中除原材料外的单位生产成本。C_s 表示供应商的单位成本。Q 表
示农产品生产者的农资投入量。B_m 表示生产者的自有资金。ϕ 为收益共享
系数，表示生产者所占的销售收入的比例，$1-\phi$ 为上游供应商所占的销售
收入的比例。r 表示延期付款下的利率。T 表示延期付款的期限。π_i 表示不
同参与主体的收益；$i=m$，s 时，分别代表农产品生产者无资金约束时农产
品生产者和农产品农资供应商的收益；$i=sm$，ss 时，分别表示无资金约束
下生产者和供应商在收益共享契约下各自的收益；$i=ml$，sl 时，代表农产

品生产者资金约束在延期付款下农产品生产者和供应商的收益，$i = sml$，ssl 时，分别代表延期付款下收益共享契约下农产品生产者和供应商的收益。$E(\pi_i)$ 表示不同参与主体的期望收益。

2. 模型的基本假设

（1）供应链上参与主体均以自身的收益最大化为目标进行决策。

（2）假定各参与主体均会履行契约，生产商在农产品成熟时交付合同约定质量的农产品，零售商按合同收购符合质量要求的农产品。

（3）农产品的产出具有不确定性，假定农产品的随机产出的因子为 x，x 的取值范围为 $[a, b]$，x 的均值为 u，随机产出因子的概率密度函数及分布函数分别为 $f(x)$，$F(x)$，x 满足失败率递增。

（4）假定信息对称，上下游企业都知道农产品的产出函数。

（5）考虑到生产者除了购买原材料外还有其他的支出，为了保证通过协调可以实现供应链的协调，假定农产品生产者的自有资金量的范围介于 $Q_c^* u C_m$ 到 $Q_c^* (u C_m + p_s)$ 之间。

4.2.2 无资金约束的供应链协调分析

1. 分散决策下生产者的最优决策

在订单农业下，零售商的订货量为 q，农产品生产者根据订货量确定投入的农资数量为 Q，实际产出为 Q_x，农产品的交付数量取产出量和订货量中的较小者，即 $\min(Q_x, q)$。缺货量取订货量减去实际产出量的值与零的较大值，即 $\max(q - Q_x, 0)$。农产品生产者的收益函数与农产品上游供应商的收益函数分别如下：

$$\pi_m = p_m \min(Q_x, q) - p_s Q - C_m Q_x \qquad (4-1)$$

$$\pi_s = (p_s - C_s) Q \qquad (4-2)$$

式（4-1）中的 $p_m \min(Q_x, q)$ 代表订单农业下产品成熟时生产者获得的销售收入，$p_s Q$ 表示农产品生产者投入的固定成本，$C_m Q_x$ 表示由于产出的不确定产生的不确定生产成本。

农产品生产者的期望收益函数为：

$$E(\pi_m) = p_m \left(Q \int_a^{\frac{q}{Q}} xf(x)\,dx - q \int_b^{\frac{q}{Q}} f(x)\,dx \right) - p_s Q - C_m Qu$$

$$(4-3)$$

农产品生产者的期望收益对农产品生产投入量 Q 进行一阶求导：

$$\frac{\partial E(\pi_m)}{\partial Q} = p_m \int_a^{\frac{q}{Q}} xf(x)\,dx - (p_s + uC_m) \qquad (4-4)$$

生产者的期望收益对农产品生产投入量 Q 进行二阶求导：

$$\frac{\partial^2 E(\pi_m)}{\partial Q^2} = -p_m \frac{q^2}{Q^3} f\left(\frac{q}{Q}\right)$$

$$\leqslant 0 \qquad (4-5)$$

期望收益是生产投入量 Q 的凹函数，当期望收益对农产品生产投入量的一阶导数为 0 时，生产者的期望收益最大。即最优的农资投入量满足下列条件：

$$\frac{\partial E(\pi_m)}{\partial Q} = p_m \int_a^{\frac{q}{Q}} xf(x)\,dx - (p_s + uC_m)$$

$$= 0 \qquad (4-6)$$

进而确定最优的农产品生产投入量 Q_m^* 为：

$$\int_a^{\frac{q}{Q_m^*}} xf(x)\,dx = \frac{p_s + uC_m}{p_m} \qquad (4-7)$$

由式（4-7）可知，最优的投入量与农产品的原材料的价格负相关，即原材料的价格越高，农产品生产者的最优农资投入量越小。

将最优的农资投入量代入农产品生产者的最优期望收益函数可得最优的期望收益为：

$$E(\pi_m^*) = p_m q \int_{\frac{q}{Q_m^*}}^b f(x)\,dx \qquad (4-8)$$

农产品原材料供应商的期望收益函数为：

$$\pi_s = (p_s - C_s)Q^* \qquad (4-9)$$

2. 集中决策下农产品生产者的最优决策

集中决策下农产品的生产者和上游供应商构成一个整体，以整体的利益最大为目标。集中决策下整个供应链的收益为：

$$\pi_c = \pi_s + \pi_m = p_m \min(Q_x, q) - (C_m x + C_s)Q \qquad (4-10)$$

供应链的期望收益为：

$$E(\pi_c) = p_m \left(Q \int_a^{\frac{q}{Q}} x f(x)\,\mathrm{d}x - q \int_b^{\frac{q}{Q}} f(x)\,\mathrm{d}x \right) - (C_s + uC_m)Q$$

$$(4-11)$$

同分散决策下的推导，供应链的期望收益对农产品生产投入量进行一阶求导，一阶导数为零时，供应链的期望收益最大。集中决策下最优农产品生产投入量 Q_c^* 由式（4-12）确定：

$$\int_a^{\frac{q}{Q_c^*}} x f(x)\,\mathrm{d}x = \frac{C_s + uC_m}{p_m} \qquad (4-12)$$

集中决策下供应链的期望收益为：

$$E(\pi_c^*) = p_m q \int_{\frac{q}{Q_c^*}}^b f(x)\,\mathrm{d}x \qquad (4-13)$$

由于 $x \geq 0$，$f(x) \geq 0$，$xf(x) \geq 0$，$\int_a^{\frac{q}{Q}} x f(x)\,\mathrm{d}x$ 是随着 $\frac{q}{Q}$ 的增加而增加的增函数，$C_s < p_s$，$\frac{C_s + C_m}{p_m} < \frac{p_s + C_m}{p_m}$，因此 $\frac{q}{Q_c^*} < \frac{q}{Q_m^*} \Rightarrow Q_c^* > Q_m^*$。因此在集中决策下生产者确定的农产品生产投入量大于分散决策下农产品生产者确定的农产品生产投入量。

3. 收益共享契约下的供应链协调分析

分散决策下的农产品生产投入量低于集中决策下的农产品生产投入量，因此农产品生产过程中还存在帕累托改进，以下通过农产品生产者和上游供应商之间达成收益共享契约协议来协调供应链以实现集中决策下的生产投入量。收益共享契约下农产品生产者和上游供应商的收益函数分别如下：

$$\pi_{sm} = \phi p_m \min(Q_x, q) - (p_s + C_m x)Q \qquad (4-14)$$

$$\pi_{ss} = (1 - \phi)p_m \min(Q_x, q) + (p_s - C_s)Q \qquad (4-15)$$

农产品生产者的期望收益为:

$$E(\pi_{sm}) = \phi p_m \left(Q \int_a^{\frac{q}{Q}} xf(x)\,\mathrm{d}x - q \int_b^{\frac{q}{Q}} f(x)\,\mathrm{d}x \right) - (p_s + uC_m)Q$$

$$(4-16)$$

收益共享契约下农产品生产者的期望收益对生产投入量一阶求导:

$$\frac{\partial E(\pi_{sm})}{\partial Q} = \phi p_m \int_a^{\frac{q}{Q}} xf(x)\,\mathrm{d}x - (p_s + uC_m) \qquad (4-17)$$

期望收益对农产品生产投入量的二阶导数为:

$$\frac{\partial^2 E(\pi_{sm})}{\partial Q^2} = -\phi p_m \frac{q^2}{Q^3} f\left(\frac{q}{Q}\right)$$

$$< 0$$

故期望收益是生产投入量的凹函数,因此期望收益对生产投入量的一阶导数为零时,生产者的期望收益取最大值,即收益共享契约下最优的农产品生产投入量由式(4-18)确定:

$$\int_a^{\frac{q}{Q_{sm}^*}} xf(x)\,\mathrm{d}x = \frac{P_s + uC_m}{\phi p_m} \qquad (4-18)$$

要实现集中决策下的最优投入即 $Q_{sm}^* = Q_c^*$,只需令 $\dfrac{p_s + uC_m}{\phi p_m} = \dfrac{C_s + uC_m}{p_m}$,进而可以确定生产者的收益系数的值:

$$\phi = \frac{p_s + uC_m}{C_s + uC_m} \qquad (4-19)$$

由于收益共享系数的取值介于 $0 \sim 1$,因而可以确定 $p_s \leqslant C_s$ 时,p_s 与 C_s 是一一对应的关系,除了 p_s 外其他的参数都是既定的,收益共享系数的值可以通过 p_s 进行调整。

农产品生产者和上游供应商在供应链达到协调时各自的期望收益分别为:

$$E(\pi_{sm}^*) = \phi p_m q \int_{\frac{q}{Q_c^*}}^b f(x)\,\mathrm{d}x \qquad (4-20)$$

$$E(\pi_{ss}^{*}) = (1 - \phi)p_m q \int_{Q_c^{*}}^{b} f(x)\,dx \qquad (4-21)$$

通过上面的分析可知，当收益共享系数满足一定的条件时可以实现供应链的协调。

4.2.3　有资金约束的供应链协调分析

1. 资金约束下的分散决策

考虑到生产者除了购买原材料外还有其他的支出，为了确保可以实现供应链协调，假定农产品生产者的自有资金量的范围介于 $Q_c^{*} u C_m$ 到 $Q_c^{*}(u C_m + p_s)$ 之间。签订了农业订单合同后，可以采用订单合同向上游的供应商企业申请延期付款。在订单合同下，农产品有稳定的销路，上游供应商在延期付款下也能增加自身的收益，因而上游供应商会应允农产品生产者延期付款，延期支付的款项需支付一定利率的利息，上游供应商可以增大自己的销售量，延期付款会使农产品生产者和供应商双赢。

延期付款下，农产品生产者和上游供应商的收益函数分别为：

$$\pi_{ml} = p_m \min(Q_x, q) - \left(p_s Q - \frac{B_m p_s}{p_s + u C_m}\right)(1 + rT) - \frac{B_m p_s}{p_s + u C_m} - C_m Q_x$$
$$(4-22)$$

$$\pi_{sl} = \left(p_s Q - \frac{B_m p_s}{p_s + u C_m}\right)(1 + rT) + \frac{B_m p_s}{p_s + u C_m} - C_s Q \qquad (4-23)$$

式（4-22）中的 $p_m \min(Q_x, q)$ 代表销售收入，$\left(p_s Q - \dfrac{B_m p_s}{p_s + u C_m}\right)(1 + rT)$ 表示延期支付部分的本金及利息，$\dfrac{B_m p_s}{p_s + u C_m}$ 表示农产品生产者支付给上游供应商的货款，$C_m Q_x$ 表示不确定成本。

延期付款下，农产品生产者的期望收益函数为：

$$E(\pi_{ml}) = p_m \left(Q \int_a^{\frac{q}{Q}} x f(x)\,dx - q \int_b^{\frac{q}{Q}} f(x)\,dx\right)$$
$$- (p_s(1 + rT) + u C_m)Q + \frac{B_m p_s}{p_s + u C_m} rT \qquad (4-24)$$

生产者的期望收益对农产品生产投入量一阶求导：

$$\frac{\partial E(\pi_{ml})}{\partial Q} = p_m \int_a^{\frac{q}{Q}} xf(x)\,\mathrm{d}x - (p_s(1+rT) + uC_m) \qquad (4-25)$$

生产者的期望收益对农产品生产投入量求二阶导数：

$$\frac{\partial^2 E(\pi_{ml})}{\partial Q^2} = -p_m \frac{q^2}{Q^3} f\left(\frac{q}{Q}\right)$$

$$\leqslant 0 \qquad (4-26)$$

生产者的收益是投入量的凹函数，故生产者的期望收益对投入量的一阶导数为零，生产者的期望收益最大，最优的投入量 Q_{ml}^* 由式（4-27）确定：

$$\int_a^{\frac{q}{Q_{ml}^*}} xf(x)\,\mathrm{d}x = \frac{p_s(1+rT) + uC_m}{p_m} \qquad (4-27)$$

由于 $\dfrac{p_s(1+rT)+uC_m}{p_m} > \dfrac{p_s+uC_m}{p_m}$，因此 $Q_{ml}^* < Q_m^*$，延期付款下，资金约束的生产者的投入量低于无资金约束时的投入量。

生产者的最优期望收益为：

$$E(\pi_{ml}^*) = p_m q \int_{\frac{q}{Q_{ml}^*}}^{b} f(x)\,\mathrm{d}x + \frac{B_m p_s}{p_s + uC_m} rT \qquad (4-28)$$

供应商的期望收益为：

$$E(\pi_{sl}) = p_s Q_{ml}^*(1+rT) - C_s Q_{ml}^* - \frac{B_m p_s}{p_s + uC_m} rT \qquad (4-29)$$

2. 资金约束下的集中决策

集中决策下，上游的供应商和农产品生产者以整个供应链的收益最大为目标。农产品生产者资金约束时，供应商允许农产品生产者先支付一部分款项，剩余的款项延期付款但需支付利息。延期付款下，利息只是在供应链内部进行转移，整个供应链的收益函数与无资金约束时的收益函数一样。因而在资金约束下整个供应链的最优农产品生产投入量仍为 Q_c^*，供应链的最优期望收益仍为：

$$p_m q \int_{\frac{q}{Q_c^*}}^{b} f(x)\,\mathrm{d}x$$

3. 收益共享契约下的供应链协调分析

在延期付款下生产者的生产投入量低于集中决策下的生产投入量，因而存在帕累托改进，这里仍然用收益共享契约协调供应链。供应商允许生产者延期付款时，在收益共享契约下生产者和供应商的收益函数分别如下：

$$\pi_{sml} = \phi p_m \min(Q_x, q) - \left(p_s Q - \frac{B_m p_s}{p_s + u C_m} \right)(1 + rT) - \frac{B_m p_s}{p_s + u C_m} - C_m Q_x$$

$$(4-30)$$

$$\pi_{ssl} = (1 - \phi) p_m \min(Q_x, q) + \left(p_s Q - \frac{B_m p_s}{p_s + u C_m} \right)(1 + rT) + \frac{B_m p_s}{p_s + u C_m} - C_s Q$$

$$(4-31)$$

生产者和供应商的期望收益分别为：

$$E(\pi_{sml}) = \phi p_m \left(Q \int_a^{\frac{q}{Q}} x f(x) \, dx - q \int_b^{\frac{q}{Q}} f(x) \, dx \right)$$
$$- (p_s(1 + rT) + u C_m) Q + \frac{B_m p_s}{p_s + u C_m} rT \qquad (4-32)$$

$$E(\pi_{ssl}) = (1 - \phi) p_m \left(Q \int_a^{\frac{q}{Q}} x f(x) \, dx - q \int_b^{\frac{q}{Q}} f(x) \, dx \right)$$
$$+ (p_s(1 + rT) - C_s) Q - \frac{B_m p_s}{p_s + u C_m} rT \qquad (4-33)$$

生产者的期望收益对生产投入量的一阶导数为：

$$\frac{\partial E(\pi_{sml})}{\partial Q} = \phi p_m \int_a^{\frac{q}{Q}} x f(x) \, dx - (p_s(1 + rT) + u C_m) \qquad (4-34)$$

期望收益对生产投入量的二阶导数为：

$$\frac{\partial^2 E(\pi_{sml})}{\partial Q^2} = -\phi p_m \frac{q^2}{Q^3} f\left(\frac{q}{Q} \right)$$
$$< 0 \qquad (4-35)$$

期望收益是投入量的凹函数，因此当生产者的期望收益对投入量的一阶导数等于零时，生产者的期望收益最大。生产者的最优投入量由式（4-36）

确定：

$$\int_{Q^*_{sml}}^{q} xf(x)\,\mathrm{d}x = \frac{p_s(1+rT)+uC_m}{\phi p_m} \tag{4-36}$$

当 $\dfrac{p_s(1+rT)+uC_m}{\phi p_m} = \dfrac{C_s+uC_m}{p_m}$，供应链在收益共享契约下实现协调：

$Q^*_{sml} = Q^*_c$，进而可以确定生产者的收益共享系数的值：

$$\phi = \frac{p_s(1+rT)+uC_m}{C_s+uC_m} \tag{4-37}$$

ϕ 的取值范围为 $[0,1]$，因此 $p_s < \dfrac{C_s}{1+rT}$，要实现供应链的帕累托最优需满足供应商制定的批发价格低与其边际成本的贴现。

在收益共享契约下实现供应链协调，生产者和上游供应商的期望收益分别为：

$$E(\pi^*_{sml}) = \phi p_m q \int_{\frac{q}{Q^*_c}}^{b} f(x)\,\mathrm{d}x + \frac{B_m p_s}{p_s+uC_m}rT \tag{4-38}$$

$$E(\pi^*_{ssl}) = (1-\phi)p_m q \int_{\frac{q}{Q^*_c}}^{b} f(x)\,\mathrm{d}x - \frac{B_m p_s}{p_s+uC_m}rT \tag{4-39}$$

根据以上的分析可知，不论生产者有无资金约束，收益共享契约均可协调供应链，使整个供应链的收益达到最优。

4.2.4 数值分析

某公司与某养鸡场签订购销合同，合同约定 3 个月后公司向该养鸡场收购 1 万只鸡，合同规定鸡的收购价格为 45 元/只。该品种的鸡的生长期为 3 个月，该养鸡场与公司签订购销合同后马上向其上游幼鸡供应商购买幼鸡进行养殖，幼鸡在市场上的批发价格为 10 元/只，上游供应商的成本为 6 元/只，养鸡场购买幼鸡后进行养殖的过程中每只鸡的成本为 20 元/只。当养鸡场存在资金约束时，养鸡场的上游供应商允许养鸡场延期支付，但延期付款的款项需按 4% 的利率支付利息，鸡的生长期为 3 个月，上游供应商允许养鸡场延期支付的时间周期为 3 个月。

模型的参数设置如表4.1所示。

表4.1 参数设置

参数符号	参数含义	参数值
q	订单合同下，零售商的订货量	10000 只
p_m	订单合同下，约定的农产品的收购价	45 元/只
C_m	农产品生产过程中除原材料外的单位生产成本	20 元/只
C_S	供应商的单位成本	6 元/只
p_s	市场上该品种的鸡仔的批发价格	10 元/只
B_m	生产者的自有资金	$\left[Q_c^* u C_m, Q_c^* \left(u C_m + p_s \right) \right]$
r	延期付款下的利率	4%
T	延期付款的期限	3 个月

该品种鸡的产出服从均匀分布，满足 $x \sim U(0.5, 1)$，则 x 的概率密度函数和累积分布函数分别为 $f(x) = 2$，$F(x) = 2x - 1$。在签订了购销合同后，养鸡场需根据产出的分布函数确定最优的投入量。

1. 无资金约束时的数值分析

当该养鸡场的资金充足时，分散决策下养鸡场的最优幼鸡投入量为11142只，该养鸡场的期望收益为92250元。养鸡场的上游企业的收益为44568元。分散决策下养鸡场与其上游企业的总收益为136818元。养鸡场与上游企业在集中决策下以整体的收益最大为目标确定最优的投入量为11812只，整个供应链的收益为138060元。从以上的数据来看，分散决策下养鸡场的投入量以及养鸡场和上游企业的收益总和低于集中决策下的投入量及期望收益，因而还存在帕累托改进。通过在供应链中引入收益共享契约，养鸡场的供应商以低于其成本的价格作为批发价，收益共享系数的取值满足

$$\phi = \frac{p_s + 15}{21}$$

其中，当 $0 \leqslant p_s \leqslant 6$ 时可以实现供应链的协调，根据达到协调时批发价的范围可以确定收益共享系数的取值范围为 0.714 ~ 1。

收益共享系数与供应商确定的批发价的关系如图4.2所示。

在收益共享契约下，养鸡场的期望收益为：

$$\phi \pi_{sm} = 138060$$

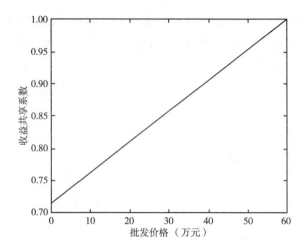

图4.2 批发价与收益共享系数的关系

养鸡场的收益随着收益共享系数的增大而增大，养鸡场的上游供应商的期望收益函数为：

$$\pi_{sm} = 138060(1 - \phi)$$

养鸡场上游供应商的收益随着收益共享系数的增大而降低。养鸡场与养鸡场上游供应商的期望收益与收益共享系数的关系图如图4.3所示。

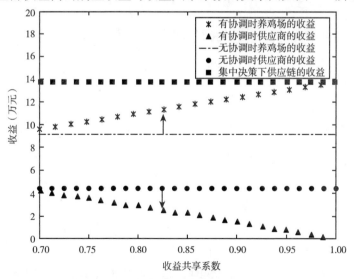

图4.3 收益共享系数与期望收益的关系

根据图 4.3 可知，供应链实现协调时，养鸡场的收益得到了改进，而养鸡场的供应商的收益却被降低了。收益共享契约还存在改进。针对这种情况，养鸡场和供应商之间还可以达成转移支付协议，由养鸡场转移支付给供应商以弥补供应商在收益共享契约下的损失，使供应商的总收益不低于其在分散决策下的收益，这样养鸡场上游供应商才会愿意参加收益共享契约。只有在收益共享契约与转移支付共同协调下，供应链才可实现协调。

2. 有资金约束时的数值分析

养鸡场存在资金约束且其自有资金介于 177180～295300 元。养鸡场的供应商允许养鸡场进行延期支付，养鸡场确定的最优幼鸡投入量为 11126 只，养鸡场的期望收益为 $91080 + 0.004B_m$，养鸡场供应商的期望收益为 $45616.6 + 0.004B_m$。在延期付款下，养鸡场和上游供应商的收益总和为 136696.6 元。供应链在集中决策下的收益为 138060 元。因此该供应链存在帕累托改进，供应链成员之间通过建立收益共享合作机制来改进供应链，实现供应链的协调。收益共享系数满足

$$\phi = \frac{1.01p_s + 15}{21}$$

其中，当 $0 \leqslant p_s \leqslant 5.94$ 时，供应链达到协调，收益共享系数的取值范围介于 0.714～1。

在收益共享契约下养鸡场的期望收益为：

$$138060\phi + 0.004B_m$$

养鸡场的供应商的期望收益为：

$$138060(1 - \phi) - 0.004B_m$$

根据供应链中成员的期望收益函数可知，在收益共享契约下养鸡场和养鸡场供应商的收益受收益共享系数和养鸡场自有资金影响。当养鸡场的自有资金既定时，可以分析收益共享系数对养鸡场的收益和鸡场供应商的收益的影响，收益共享系数的值固定时可以分析养鸡场的自有资金对养鸡场的收益和供应商的收益的影响。

当收益共享系数的值为 0.75 时，养鸡场的自有资金与供应链成员的收益关系如图 4.4 所示。

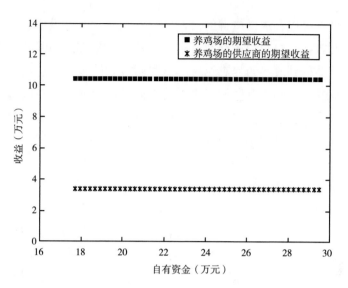

图 4.4　自有资金与收益的关系

当资金约束的零售商的自有资金为 200000 元时，收益与收益共享系数的关系如图 4.5 所示。

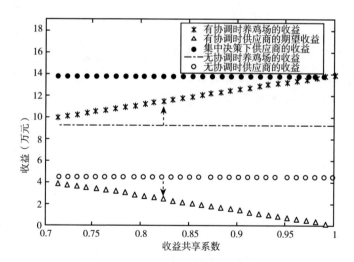

图 4.5　收益共享系数与收益的关系

由图 4.5 可知，在收益共享契约下随着收益共享系数的增加，养鸡场的收益逐步提高，而养鸡场供应商的收益随着收益共享系数的递增而逐渐降低且其在收益共享契约下的收益低于在分散决策无协调时的收益，说明收益共享契约可以实现供应链的协调，却不能同时改进供应链所有成员的收益。因此收益共享契约还存在改进。在收益共享契约的基础上再加上转移支付，收益得到改善的养鸡场转移支付给收益降低的供应商，以弥补供应商在收益共享契约中遭受的损失，使上游供应商的收益在收益共享契约下的收益加上转移支付后的总收益不低于供应商在分散决策下没有协调时的收益。只有这样供应链上的成员才会愿意参加收益共享契约。

4.2.5　研究结论

根据以上的理论推导和数值分析，可以得出收益共享契约可以实现供应链协调，使供应链上的农产品生产者和上游供应商在分散决策下的收益总和等于供应链在集中决策下的收益。虽然收益共享契约可以协调供应链，但是收益共享契约却不能使供应链上所有成员的收益都得到改进，因此需要对该契约进行改进。

在收益共享契约的基础上，再加上转移支付，收益得到改善的生产者转移支付给收益降低的供应商，保证供应商的收益在转移支付下不低于其在无协调时的收益。这样才能保证收益共享契约的顺利执行，最终实现供应链的协调。在订单农业下，生产者可以根据订货量合理地安排生产，实现资金的合理利用，增加自身的收益。在实践中，生产者与上游供应商可以在收益共享契约的基础上加上转移支付，保证收益共享契约的实施，使生产者和供应商的绩效都得到优化。

4.3　农产品销售环节的供应链协调

对于没有签订购销合同的农户、生产合作社及家庭农场，他们根据往年的农产品需求量及农产品的价格来安排农产品的生产投入量，在农产品成熟时，将农产品出售给零售商。蔬果类农产品集中上市，零售商需要支付大量的采购资金，零售商资金不足时会减小订货量，这样，一方面减少市场上蔬果类农产品的供给，引发蔬果类农产品市场价格的上涨，另一方面又会导致蔬果类农产品供应商处的农产品积压，蔬果类农产品易腐蚀不易存储，蔬果类农产品供应商将遭受巨大的损失。蔬果类农产品零售商一般都是小微企业，其自身缺乏抵押品和固定资产，自身的资信状况水平较低，很难从银行等金融机构获取资金，即便获取资金，也需要付出较高的成本。零售商存在资金约束时，假如供应商允许零售商先支付一部分货款，剩余的货款等农产品销售结束之后再进行支付，就等价于农产品供应商为资金约束的零售商提供了融资。本节将零售商分为无资金约束和有资金约束两类，分别分析这两情况的供应链协调，并进行对比分析。

4.3.1　模型构建

1. 模型的基本假设

（1）蔬果类农产品属于易腐产品，产品在运输和销售过程中会产生损耗，假定农产品的损耗率为一个固定的常数 λ，零售商承担农产品损耗损失。

（2）信息对称，农产品供应商和零售商都知道农产品的需求分布函数、概率密度函数及累积分数函数。

（3）农产品供应商和零售商均以自身收益最大为目标作出决策。

（4）需求与产品的价格是乘积形式的函数关系：$D = y(p)x$，$y(p) = Ap^{-k}\theta(A > 0, K > 1)$，$A$ 代表农产品的市场需求规模，K 代表农产品的需求价格弹性，θ 代表农产品的新鲜度，$\theta \in [0, 1]$。x 是一个随机扰动项，假设 x 的均值为 u，x 的概率密度函数、分布函数分别为 $f(x)$ 和 $F(x)$，令 $\bar{F}(x) = 1 - F(x)$。x 满足失败率递增，即满足 $xf(x)/(1 - F(x))$ 随 x 单调递增。

（5）农产品零售商确定的订货量农产品供应商都能满足，不存在缺货。

（6）假设剩余农产品的残值为 0。

（7）延期付款下农产品零售商履约按时支付其供应商剩余货款和利息。

2. 模型的符号参数

C_s 表示供应商的生产成本。W 表示供应商制定的产品的批发价。P 表示零售商确定的产品的零售价。q 表示零售商有效采购量，实际采购量为 $\dfrac{q}{1-\lambda}$。D 表示农产品的市场需求。ϕ 表示零售商的收益共享系数，代表零售商最终获得的销售收入的份额，供应商获得的销售收入份额为 $1 - \phi$。B_r 表示零售商自有资金。C_r 表示零售商除批发价格以外每单位农产品的其他支出。R 表示延期支付需支付的融资利率。i 表示零售商的投资收益率，$i < r$。T 表示延期支付的时间周期。$\pi_i()$ 表示不同主体的收益；下标 $i = r$，s，c 分别表示零售商、供应商及供应链的收益；$i = sr$，ss，sc 分别表示收益共享契约下零售商、供应商及供应链的收益；$i = rl$，sl，cl 分别表示延期付款时零售商、供应商及供应链的收益；$i = srl$，ssl，scl 分别表示延期付款下采用收益共享契约协调供应链时零售商、供应商及供应链的收益。$E(\pi_i())$ 表示不同主体的期望收益，下标与收益函数的下标一致。

4.3.2　无资金约束时的供应链协调

蔬果类农产品上市时农产品零售商资金充裕，农产品供应链的决策顺序为农产品供应链上的供应商先确定农产品的批发价，然后农产品零售商根据批发价确定订货量和零售价。农产品供应链上的成员以自身收益最大为目标作出决策。本节首先分析农产品供应链在分散决策下农产品零售商和供应商的最优决策，然后分析供应链在集中决策下的最优决策，最后比较分散和集中决策下的最优决策，提出优化供应链的措施。

1. 分散决策下零售商的最优决策

农产品零售商资金充裕时，在分散决策下农产品供应商先进行决策。农产品供应商确定批发价格，然后农产品零售商根据农产品供应商制定的批发价格确定订货量。农产品供应商和零售商的收益函数如下：

$$\pi_r = p\min(q,d) - (C_r + W)\frac{q}{1 - \lambda} \qquad (4 - 40)$$

$$\pi_s = (W - C_s)\frac{q}{1 - \lambda} \qquad (4 - 41)$$

采用逆向递推法求解，先分析农产品零售商在分散决策下的最优有效订货量，可以得出订货量与批发价之间的相关关系，然后分析农产品供应商在分散决策下根据批发价与有效订货量之间的关系确定批发价格。

关于农产品的需求与农产品的价格是乘积形式的相关关系，本书参照相关研究（Petruzzi & Dada，1999）引入了库存因子 z：

$$z = \frac{q}{AP^{-k}\theta} \tag{4-42}$$

引入库存因子后，零售价格可以用订货量和库存因子表示：

$$p = \left(\frac{Az\theta}{q}\right)^{\frac{1}{k}} \tag{4-43}$$

订货量 $q = y(p)z$，市场需求 $d = y(p)x$，可以将零售商的收益数转化为：

$$\pi_r = pq\min\left(1, \frac{x}{z}\right) - (C_r + W)\frac{q}{1-\lambda} \tag{4-44}$$

将式（4-44）中 p 的值用 $\left(\frac{Az\theta}{q}\right)^{\frac{1}{k}}$ 进行替换可得零售商的期望收益为：

$$E(\pi_r) = (Az\theta)^{\frac{1}{k}}q^{1-\frac{1}{k}}\left(1 + \int_0^z\left(\frac{x}{z} - 1\right)f(x)\,\mathrm{d}x\right) - (C_r + W)\frac{q}{1-\lambda} \tag{4-45}$$

定理 4.1 零售商的最优库存因子 z_0 由下列方程确定：

$$\int_0^z (k-1)xf(x)\,\mathrm{d}x = z\bar{F}(z) \tag{4-46}$$

最优的库存因子与产品的需求弹性和随机因子的分布函数相关，与其他的因素无关，因此对同一产品在同一市场上，产品的库存因子保持不变。

证明：零售商的期望收益对库存因子求偏导数：

$$\frac{\partial E(\pi_r)}{\partial z} = (A\theta(t))^{\frac{1}{k}}\frac{1}{k}z^{\frac{1}{k}-1}q^{1-\frac{1}{k}}\left(1 - \int_0^z\left(\frac{x}{z}(k-1) + 1\right)f(x)\,\mathrm{d}x\right) \tag{4-47}$$

由于 x 具有失效率递增的性质，正态分布、Weibull 分布、均匀分布等都满足失效率递增，令 $h(z) = \dfrac{zf(z)}{\bar{F}(z)}$，$h(z)$ 随着 z 的增大而增大。令

$$g(z) = z - \int_0^z ((k-1)x + z)f(x)\,\mathrm{d}x$$

$$= z\bar{F}(z) - (k-1)\int_0^z xf(x)\,\mathrm{d}x$$

对 $g(z)$ 求一阶导数可得

$$\frac{\partial g(z)}{\partial z} = \bar{F}(z) - kzf(z)$$

$$= k\bar{F}(z)\left(\frac{1}{k} - \frac{zf(z)}{\bar{F}(z)}\right) \qquad (4-48)$$

当 $z \in \left[0, h^{-1}\left(\frac{1}{k}\right)\right]$ 时，$g'(z) > 0$，$g(z)$ 单调递增；当 $z \in \left(h^{-1}\left(\frac{1}{k}\right), +\infty\right)$ 时，$g'(z) < 0$，$g(z)$ 单调递减。因而 $g(z)$ 是单峰函数，$g(0) = 0$。当 x 满足 $\lim_{x \to \infty} x\bar{F}(x) = 0$，显然有 $g(z) < 0$，因而 $g(z) = 0$ 在 $(0, +\infty)$ 存在唯一解。当 $g(z) = 0$ 时，零售商的期望收益最大。

证毕。

定理 4.2　零售商的最优有效订货量 q^* 为：

$$q^* = Az_0\theta\left(\frac{(1-\lambda)\bar{F}(z_0)}{C_r + W}\right)^k \qquad (4-49)$$

证明：由最优库存因子的等式可得

$$\int_0^{z_0} xf(x)\,\mathrm{d}x = \frac{z_0}{k-1}(1 - F(z_0))$$

将最优库存因子的等式代入下式：

$$1 + \int_0^{z_0}\left(\frac{x}{z_0} - 1\right)f(x)\,\mathrm{d}x = 1 + \frac{1}{z_0}\int_0^{z_0} xf(x)\,\mathrm{d}x - \int_0^{z_0} f(x)\,\mathrm{d}x$$

$$= 1 + \frac{1 - F(z_0)}{k-1} - F(z_0) = \frac{k}{k-1}\bar{F}(z_0)$$

零售商的期望收益函数可以转化为：

$$E(\pi_r) = (Az_0\theta)^{\frac{1}{k}} q^{1-\frac{1}{k}} \frac{k}{k-1}\bar{F}(z_0) - \frac{C_r + W}{1-\lambda}q \qquad (4-50)$$

零售商的期望收益对有效订货量 q 一阶求导：

$$\frac{\partial E(\pi_r)}{\partial q} = (Az_0\theta)^{\frac{1}{k}}\bar{F}(z_0)q^{-\frac{1}{k}} - \frac{C_r + W}{1-\lambda} \qquad (4-51)$$

零售商的期望收益对有效订货量 q 二阶求导：

$$\frac{\partial^2 E(\pi_r)}{\partial q^2} = -\frac{1}{k}(Az_0\theta)^{\frac{1}{k}}\overline{F}(z_0)q^{-\frac{1}{k}-1}$$
$$< 0 \tag{4-52}$$

零售商的期望收益对有效订货量的二阶导数小于零，因此农产品零售商的期望收益是有效订货量的凹函数，当期望收益对有效订货量的一阶导数等于零时，零售商的期望收益最大。

$$\frac{\partial E(\pi_r)}{\partial q} = (Az_0\theta)^{\frac{1}{k}}\overline{F}(z_0)q^{-\frac{1}{k}} - \frac{C_r + W}{1-\lambda}$$
$$= 0 \tag{4-53}$$

由式（4-53）可得零售商最优的有效订货量 q 的值为：

$$q^* = Az_0\theta\left(\frac{(1-\lambda)\overline{F}(z_0)}{C_r + W}\right)^k$$

证毕。

根据最优有效订货量农产品零售商确定农产品的零售价为：

$$p^* = \frac{C_r + W}{(1-\lambda)\overline{F}(z_0)} \tag{4-54}$$

将零售商的最优有效订货量代入零售商的期望收益函数中可得

$$E(\pi_r^*) = Az_0\theta\frac{\overline{F}(z_0)}{k-1}\left(\frac{(1-\lambda)\overline{F}(z_0)}{C_r + W}\right)^{k-1} \tag{4-55}$$

2. 分散决策下供应商的最优决策

零售商确定了最优的有效订货量之后，供应商根据零售商的订货量确定最优的批发价。

供应商的收益函数为：

$$\pi_s = (W - C_s)\frac{q}{1-\lambda} \tag{4-56}$$

将零售商的最优有效订货量代入式（5-56），得

$$\pi_s = A z_0 \theta \frac{W - C_s}{1 - \lambda} \left(\frac{(1 - \lambda) \bar{F}(z_0)}{C_r + W} \right)^k \qquad (4 - 57)$$

令，$A z_0 \theta (1 - \lambda)^{k-1} (\bar{F}(z_0))^k = V$，则供应商的收益可以变形为：

$$\pi_s = V \frac{W - C_s}{(C_r + W)^k} \qquad (4 - 58)$$

供应商的期望收益对批发价格进行一阶求导：

$$\begin{aligned}
\frac{\partial \pi_s}{\partial W} &= V \frac{(C_r + W)^k - k(C_r + W)^{k-1}(W - C_s)}{(C_r + W)^{2k}} \\
&= V \frac{C_r + W - k(W - C_s)}{(C_r + W)^{k+1}}
\end{aligned} \qquad (4 - 59)$$

供应商的收益对批发价的一阶导数为零时，供应商的收益最大。即

$$\frac{\partial \pi_s}{\partial W} = 0 \Rightarrow W^* = \frac{C_r + k C_s}{k - 1} \qquad (4 - 60)$$

批发价格确定时，零售商的订货量为：

$$q^* = A z_0 \theta \left(\frac{(1 - \lambda)(k - 1) \bar{F}(z_0)}{k(C_r + C_s)} \right)^k \qquad (4 - 61)$$

零售商最终确定的零售价为：

$$p^* = \frac{k(C_r + C_s)}{(1 - \lambda)(k - 1) \bar{F}(z_0)} \qquad (4 - 62)$$

将供应商确定的最优批发价代入零售商的期望收益函数式（4 - 55）可得

$$E(\pi_r) = \bar{F}(z_0) \frac{A z_0 \theta}{k - 1} \left(\frac{(k - 1)(1 - \lambda) \bar{F}(z_0)}{k(C_r + C_s)} \right)^{k-1} \qquad (4 - 63)$$

供应商的期望收益函数为：

$$E(\pi_s) = \frac{A z_0 \theta \bar{F}(z_0)}{k} \left(\frac{(1 - \lambda)(k - 1) \bar{F}(z_0)}{k(C_r + C_s)} \right)^{k-1} \qquad (4 - 64)$$

3. 集中决策下的最优决策

在集中决策下，供应商和零售商以整个供应链的收益最大为目标。在集中决策下整个供应链的收益函数为：

$$\begin{aligned} \pi_c &= \pi_s + \pi_r \\ &= p\min(q,d) - (C_r + C_s)\frac{q}{1-\lambda} \\ &= pq\min\left(1,\frac{x}{z}\right) - (C_r + C_s)\frac{q}{1-\lambda} \end{aligned} \qquad (4-65)$$

与分散决策下零售商的最优订货量推导过程类似，集中决策下的最优订货量为：

$$q_c^* = Az_0\theta\left(\frac{(1-\lambda)\bar{F}(z_0)}{C_r + C_s}\right)^k \qquad (4-66)$$

集中决策下产品的零售价为：

$$p_c^* = \frac{C_r + C_s}{(1-\lambda)\bar{F}(z_0)} \qquad (4-67)$$

集中决策下整个供应链的收益为：

$$E(\pi_c) = \frac{k}{k-1}\bar{F}(z_0)(Az_0\theta)^{\frac{1}{k}}q_c^{1-\frac{1}{k}} - \frac{C_r + C_s}{1-\lambda}q_c \qquad (4-68)$$

将集中决策下最优的有效订货量代入式（4-68）中可以得到集中决策下最优期望收益：

$$E(\pi_c^*) = \bar{F}(z_0)\frac{Az_0\theta}{k-1}\left(\frac{(1-\lambda)\bar{F}(z_0)}{C_r + C_s}\right)^{k-1} \qquad (4-69)$$

由于 $W > C_s$，因此分散决策下零售商的最优有效订货量低于集中决策下的最优有效订货量，分散决策下零售商和供应商的最优期望收益之和低于集中决策下最优的期望收益。

4. 收益共享契约下的供应链协调

在分散决策下，零售商和供应商的最优期望收益之和低于集中决策下最优的期望收益，供应链还可以进行改进。通过引入收益共享契约协调供应链。引入收益共享契约后，零售商和供应商的收益函数分别如下：

$$\pi_{sr} = \phi p\min(p,d) - (C_r + W)\frac{q}{1-\lambda} \tag{4-70}$$

$$\pi_{ss} = (1-\phi)p\min(p,d) + (W-C_s)\frac{q}{1-\lambda} \tag{4-71}$$

同零售商分散决策下的推导一样，收益共享契约下零售商的期望收益函数可以转化为：

$$E(\pi_{sr}) = \phi(Az_0\theta)^{\frac{1}{k}}q^{1-\frac{1}{k}}\frac{k}{k-1}\bar{F}(z_0) - \frac{C_r+W}{1-\lambda}q \tag{4-72}$$

收益共享契约下零售商的期望收益对有效订货量 q 求导：

$$\frac{\partial E(\pi_{sr})}{\partial q} = \phi(Az_0\theta)^{\frac{1}{k}}\bar{F}(z_0)q^{-\frac{1}{k}} - \frac{C_r+W}{1-\lambda} \tag{4-73}$$

$$\frac{\partial^2 E(\pi_{sr})}{\partial q^2} = -\frac{1}{k}\phi(Az_0\theta)^{\frac{1}{k}}\bar{F}(z_0)q^{-\frac{1}{k}-1}$$

$$< 0 \tag{4-74}$$

收益共享契约零售商的期望收益对有效订货量的二阶导数小于 0，因此零售商的期望收益是订货量的凹函数，当一阶导数等于 0 时，零售商的期望收益取最大值。收益共享契约下零售商的最优有效订货量为：

$$q_{sr}^* = Az_0\theta\left(\frac{\phi(1-\lambda)\bar{F}(z_0)}{C_r+W}\right)^k \tag{4-75}$$

要实现供应链的协调应满足收益共享契约下零售商的最优有效订货量 q_{sr}^* 等于集中决策下供应链的最优有效订货量 q_c^*，即

$$Az_0\theta\left(\frac{(1-\lambda)\bar{F}(z_0)}{C_r+C_s}\right)^k = Az_0\theta\left(\frac{\phi(1-\lambda)\bar{F}(z_0)}{C_r+W}\right)^k \tag{4-76}$$

由式（4-77）可得，当收益共享系数满足式（4-77）时，即可实现供应链的协调。

$$\phi = \frac{C_r+W}{C_r+C_s} \tag{4-77}$$

由于收益共享系数的值小于等于 1，因此可以得出在收益共享契约下，供应商确定的批发价格 $0 \leqslant W < C_s$，供应商以低于边际成本的批发价格批发给零售商以激励零售商采购更多的农产品，防止农产品滞销。

将收益共享系数 $\phi = \dfrac{C_r + W}{C_r + C_s}$ 代入式（4-72）中可得：$E(\pi_{sr}^*) = \phi E(\pi_c^*)$，进而可以得到 $E(\pi_{ss}^*) = (1 - \phi)E(\pi_c^*)$。为了激励供应商参与收益共享契约，加入收益共享契约后，供应商的收益应该高于供应商在分散决策下的最优期望收益，零售商的收益也应不低于零售商在分散决策下的收益。

$$
\begin{cases}
E(\pi_{sr}^*) \geqslant E(\pi_r) \\
E(\pi_{ss}^*) \geqslant E(\pi_s)
\end{cases}
\Rightarrow
\begin{cases}
\phi E(\pi_c^*) \geqslant E(\pi_r^*) \\
(1 - \phi)E(\pi_c^*) \geqslant E(\pi_s^*)
\end{cases}
\Rightarrow
$$

$$
\frac{E(\pi_r^*)}{E(\pi_c^*)} \leqslant \phi \leqslant 1 - \frac{E(\pi_s^*)}{E(\pi_c^*)} \tag{4-78}
$$

由式（4-79）可以确定收益共享系数 $\phi \in \left[\dfrac{E(\pi_r^*)}{E(\pi_c^*)}, 1 - \dfrac{E(\pi_s^*)}{E(\pi_c^*)} \right]$ 时，零售商和供应商的收益不低于分散决策下的收益，整个供应链实现协调。

4.3.3　有资金约束时的供应链协调

1. 资金约束下基于延期付款的决策分析

当零售商在农产品销售时节由于资金约束无法实现最优的订货量时，零售商的自有资金为 B_r，农产品的批发价格为 W，零售商在资金约束下不融资时的最大订货量为 $q_0 = \dfrac{B_r}{W + C_r}$，$q_0 < q_r^* < q_c^*$。零售商面临资金约束时，农产品供应商为了防止产品的滞销造成的损失，会允许零售商延期付款，供应商允许零售商延期付款，相当于给零售商提供了融资，零售商需支付利率为 r 的延期支付利率，允许延期支付的时间周期为 T，零售商在延期支付期间还可以将获得的销售收入进行其他的投资而获得收益。假定在延期支付期间零售商的平均投资收益率为 i，延期付款下供应商和零售商的收益函数分别如下：

$$
\pi_{sl} = \left(W \frac{q}{1 - \lambda} - B_r \right)(1 + rT) + B_r - C_s \frac{q}{1 - \lambda} \tag{4-79}
$$

$$\pi_{rl} = (1 + iT)p\min(q,d) - \left(W\frac{q}{1-\lambda} - B_r\right)(1 + rT) - B_r - C_r\frac{q}{1-\lambda}$$

$$(4-80)$$

零售商的期望收益为：

$$E(\pi_{rl}) = (1 + iT)(Az_0\theta)^{\frac{1}{k}}q^{1-\frac{1}{k}}\left(1 + \int_0^{z_0}\left(\frac{x}{z} - 1\right)f(x)\,\mathrm{d}x\right)$$

$$- \frac{Wq(1 + rT)}{1-\lambda} - \frac{C_rq}{1-\lambda} + B_rrT \qquad (4-81)$$

同无资金约束时的推导过程一样，资金约束的零售商的最优订货量为：

$$q_{rl}^* = Az_0\theta\left(\frac{(1-\lambda)(1 + iT)\overline{F}(z_0)}{W(1 + rT) + C_r}\right)^k \qquad (4-82)$$

延期付款下零售商的最优期望收益为：

$$E(\pi_r^*) = \frac{Az_0\theta(1 + iT)\overline{F}(z_0)}{k-1}\left(\frac{(1-\lambda)(1 + iT)\overline{F}(z_0)}{C_r + W(1 + rT)}\right)^{k-1} + B_rrT$$

$$(4-83)$$

同无资金约束时的推导过程一样，供应商在延期付款下确定的最优批发价格为：

$$W_{sl}^* = \frac{kC_s + C_r}{(k-1)(1 + rT)} \qquad (4-84)$$

批发价确定后，零售商的订货量为：

$$q_{rl}^* = Az_0\theta\left(\frac{(1-\lambda)(k-1)(1 + iT)\overline{F}(z_0)}{k(C_s + C_r)}\right)^k \qquad (4-85)$$

延期付款下零售商确定的最优零售价为：

$$p_{rl}^* = \frac{k(C_s + C_r)}{(1-\lambda)(k-1)(1 + iT)\overline{F}(z_0)} \qquad (4-86)$$

将最优的批发价代入式（4-83）：

$$E(\pi_{rl}^*) = \frac{Az_0\theta(1 + iT)\overline{F}(z_0)}{k - 1}\left(\frac{(1 - \lambda)(k - 1)(1 + iT)\overline{F}(z_0)}{k(C_r + C_s)}\right)^{k-1} + B_r rT$$

$$(4-87)$$

同样，可以从式（4-79）推出供应商的最优期望收益，将最优的批发价和最优有效订货量代入供应商的期望收益，得

$$E(\pi_{sl}^*) = \frac{(C_s + C_r)Az_0\theta}{(k - 1)(1 - \lambda)}\left(\frac{(k - 1)(1 - \lambda)(1 + iT)\overline{F}(z_0)}{k(C_r + C_s)}\right)^{k} - B_r rT$$

$$(4-88)$$

延期付款下集中决策时供应链的收益函数为：

$$\pi_{cl} = \pi_{sl} + \pi_{rl}$$

$$= (1 + iT)p\min(q, d) - (C_s + C_r)\frac{q}{1 - \lambda} \qquad (4-89)$$

延期付款下集中决策时供应链的期望收益为：

$$E(\pi_{cl}) = (1 + iT)(Az_0\theta)^{\frac{1}{k}}q^{1-\frac{1}{k}}\frac{k}{k - 1}\overline{F}(z_0) - \frac{C_r + C_s}{1 - \lambda}q \quad (4-90)$$

期望收益对有效订货量进行一阶求导，当一阶导数等于零时可以得到最优的有效订货量的值为：

$$q_{cl}^* = Az_0\theta\left(\frac{(1 - \lambda)(1 + iT)\overline{F}(z_0)}{C_r + C_s}\right)^{k} \qquad (4-91)$$

延期付款下供应链确定的零售价为：

$$p_{cl}^* = \frac{C_r + C_s}{(1 - \lambda)(1 + iT)\overline{F}(z_0)} \qquad (4-92)$$

延期付款下供应链的期望收益为：

$$E(\pi_{cl}^*) = \frac{(1 + iT)Az_0\theta\overline{F}(z_0)}{k - 1}\left(\frac{(1 - \lambda)(1 + iT)\overline{F}(z_0)}{C_r + C_s}\right)^{k-1}$$

$$(4-93)$$

由于 $W(1 + rT) > C_s$，因此分散决策下零售商的最优订货量小于集中决

策下最优的订货量，即 $q_{rl}^* < q_{cl}^*$，在分散决策下供应链还存在帕累托改进。在延期付款下整个供应链的最优订货量高于无延期付款时供应链的最优订货量，即 $q_c^* < q_{cl}^*$。

2. 延期付款下基于收益共享契约供应链协调分析

在延期付款下的分散决策中，供应链没能达到协调效果，通过收益共享契约，供应商以较低的批发价供货给零售商，激励零售商订货更多的产品。引入收益共享契约后零售商和供应商的收益函数如下：

$$\pi_{srl} = \phi(1 + iT)p\min(q,d) - \left(W\frac{q}{1-\lambda} - B_r\right)(1 + rT) - B_r - C_r\frac{q}{1-\lambda}$$

$$(4-94)$$

$$\pi_{ssl} = (1-\phi)(1 + iT)p\min(q,d) + \left(W\frac{q}{1-\lambda} - B_r\right)(1 + rT) + B_r - C_s\frac{q}{1-\lambda}$$

$$(4-95)$$

收益共享契约下零售商的期望收益为：

$$E(\pi_{srl}) = \phi(1 + iT)(Az_0\theta)^{\frac{1}{k}}q^{1-\frac{1}{k}}\frac{k}{k-1}\overline{F}(z_0) - \frac{Wq(1 + rT)}{1-\lambda} - \frac{C_r q}{1-\lambda} + B_r rT$$

$$(4-96)$$

零售商的期望收益对有效订货量进行一阶求导，确定零售商的最优有效订货量为：

$$q_{srl}^* = Az_0\theta\left(\frac{\phi(1-\lambda)(1 + iT)\overline{F}(z_0)}{C_r + W(1 + rT)}\right)^k \qquad (4-97)$$

要实现供应链的协调应满足 $q_{srl}^* = q_{cl}^*$，即

$$Az_0\theta\left(\frac{\phi(1-\lambda)(1 + iT)\overline{F}(z_0)}{C_r + W(1 + rT)}\right)^k = Az_0\theta\left(\frac{(1-\lambda)(1 + iT)\overline{F}(z_0)}{C_r + C_s}\right)^k$$

$$(4-98)$$

由式（4-98）可以推导出，当收益共享因子满足以下条件时，可以实现供应链的协调。

$$\phi = \frac{W(1 + rT) + C_r}{C_r + C_s} \qquad (4-99)$$

由于收益共享因子的值小于等于1，因此在收益共享契约下供应商制定的新的批发价格 W 应满足：

$$0 \leqslant W \leqslant \frac{C_s}{1 + rT}$$

收益共享契约下零售商的期望收益函数可以简化为：

$$E(\pi_{srl}^*) = \phi E(\pi_{cl}^*) + B_r rT \tag{4-100}$$

收益共享契约下供应商的期望收益可以简化为：

$$E(\pi_{ssl}^*) = (1 - \phi) E(\pi_{cl}^*) - B_r rT \tag{4-101}$$

收益共享契约对供应商和零售商都具有吸引力，应该满足零售商和供应商的期望收益均不低于分散决策下两者各自的最优期望收益，即满足以下条件：

$$\begin{cases} E(\pi_{srl}^*) \geqslant E(\pi_{rl}^*) \\ E(\pi_{ssl}^*) \geqslant E(\pi_{sl}^*) \end{cases} \Rightarrow \begin{cases} \phi E(\pi_d^*) + B_r rT \geqslant E(\pi_{rl}^*) \\ (1 - \phi) E(\pi_d^*) - B_r rT \geqslant E(\pi_{sl}^*) \end{cases}$$

$$\Rightarrow \frac{E(\pi_{rl}^*) - B_r rT}{E(\pi_{cl}^*)} \leqslant \phi \leqslant 1 - \frac{E(\pi_{sl}^*) + B_r rT}{E(\pi_{cl}^*)}$$

即在延期付款下的收益共享系数 $\phi \in \left[\dfrac{E(\pi_{rl}^*) - B_r rT}{E(\pi_{cl}^*)}, 1 - \dfrac{E(\pi_{sl}^*) + B_r rT}{E(\pi_{cl}^*)} \right]$ 时，零售商售商和供应商的期望收益均不会降低。

4.3.4　数值分析

本小节通过数值分析对上述的结果进行验证。以水果供应链为例，某水果在某市场的需求函数为：$D = Ap^{-k}\theta x$，$A = 50000$，$k = 2$，$\theta = 0.95$，随机扰动项 x 服从均匀分布，x 的取值范围为 $0.5 \sim 1.5$，x 的概率密度函数和概率分布函数分别为 $f(x) = 1$，$F(x) = x - 0.5$。即某种水果在某市场的需求规模为 50000 千克，水果的平均新鲜度为 0.95，水果的需求弹性为 2。假定水果在运输和销售过程中的损耗比例为 0.1，水果生产者生产该种水果的生产成本为 4 元/千克，零售商在水果销售过程中的运营成本为 0.5 元/千克。将零售商分为资金充裕和有资金约束两种情况分别进行分析。零售商存在资金约束时，水果供应商允许零售商延期付款但以 4% 的利率支付延期利息；零售商在延期付款期间还可以将销售收入进行投资，可获得 3.5% 的投资收益率，延期支付的期限为 2 个月。模型参数设置如表 4.2 所示。

表 4.2　　　　　　　　　　　　参数设置

参数符号	参数含义	参数值
A	农产品的市场需求规模	50000 千克
Θ	农产品的新鲜度	0.95
λ	农产品的损耗率	0.1
k	农产品的需求弹性	2
C_s	农产品生产者的生产成本	4 元/千克
C_r	零售商的运营成本	0.5 元/千克
B_r	零售商的自有资金	待定
T	延期支付的时间	2 个月
r	延期付款的融资利率	4%
i	零售商延期付款期间的投资收益率	3.5%

零售商的最优库存因子满足：

$$\int_0^z (k-1)xf(x)\,\mathrm{d}x = z\bar{F}(z)$$

推出最优的库存因子：

$$z = \frac{3}{k+1}$$

当 $k=2$ 时，$z_0=1$，$\bar{F}(z_0)=0.5$。

1. 无资金约束时的数值分析

水果零售商资金充裕时，在分散决策下，水果供应商确定该品种的水果的批发价为 8.5 元/千克，水果零售商确定该品种水果的有效订货量为 118.75 千克，水果零售商承担所有损耗，水果零售商向水果供应商确定的实际订购量为131.94千克，水果零售商确定该品种水果的零售价20元/千克，水果零售商的期望收益为1187.5元，水果供应商的期望收益为593.75元，整个水果供应链在分散决策下的总收益为1781.25元。该水果供应链在集中决策下确定的水果订货量为475千克，集中决策下该品种水果的零售价为10元/千克，该水果供应链在集中决策下的收益为2375元。根据理论的推导可以确定，当水果零售商设定的收益共享系数的值介于0.5~0.75时，水果零售商和水果供应商的收益均会提高。

如图4.6所示，当收益共享系数介于0.5~0.75时，水果零售商和供应商的收益高于分散决策下没有协调契约时的收益，因此收益共享契约可以协调农产品销售环节的供应链，满足一定条件时可以同时改进供应链上所有成员的收益。

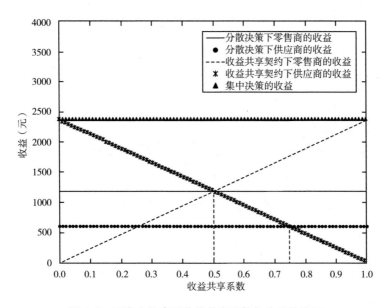

图4.6　无资金约束时收益共享系数与收益的关系

2. 有资金约束时的数值分析

当水果零售商资金紧缺时，水果供应商答应水果零售商延期付款，分散决策下水果零售商的有效订货量为120.14千克，水果零售商确定该种水果的零售价为19.88元/千克，水果供应商确定该种水果的批发价格为8.45元/千克，水果零售商向水果供应商确定的实际订货量为133.5千克，水果零售商需支付给水果供应商 1127.98 元。考虑水果零售商资金不足时，水果零售商的自有资金少于 1127.98 元。延期付款下该水果零售商的期望收益为 $1201.39 + B_r rT$ 元，水果供应商的期望收益为 $600.7 - B_r rT$ 元，该水果供应链在集中决策下的期望收益为 2402.79 元。

水果零售商资金不足时，延期付款下水果零售商的自有资金与水果零售商和水果供应商的期望收益关系如图 4.7 所示。

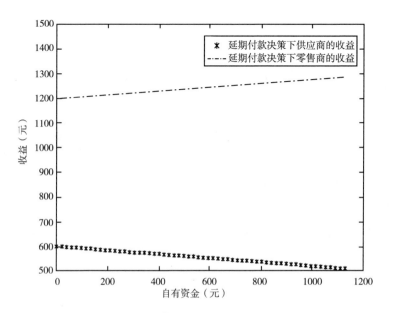

图 4.7　延期付款决策下收益与零售商自有资金的关系

在延期付款下，随着水果零售商的自有资金的数额增加，水果零售商的收益有小幅度的增加，水果供应商的收益有小幅度的下降。由于资金量较少，图 4.7 的效果不是特别明显。从图 4.7 可以发现该种水果零售商的收益几乎是水果供应商收益的两倍，因此该水果供应链的收益分配存在严重失衡。

该水果零售商存在资金约束时，水果供应商允许水果零售商进行延期付款，当水果零售商和水果供应商之间达成收益共享契约协议时，该供应链上的零售商和供应商的期望收益与收益共享因子的关系如图 4.8 所示。

由图 4.8 可知，在收益共享契约下水果零售商的自有资金既定的情况下，当收益共享系数在 0.5~0.75 时，该供应链上的零售商和供应商的收益均会提高。

收益共享系数越小，供应商的收益越大，供应链的收益分配失衡越能

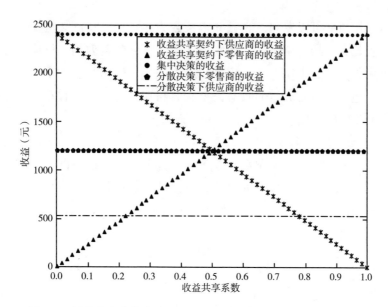

图4.8　零售商自有资金为900元时，收益与收益共享系数的关系

得到改进。收益共享系数为0.5~0.75时，水果零售商和水果供应商在收益共享契约下的收益比无协调时的收益高，当收益共享系数为0.6时，零售商和供应商的收益与零售商自有资金的关系如图4.9所示。

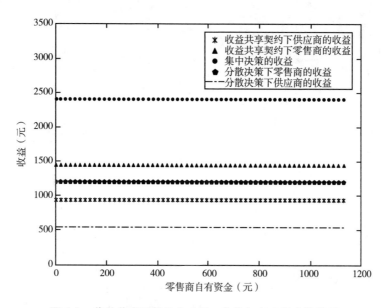

图4.9　收益共享系数为0.6时，收益与自由资金的关系

根据图 4.9 可以发现，收益共享系数为 0.6 时，收益共享契约下零售商的收益比无契约协调时零售商在分散决策下的收益要高，供应商在收益共享契约下的收益也比无契约协调时的收益高，说明收益共享契约可以同时改进供应链上所有成员的收益，供应商和零售商之间的收益差距也降低了，表明供应链上的收益分配也得到了改进。

3. 有无资金约束的对比分析

对比分析零售商资金充裕和零售商有资金约束时供应链上的零售商和供应商的决策及集中决策下的决策，可以得出延期付款对零售商、供应商和整个供应链的影响。有无资金约束的最优决策对比情况如表 4.3 所示。

表 4.3　　　　　　　　　　有无资金约束的最优决策对比

类型	无资金约束	有资金约束
分散决策下的订货量	$Az_0\theta\left(\dfrac{(1-\lambda)(k-1)\bar{F}(z_0)}{k(C_r+C_s)}\right)^k$	$Az_0\theta\left(\dfrac{(1-\lambda)(k-1)(1+iT)\bar{F}(z_0)}{k(C_s+C_r)}\right)^k$
分散决策下的零售价	$\dfrac{k(C_r+C_s)}{(1-\lambda)(k-1)\bar{F}(z_0)}$	$\dfrac{k(C_s+C_r)}{(1-\lambda)(k-1)(1+iT)\bar{F}(z_0)}$
分散决策下的批发价	$\dfrac{C_r+kC_s}{k-1}$	$\dfrac{kC_s+C_r}{(k-1)(1+rT)}$
分散决策下零售商的收益	$\bar{F}(z_0)\dfrac{Az_0\theta}{k-1}\times$ $\left(\dfrac{(k-1)(1-\lambda)\bar{F}(z_0)}{k(C_r+C_s)}\right)^{k-1}$	$\dfrac{Az_0\theta(1+iT)\bar{F}(z_0)}{k-1}\times$ $\left(\dfrac{(1-\lambda)(k-1)(1+iT)\bar{F}(z_0)}{k(C_r+C_s)}\right)^{k-1}+B_r rT$
分散决策下供应商的收益	$\dfrac{Az_0\theta\bar{F}(z_0)}{k}\times$ $\left(\dfrac{(1-\lambda)(k-1)\bar{F}(z_0)}{k(C_r+C_s)}\right)^{k-1}$	$\dfrac{(C_s+C_r)Az_0\theta}{(k-1)(1-\lambda)}\times$ $\left(\dfrac{(k-1)(1-\lambda)(1+iT)\bar{F}(z_0)}{k(C_r+C_s)}\right)^k-B_r rT$
集中决策下的订货量	$Az_0\theta\left(\dfrac{(1-\lambda)\bar{F}(z_0)}{C_r+C_s}\right)^k$	$Az_0\theta\left(\dfrac{(1-\lambda)(1+iT)\bar{F}(z_0)}{C_r+C_s}\right)^k$
集中决策下的零售价	$\dfrac{C_r+C_s}{(1-\lambda)\bar{F}(z_0)}$	$\dfrac{C_r+C_s}{(1-\lambda)(1+iT)\bar{F}(z_0)}$
集中决策下的收益	$\bar{F}(z_0)\dfrac{Az_0\theta}{k-1}\left(\dfrac{(1-\lambda)\bar{F}(z_0)}{C_r+C_s}\right)^{k-1}$	$\dfrac{(1+iT)Az_0\theta\bar{F}(z_0)}{k-1}\times$ $\left(\dfrac{(1-\lambda)(1+iT)\bar{F}(z_0)}{C_r+C_s}\right)^{k-1}$

　　分散决策下的最优决策的对比：资金约束的零售商延期付款下的订货量要高于资金充裕的零售商的订货量，说明延期付款可以激励零售商加大订货量；资金约束的零售商在延期付款下确定的零售价要低于资金充裕的零售商确定的零售价，说明零售商为了将更多的产品销售出去会选择降低零售价；农产品供应商为零售商提供延期付款服务时确定的批发价格低于零售商无资金约束时供应商确定的批发价；资金约束的零售商在延期付款下获得的收益比资金充裕的零售商获得的收益高；然而无法判断供应商的收益在延期付款下是否得到了改善。

　　集中决策下的对比：零售商资金约束时，在延期付款下整个供应链在集中决策下确定的订货量，高于零售商不存在资金约束时整个供应链在集中决策下确定的订货量；零售商资金约束时，在延期付款下整个供应链在集中决策下确定的零售价，低于零售商不存在资金约束时整个供应链在集中决策下确定的零售价；零售商资金约束时，在延期付款下整个供应链在集中决策下的收益，高于零售商不存在资金约束时整个供应链在集中决策下的收益。

4.3.5　研究结论

　　农产品在销售时节集中上市，农产品零售商的资金压力大，很多的农产品零售商可能面临资金约束，供应商允许零售商延期付款可以解决零售商的资金约束问题。将供应链上的零售商分为无资金约束和有资金约束两类，并分别分析供应链在无资金约束和存在资金约束时的协调。用收益来表示绩效的话，研究表明不管有无资金约束，供应链在分散决策下的绩效均低于供应链在集中决策下的绩效。供应链上的供应商和零售商之间达成收益共享契约关系，当设定的收益共享系数的值与其他参数之间的关系满足一定的条件时，不管零售商有无资金约束均可以实现供应链的协调。设定的收益共享系数的值在某一区间范围内时，农产品供应链上所有成员的收益均可以得到改善，收益的分配失衡也可以得到进一步的改善。研究还发现，延期付款下零售商和整个供应链的收益均可以得到改善。在实践中，对于易腐蚀类的新鲜蔬果类产品，供应商和零售商可以达成延期付款和收益共享契约协议，通过双方协商谈判确定合理的参数取值可以实现双方共赢。

4.4 农产品供应链外部融资风险规避演化分析

农产品供应链外部融资是解决农户融资难、实现国家乡村振兴政策的重要融资模式。在现实生活中，银行参与的外部融资模式在农产品供应链金融中参与度较低，而外部融资作为加快农业规模化发展的重要途径，如何解决农产品供应链外部融资障碍显得尤为重要。本节基于演化博弈理论构建农户、核心企业与银行的三方演化博弈模型，分析各博弈主体行为选择及其演化稳定策略，并采用 MATLAB 软件模拟仿真决策参数对博弈主体演化路径的影响。

4.4.1 问题描述与模型假设

农产品供应链外部融资模式建立在订单农业活动基础之上，其运作过程如图 4.10 所示。根据核心企业签订的担保条例，与核心企业签订订单合同是进行农产品供应链外部融资的必要条件。根据订单合同，农户向核心企业认可的或其旗下的饲料种子公司购买生产资料，作为回报，核心企业在农户生产期间不定期上门提供技术服务。例如恰恰食品，主要采用"公司＋订单农业＋种植户"的模式购置原料，为了降低农户的种植风险，公司定期向订单客户及种植户组织技术培训会，同时利用现场调查指导、电话/短信答疑、针对性选择品种设立示范点等形式，带动相关农户优质种植。

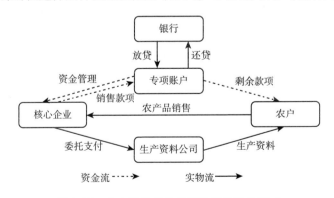

图 4.10　农产品供应链外部融资的运作模式

为了增加资金使用透明度，农产品供应链外部融资模式通常采用贷款资金封闭运行的模式，即：银行将贷款划到它为该经济行为所设立的专项账户，由核心企业直接管理。贷款期间，农户提出购买生产资料或是设备维修等合理要求，核心企业经审核后代为支付；待农产品生产阶段结束，核心企业将农户的销售费用优先偿还银行的贷款和利息，剩下的返还给农户。对基于外部融资的农产品供应链而言，参与者主要涉及银行、核心企业和农户。在决策过程中，由于参与者道德风险、机会主义的存在，给借贷方和担保方的权益带来一定风险。因此，农产品供应链外部融资的参与者往往会选择对自己有利的策略参与融资交易，银行将会从自身利益出发对核心企业选择监管/不监管的策略，而核心企业为了增加自己的收益通常会对农户的经济行为采取监管/不监管的策略，而农户也会根据自己的效益针对与公司签订的订单合约采取履约/不履约策略。为研究农产品供应链外部融资参与方经济行为的交互影响，建立由"银行－核心企业－农户"三个博弈主体构成的经济系统，分析该系统的渐进稳定性和各方演化路径影响因素，为规避融资风险和订单农业违约风险提供理论依据。

1. 模型假设

为建立合理的演化博弈模型，本书作出如下假设：

（1）在"银行－核心企业－农户"组成的经济系统中，三方参与人均是有限理性，虽然三者的经济行为相互影响，但均以追求本身利益最大化为最终目标，该过程是动态的，参与主体将会根据其余参与者的策略行动不断调整并作出自己的决策，形成一个不断研究不同参与主体间的动态循环。

（2）在"银行－核心企业－农户"的经济系统中，三方参与者均存在机会主义。

（3）博弈主体行为策略如下：

农户的策略集 $S_1 = \{$履约, 违约$\}$。履约指农户遵守与核心企业签订的订单合同，在规定时间以约定单价向企业销售农产品；违约指农户违反订单合同而选择其他农产品收购方。

核心企业的策略集 $S_2 = \{$监管, 不监管$\}$。核心企业为了正常收购农产品并使资金回流银行，通常会对农户采取一定的监管措施；然而，由于机会主义的存在和采用监管措施会增加其运营成本，因此并非所有核心企业都会选择监管措施。

银行的策略集 $S_3 = \{$监管,不监管$\}$。为了预防不良贷款的产生,银行通常会监管核心企业履行担保合约,即对核心企业采取一定的监管措施,从而使得资金及时回流;但银行采取监管措施会增加其运营成本,且存在机会主义倾向,因此银行的策略选择有待研究。

(4) 农户、核心企业以及银行以一定的概率选择自己的行为。假设 x 为农户选择履约的概率,则 $1-x$ 表示农户违约的概率;y 为核心企业选择监管农户行为的概率,则 $1-y$ 表示核心企业不监管的概率;z 为银行选择监管核心企业行为的概率,则 $1-z$ 表示银行不监管的概率。其中,$0 < x < 1$,$0 < y < 1$,$0 < z < 1$。

2. 相关参数设定

农户生产前期,核心企业与农户签订的收购合同中规定,农产品生产完成后核心企业以价格 P 收购农产品,其中收购数量为 Q,若农户违约,则需要赔付核心企业的违约金金额为 H,核心企业在农户生产前付给农户订金 W,以增加核心企业履约可信度。假设农户的贷款本金额度为 O。

农户选择履约时:银行的贷款利息为 r_1,则银行的基本收入为 Or_1,C_B 为银行选择监管核心企业是否采取措施促使农户正常生产和履约而需付出的监管费用,当银行选择监管策略时树立起的努力负责形象会给银行带来的潜在收益 N,同样,银行选择不监管策略时会给银行带来潜在损失 V;核心企业将收购的农产品加工后进行销售所获得的销售收益为 A,若选择对农户进行监管,则需要付出监管费用 C_E 和技术指导服务费用 K,当公司采取监管行为时会产生信誉收益 B,若不监管则需要向银行赔付违约金 D,并且产生信誉损失 G;根据购销合同,农户履约时所获得的销售收入为 PQ,信用收益为 I,贷款所产生的利息支出为 Or_1。

当市场价格 R 大于收购价格 P 时,农户选择不履行与企业签订的购销合同的倾向增加,而农户选择与公司违约时,银行将无法从专项账户中扣取贷款本金和利息,为简化该情况,假设此时农户选择不偿还银行本金利息的概率为 m,则偿还概率为 $(1-m)$。核心企业在农户违约时由于无法及时进行产品销售等原因所导致的损失为 S,在银行与核心企业所签订的信用担保合同中规定,若农户无法偿还贷款,则公司需要向银行偿还本金与利息总和的比率为 r_2 的金额,即为 $Or_2(1+r_1)$;农户违约后所增加的销售收益即为超额收益 $(R-P)Q$,而违约对农户形象产生不良影响所导致的信用损失为 U。

4.4.2　模型构建

1. 收益矩阵

根据三方博弈主体的博弈树模型和相关参数设置，得出银行、核心企业、农户的收益矩阵，如表4.4所示。

表4.4　　　　　　　　　　银行、核心企业、农户的收益矩阵

博弈参与主体			银行	
			监管（z）	不监管（$1-z$）
核心企业	监管（y）	借款农户	履约（x） $PQ + I - O(r_1+1)$； $A - C_E - K + B$； $Or_1 - C_B + N$	$PQ + I - O(r_1+1)$； $A - C_E - K + B$； $Or_1 - V$
			违约（$1-x$） $RQ - U - H + W - (1-m)O(1+r_1)$； $H + B - C_E - K - S - mOr_2(1+r_1)$； $mO(1+r_1)(r_2-1) - C_B + N$	$RQ - U - H + W -$ $(1-m)O(1+r_1)$； $H - S - K - C_E$； $-mO(1+r_1) - V$
	不监管（$1-y$）		履约（x） $PQ + I - O(r_1+1)$； $A - D - G$； $Or_1 - C_B + D + N$	$PQ + I - O(r_1+1)$； $A + B$； $Or_1 - V$
			违约（$1-x$） $RQ + W - (1-m)O(1+r_1)$； $-D - G - S - mO(1+r_1)r_2$； $mO(1+r_1)(r_2-1) - C_B + D + N$	$RQ + W - (1-m)O(1+r_1)$； $-S$； $-mO(1+r_1) - V$

2. 收益期望函数

根据表4.4的收益矩阵，可得收益函数如下：

（1）农户的期望收益。设农户履约时的期望收益为U_{11}，农户不履约时的期望收益为U_{12}，农户总的期望收益为$\bar{U}_1$，则$\bar{U}_1 = xU_{11} + (1-x)U_{12}$，其中：

$$U_{11} = y(PQ + I - O(r_1+1)) + (1-y)(PQ + I - O(r_1+1))$$
$$= PQ + I - O(r_1+1)$$
$$U_{12} = y(RQ - U - H + W - (1-m)O(1+r_1))$$
$$+ (1-y)(RQ + W - (1-m)O(1+r_1))$$
$$= (RQ + W - (1-m)O(1+r_1)) - y(U+H)$$

（2）核心企业的期望收益。设核心企业监管时的期望收益为 U_{21}，核心企业不监管时的期望收益为 U_{22}，核心企业总的期望收益为 $\bar{U}_2$，则 $\bar{U}_2 = yU_{21} + (1 - y)U_{22}$，其中：

$$
\begin{aligned}
U_{21} &= z(x(A - C_E - K + B) + (1 - x)(H + B - C_E - K - S - mOr_2(r_1 + 1))) \\
&\quad + (1 - z)(x(A - C_E - K + B) + (1 - x)(H - S - K - C_E)) \\
&= x(A - C_E - K + B) + (1 - x)(H - S - K - C_E) \\
&\quad + z(1 - x)(B - mOr_2(r_1 + 1)) \\
U_{22} &= z(x(A - D - G) + (1 - x)(- D - G - S - mOr_2(r_1 + 1))) \\
&\quad + (1 - z)(x(A + B) - (1 - x)S) \\
&= xA - z(D + G) - (1 - x)S + (1 - z)xB - z(1 - x)mOr_2(r_1 + 1)
\end{aligned}
$$

（3）银行的期望收益。设银行监管时的期望收益为 U_{31}，银行不监管时的期望收益为 U_{32}，银行总的期望收益为 $\bar{U}_3$，则 $\bar{U}_3 = zU_{31} + (1 - z)U_{32}$，其中：

$$
\begin{aligned}
U_{31} &= y(x(Or_1 - C_B + N) + (1 - x)(mO(r_1 + 1)(r_2 - 1) - C_B + N)) \\
&\quad + (1 - y)(x(Or_1 - C_B + D + N) + (1 - x)(mO(r_1 + 1)(r_2 - 1) \\
&\quad - C_B + D + N)) \\
&= xOr_1 + (1 - x)mO(r_1 + 1)(r_2 - 1) + (1 - y)D - C_B + N \\
U_{32} &= y(x(Or_1 - V) - (1 - x)(mO(r_1 + 1) - V)) \\
&\quad + (1 - y)(x(Or_1 - V) - (1 - x)(mO(1 + r_1) - V)) \\
&= xOr_1 - (1 - x)mO(1 + r_1) - V
\end{aligned}
$$

3. 复制动态方程

农户选择履约策略的复制动态方程为：

$$
\begin{aligned}
F(x) &= \frac{\partial x}{\partial t} \\
&= x(U_{11} - \bar{U}_1) \\
&= x(1 - x)((P - R)Q + I - W - Om(1 + r_1) + y(U + H))
\end{aligned}
$$

$$(4 - 102)$$

核心企业选择监管的复制动态方程为：

$$
T(y) = \frac{\partial y}{\partial t}
$$

$$= y(U_{21} - \bar{U}_2)$$

$$= y(1 - y)(z(D + G + B) - C_E - K + (1 - x)H) \qquad (4 - 103)$$

银行选择监管的复制动态方程为：

$$L(z) = \frac{\partial z}{\partial t}$$

$$= z(U_{31} - \bar{U}_3)$$

$$= z(1 - z)((1 - x)mO(1 + r_1)r_2 + (1 - y)D - C_B + N + V)$$

$$(4 - 104)$$

4.4.3　三方演化博弈局部渐进稳定性分析

1. 三方演化博弈均衡解求解

为了求解演化博弈均衡解，令：

$$
\begin{cases}
\begin{aligned}
F(x) &= x(U_{11} - \bar{U}_1) \\
&= x(1 - x)((P - R)Q + I - W - Om(1 + r_1) + y(U + H)) \\
&= 0 \\
T(y) &= y(U_{21} - \bar{U}_2) \\
&= y(1 - y)(z(D + G + B) - C_E - K + (1 - x)H) \\
&= 0 \\
L(z) &= z(U_{31} - \bar{U}_3) \\
&= z(1 - z)((1 - x)mO(1 + r_1)r_2 + (1 - y)D - C_B + N + V) \\
&= 0
\end{aligned}
\end{cases}
$$

易知除了上述方程组所组成的演化博弈边界，还存在满足下列方程组的均衡解：

$$
\begin{cases}
(P - R)Q + I - W - Om(1 + r_1) + y(U + H) = 0 \\
z(D + G + B) - C_E - K + (1 - x)H = 0 \\
(1 - x)mO(1 + r_1)r_2 + (1 - y)D - C_B + N + V = 0
\end{cases}
$$

求解得：

$$
\begin{cases}
x^* = 1 - \dfrac{C_B + N + V}{mO(1 + r_1)r_2} + \dfrac{D(U + H - (R - P)Q + I - W - Om(1 + r_1))}{mO(1 + r_1)r_2(U + H)} \\[3mm]
y^* = \dfrac{(R - P)Q - I + W + Om(1 + r_1)}{U + H} \\[3mm]
z^* = \dfrac{C_E + K}{D + G + B} - \dfrac{(C_B - N - V - D)H}{(D + G + B)mO(1 + r_1)r_2} \\[3mm]
\qquad + \dfrac{DH((R - P)Q - I + W + Om(1 + r_1))}{(D + G + B)mO(1 + r_1)r_2(U + H)}
\end{cases}
$$

2. 局部渐进稳定性分析

（1）农户的渐进稳定性分析。令 $F(x) = 0$，可得 $x = 0$，$x = 1$，$y^* = \dfrac{(R - P)Q - I + W + Om(1 + r_1)}{U + H}$，$\dfrac{\partial F(x)}{\partial x} = (1 - 2x)((P - R)Q + I - W - Om(1 + r_1) + y(U + H))$。由复制动态微分方程的稳定性定理及演化稳定策略可知，当 $F(x) = 0$，$\dfrac{\partial F(x)}{\partial x} < 0$ 时，x^* 为农户的演化稳定点，现讨论如下：

①当 $y = \dfrac{(R - P)Q - I + W + Om(1 + r_1)}{U + H}$ 时，$F(x) = 0$ 恒成立，农户的所有可能策略均为稳定状态。即此时农户策略选择的比例不会随着时间的推移而产生变化。

②当 $(R - P)Q - I + W + Om(1 + r_1) < 0$，令 $F(x) = 0$，易知 $x = 0$，$x = 1$ 为两个可能的演化稳定点。而 $\dfrac{\partial F(x)}{\partial x}\Big|_{x = 0} > 0$，$\dfrac{\partial F(x)}{\partial x}\Big|_{x = 1} < 0$，故 $x^* = 1$ 为平衡点。说明当农户履约所产生的信用收益较高时，出于自身利益最大化考虑，农户倾向于选择履约策略。

③当上述两个条件均不满足时，可分为以下两种情况：

当 $y > \dfrac{(R - P)Q - I + W + Om(1 + r_1)}{U + H}$ 时，$\dfrac{\partial F(x)}{\partial x}\Big|_{x = 0} > 0$，$\dfrac{\partial F(x)}{\partial x}\Big|_{x = 1} < 0$，故 $x^* = 1$ 为平衡点，此时农户会发现采取履约策略所带来的潜在收益大于违约所带来的超额收益，故农户倾向于选择履约策略。

当 $y < \dfrac{(R - P)Q - I + W + Om(1 + r_1)}{U + H}$ 时，$\dfrac{\partial F(x)}{\partial x}\Big|_{x = 0} < 0$，

$\left.\dfrac{\partial F(x)}{\partial x}\right|_{x=1} > 0$，故 $x^* = 0$ 为平衡点，此时农户采取违约策略的期望收益比采取履约策略的期望收益高，农户倾向于选择违约策略。

农户的选择策略演化路径如图 4.11 所示的复制动态相位图，其中：满足条件① $y = \dfrac{(R-P)Q - I + W + Om(1+r_1)}{U+H}$ 时策略选择概率 x 不变，满足条件② $(R-P)Q - I + W + Om(1+r_1) < 0$ 时 x 从 0 演化到 1，满足条件③ $y < \dfrac{(R-P)Q - I + W + Om(1+r_1)}{U+H}$ 或 $y > \dfrac{(R-P)Q - I + W + Om(1+r_1)}{U+H}$ 时从 1 演化到 0。

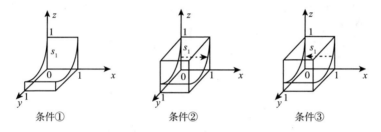

条件①　　　　　条件②　　　　　条件③

图 4.11　农户的复制动态相位图

（2）核心企业的渐进性分析。令 $T(y) = 0$，可得：$y = 1$，$y = 0$，$z^* = \dfrac{C_E + K - (1-x)H}{D+G+B}$，$\dfrac{\partial T(y)}{\partial y} = (1-2y)[z(D+G+B) - C_E - K + (1-x)H]$。由复制动态微分方程的稳定性定理及演化稳定策略可知，当 $T(y) = 0$，$\dfrac{\partial T(y)}{\partial y} < 0$ 时，y^* 为核心企业演化稳定点，现讨论如下：

① 当 $z = \dfrac{C_E + K - (1-x)H}{D+G+B}$ 时，$T(y) = 0$ 恒成立，核心企业的所有可能策略均为稳定状态。即此时企业的策略选择比例不会随着时间的推移而产生变化。

② 当 $C_E + K - (1-x)H < 0$，令 $T(y) = 0$，易知 $y = 1$，$y = 0$ 为两个可能稳定点，而 $\left.\dfrac{\partial T(y)}{\partial y}\right|_{y=0} > 0$，$\left.\dfrac{\partial T(y)}{\partial y}\right|_{y=1} < 0$，故 $y^* = 1$ 是稳定点。说明核心企业对农户违约时收取的违约金大于企业采取监管策略需要付出的

成本，此时监管期望收益较高，企业倾向于选择监管策略。

③当上述两个条件均不符合时，可分成两种情况进行讨论：当 $z < \dfrac{C_E + K - (1 - x)H}{D + G + B}$ 时，$\left.\dfrac{\partial T(y)}{\partial y}\right|_{y=0} < 0$，$\left.\dfrac{\partial T(y)}{\partial y}\right|_{y=1} > 0$，故 $y^* = 0$ 为平衡点，说明核心企业监管所带来的收益小于监管需要的成本，此时企业倾向于选择不监管的策略。当 $z > \dfrac{C_E + K - (1 - x)H}{D + G + B}$ 时，$\left.\dfrac{\partial T(y)}{\partial y}\right|_{y=0} > 0$，$\left.\dfrac{\partial T(y)}{\partial y}\right|_{y=1} < 0$，故 $y^* = 1$ 为平衡点，说明核心企业监管所带来的期望收益大于不监管时的期望收益，此时企业倾向于选择监管的策略。

核心企业的选择策略演化路径如图 4.12 所示的复制动态相位图，其中：满足条件① $z = \dfrac{C_E + K - (1 - x)H}{D + G + B}$ 时策略选择概率 y 不变，满足条件② $C_E + K - (1 - x)H < 0$ 或 $z > \dfrac{C_E + K - (1 - x)H}{D + G + B}$ 时 y 从 0 演化到 1，满足条件③ $z < \dfrac{C_E + K - (1 - x)H}{D + G + B}$ 时 y 从 1 演化到 0。

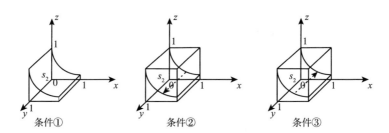

图 4.12　核心企业的复制动态相位图

（3）银行的渐进性分析。令 $L(z) = 0$，可得 $z = 0$，$z = 1$，$y^* = \dfrac{(1 - x)mO(1 + r_1)r_2 + D - C_B + N + V}{D}$，$\dfrac{\partial L(z)}{\partial z} = (1 - 2z)\left[(1 - x)mO(1 + r_1)r_2 + (1 - y)D - C_B + N + V\right]$。

①当 $y = \dfrac{(1 - x)mO(1 + r_1)r_2 + D - C_B + N + V}{D}$ 时，$L(z) = 0$ 恒成立，这意味着银行的所有可能策略均为稳定状态，即此时策略选择的比例不会

随着时间的推移而产生变化。

②当 $(1 - x)mO(1 + r_1)r_2 + (1 - y)D - C_B + N + V < 0$ 时，令 $L(z) = 0$，易知 $z = 0$，$z = 1$ 为可能的稳定点，而 $\left.\frac{\partial L(z)}{\partial z}\right|_{z=0} < 0$，$\left.\frac{\partial L(z)}{\partial z}\right|_{z=1} > 0$，故 $z^* = 0$ 为平衡点。说明银行监管的成本大于监管的期望收益，此时银行倾向于选择不监管策略。

③当上述两个条件均不符合时，可分为两种情况进行讨论：当 $y < \frac{(1 - x)mO(1 + r_1)r_2 + D - C_B + N + V}{D}$ 时，$\left.\frac{\partial L(z)}{\partial z}\right|_{z=0} > 0$，$\left.\frac{\partial L(z)}{\partial z}\right|_{z=1} < 0$，故 $z^* = 1$ 为平衡点，说明银行监管所带来的期望收益大于不监管时的期望收益，此时银行倾向于选择监管策略；当 $y > \frac{(1 - x)mO(1 + r_1)r_2 + D - C_B + N + V}{D}$ 时，$\left.\frac{\partial L(z)}{\partial z}\right|_{z=0} < 0$，$\left.\frac{\partial L(z)}{\partial z}\right|_{z=1} > 0$，故 $z^* = 0$ 为平衡点，说明银行进行监管的成本大于获得的期望收益，此时银行倾向于选择不监管的策略。

银行选择策略的演化路径如图 4.13 所示的复制动态相位图，其中：满足条件① $y = \frac{(1 - x)mO(1 + r_1)r_2 + D - C_B + N + V}{D}$ 时选策略概率 z 不变，满足条件② $y < \frac{(1 - x)mO(1 + r_1)r_2 + D - C_B + N + V}{D}$ 时 z 从 0 演化到 1，满足条件③ $(1 - x)mO(1 + r_1)r_2 + D - C_B < 0$ 或 $y > \frac{(1 - x)mO(1 + r_1)r_2 + D - C_B + N + V}{D}$ 时 z 从 1 演化到 0。

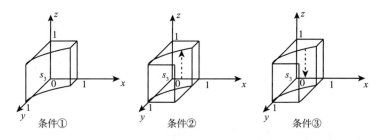

图 4.13　银行的复制动态相位图

4.4.4　三方演化系统渐进稳定性分析

1. 均衡点求解

对于银行、核心企业和农户三方群体演化，可以用式（4 - 102）、式（4 - 103）、式（4 - 104）三个微分方程分别表述。但在动态博弈过程中，系统究竟会趋向于哪个均衡点无法确定。根据赫舒拉发（Hirshleifer）提出的演化均衡概念，若动态系统中的某一平衡点所在的任意小领域内发出的轨线均会演化趋向于该平衡点时，该平衡点即为演化均衡点。当该平衡点的雅克比矩阵特征值为负实部时，对应的均衡点即为渐进稳定点。下面将根据雅克比矩阵分析系统在这些均衡点的局部稳定性。

$$J = \begin{bmatrix} \dfrac{\partial F(x)}{\partial x} & \dfrac{\partial F(x)}{\partial y} & \dfrac{\partial F(x)}{\partial z} \\[2mm] \dfrac{\partial T(y)}{\partial x} & \dfrac{\partial T(y)}{\partial y} & \dfrac{\partial T(y)}{\partial z} \\[2mm] \dfrac{\partial L(z)}{\partial x} & \dfrac{\partial L(z)}{\partial y} & \dfrac{\partial L(z)}{\partial z} \end{bmatrix}$$

$$= \begin{bmatrix} (1-2x)((P-R)Q \\ +I-W-Om(1+ & x(1-x)(U+H) & 0 \\ r_1)+y(U+H)) \\[3mm] & (1-2y)(z(D+ \\ -y(1-y)H & G+B)-C_E- & y(1-y)x \\ & K+(1-x)H) & (D+G+B) \\[3mm] -z(1-z)mOx & & (1-2z)((1-x)x \\ (1+r_1)r_2 & -z(1-z)D & mO(1+r_1)r_2+(1- \\ & & y)D-C_B+N+V) \end{bmatrix}$$

其中，$\det J = J_{11}(J_{22}J_{33} - J_{23}J_{32}) + J_{12}(J_{21}J_{33} - J_{23}J_{31})$。

从上述分析易知，系统存在着八个特殊的均衡点（0，0，0）、（1，0，0）、（0，1，0）、（0，0，1）、（1，1，0）、（1，0，1）、（0，1，1）、（1，1，1），以及其他混合策略均衡点，而在非对称博弈中，若演化博弈均衡是演化稳定均衡，则该演化博弈均衡为严格的纳什均衡，而严格的纳什均衡又是纯策略均衡（谢识予，2001）。因此，在描述的非对称博弈中，混合策略均衡一定不是演化稳定均衡，故只需分析八个纯策略纳什均衡点的渐进稳定性。

2. 系统均衡点渐进稳定性分析

下面以均衡点（0，0，1）为例，讨论系统的渐进稳定性条件。

易知，点（0，0，1）的雅克比矩阵为：

$$J = \begin{bmatrix} (P-R)Q+I- \\ W-O(1+mr_1) \\ & D+G+B- \\ & C_E-K+H \\ & & -mO(1+r_1)r_2- \\ & & D+C_B-N-V \end{bmatrix}$$

若同时满足 $(R-P)Q+W+O(1+mr_1) > I$，$C_E+K > D+G+B+H$ 时，三个特征值均为负数，此时均衡点（0，0，1）为渐进稳定点。同理可得其他七个均衡点的渐进稳定性，如表4.5所示。

表4.5   三方演化博弈系统均衡解的稳定性分析

均衡点	雅克比矩阵 J 的特征值	稳定条件	结果
$E_1(0,0,0)$	$(P-R)Q+I-W-Om(1+r_1)$； $-C_E-K+H$； $mO(1+r_1)r_2+D-C_B+N+V$	—	非稳定点
$E_2(1,0,0)$	$(R-P)Q-I+W+Om(1+r_1)$； $-C_E-K$； $D-C_B+N+V$	—	非稳定点
$E_3(0,1,0)$	$(P-R)Q+I-W-Om(1+r_1)+U+H$； C_E+K-H； $mO(1+r_1)r_2-C_B+N+V$	—	非稳定点
$E_4(0,0,1)$	$(P-R)Q+I-W-Om(1+r_1)$； $D+G+B-C_E-K+H$； $-mO(1+r_1)r_2-D+C_B-N-V$	$(R-P)Q+W+Om(1+r_1) > I$； $C_E+K > D+G+B+H$	渐进 稳定点

均衡点	雅克比矩阵 J 的特征值	稳定条件	结果
$E_5(1,1,0)$	$(R-P)Q-I+W+Om(1+r_1)-U-H;$ $C_E+K;$ $-C_B+N+V$	—	非稳定点
$E_6(1,0,1)$	$(R-P)Q-I+W+Om(1+r_1);$ $D+G+B-C_E-K;$ $C_B-D-N-V$	$I>(R-P)Q+W+$ $Om(1+r_1);$ $C_E+K>D+G+B$	渐进稳定点
$E_7(0,1,1)$	$(P-R)Q+I-W-Om(1+r_1)+U+H;$ $-D-G-B+C_E+K-H;$ $-mO(1+r_1)r_2+C_B-N-V$	$(R-P)Q+W+$ $Om(1+r_1)>I+U+H;$ $D+G+B+H>C_E+K$	渐进稳定点
$E_8(1,1,1)$	$(R-P)Q-I+W+Om(1+r_1)-U-H;$ $-D-G-B+C_E+K;$ C_B-N-V	$(R-P)Q+W+$ $Om(1+r_1)<I+U+H;$ $D+G+B>C_E+K;$ $N+V>C_B$	渐进稳定点

在农业供应链外部融资过程中，核心企业有足够的能力掌握上下游借款农户的资金流、信誉度及其经营情况，同时，对于农户借款后的资金使用情况也较容易获取，故而核心企业监管借款农户的成本较低。银行处于整个博弈中优先决策的地位，银行出于自身利益的考虑会加大对核心企业违约的惩罚，从而降低自身选择监管策略所承担的风险，同时也促进核心企业对借款农户进行监管，因此有 $D>C_B$，$D>C_E$。综上所述，农户、核心企业、银行的复制动态系统中，只可能存在 (0, 0, 1)、(1, 0, 1)、(0, 1, 1)、(1, 1, 1) 四个渐进稳定点。

当均衡点 (0, 0, 1) 处于渐进稳定状态时，博弈各方的策略选择情况为农户违约、核心企业不监管、银行监管。由于核心企业不监管，可以看到 $C_E+K>D+G+B+H$ 条件中的监管费 C_E、技术指导服务费 K、信用收益 B 和农户违约金 H 并不存在，稳定条件难以满足，系统收敛于帕累托劣均衡。同理，(1, 0, 1) 也属于帕累托劣均衡点，因此，本书不对渐进稳定点 (0, 0, 1)、(1, 0, 1) 做稳定性分析。对于均衡点 (0, 1, 1) 和 (1, 1, 1)，即农户违约、核心企业监管、银行监管和农户履约、核心企业监管、银行监管，系统收敛于哪一点则取决于银行与核心企业的监管措施，本书在4.4.5节做进一步的详细讨论。

4.4.5 三方演化博弈数值分析

根据复制动态方程及约束条件，运用 MATLAB 软件模拟仿真"农户－核心企业－银行"在上述八种情形下趋于（1，1，1）最优均衡解时，重要参数变化对三方演化结果的影响。设初始时间为 0，演化结束时间为 10，农户、核心企业、银行分别选择选择"履约""监管""监管"策略的初始值设定为（0.3，0.5，0.8），模型各参数设定如下：$O = 30$，$W = 1$，$r_1 = 7\%$，$r_2 = 20\%$，$(R - P)Q = 10$，$m = 0.6$，$I = 10$，$U = 15$，$H = 10$，$C_E = 1$，$K = 1$，$B = 1$，$G = 10$，$D = 5$，$C_B = 3$，$N = 5$，$V = 5$。

1. 三方动态演化趋势

以农户、银行和核心企业三方选择"监管"策略的概率在时间坐标轴上进行仿真实验，结果如图 4.14 所示。银行和核心企业以较快的速率趋向于选择"监管"策略，说明当银行让核心企业承担一定的风险缺口并要求核心企业在选择不监管时上交违约金时，如果农户违约将会给企业带来较大的风险，并且远远大于监管所需付出的监管费用和技术服务费用，企业

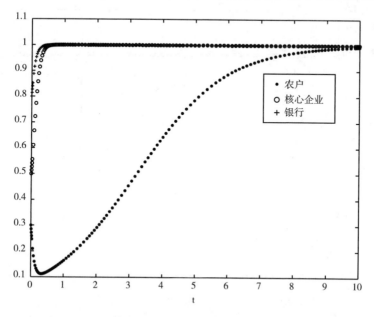

图 4.14 "借款农户－核心企业－银行"三方动态演化趋势

为减少自身的损失，树立良好形象并加强与银行之间的合作而倾向于选择"监管"策略。因此，银行和核心企业组成的系统最终演化至最优状态，即趋向于渐进稳定点（1，1，1）、（0，1，1）。而在这一过程中，当市场价格大于核心企业的收购价格时，直接体现的超额收益让农户倾向于选择违约的策略；而在核心企业的监管下，选择违约的农户则需要付出一定的违约金，且会影响未来与核心企业的合作，增加未来农产品的价格波动风险。经过理性的思考和判断，农户最终趋向于选择履约策略，整个三方博弈系统趋向于渐进稳定点（1，1，1）。

2. 核心企业对违约农户所收违约金 H 对农户策略选择的影响

保持其他的模型参数不变，调整参数 H，即改变核心企业对违约农户收取违约金的多少，分析其对农户策略选择的影响，仿真结果如图 4.15 所示。当 $H=3$ 时，借款农户的稳定演化策略为 $x=0$，即选择违约策略。当 $H=6$，10，14 时，借款农户的演化稳定策略为 $x=1$，即选择履约策略。由此说明，核心企业收取违约金的多少对借款农户的策略选择有较大的影响。当核心企业所收取的违约金较少时，违约农户所获得的超额收益完全可以弥补违约的损失，出于自身利益最大化考虑，农户倾向于选择违约策略。

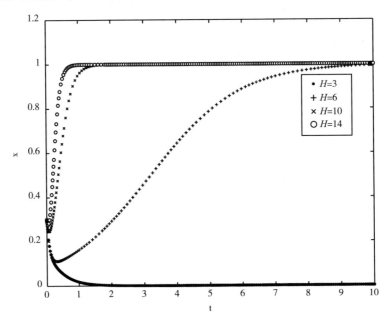

图 4.15　核心企业收取违约金对农户行为策略选择影响

而收取的违约金较多时，农户的超额收益难以填补违约所带来的损失，理性的农户则会倾向于选择履约策略。

3. 信用损失 U 对农户策略选择的影响

保持其他的模型参数不变，调整参数 U，即改变农户违约所产生的信用损失大小，分析其对农户策略选择的影响，仿真结果如图4.16所示。信用损失主要由农户违约后导致的不良形象所产生的，违约率越高，农户所承担的信用损失也会越高。当 $U=5$，10 时，农户的稳定演化策略为 $x=0$，即选择违约策略。当 $U=15$，20 时，借款农户的演化稳定策略为 $x=1$，即选择履约策略。由此说明，农户采取违约策略所需承担的信用损失对农户最终的策略选择有较大的影响。当农户发现信用损失较低时，则农户采取机会主义行动的成本较低，即采取违约策略的概率增大；而农户采取违约策略所需的承担的信用损失较大时，农户采取机会主义行为的收益不明显，其采取履约的概率增大。

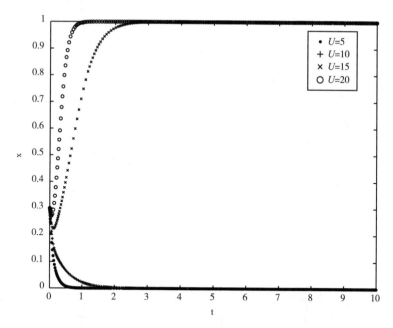

图4.16　农户违约信用损失对农户行为策略选择影响

4. 农户超额收益 $(R-P)Q$ 对策略选择的影响

保持其他参数不变，调整超额收益 $(R-P)Q$ 的大小，分析其对农户策略选择的影响，如图 4.17 所示。超额收益对农户的策略选择具有决定性的影响。农户违约获取的超额收益较低时，即农产品市场价格与收购价格相差较少时，图中体现为 $(R-P)Q = 5,10$，农户选择的策略将会稳定于 $x = 1$。而农户违约所获取的超额收益较大时，即农产品市场价格与收购价格的差值较大时（$R > P$），图中体现为 $(R-P)Q = 15,20$，此时农户所获得的超额收益可以抵消违约所带来的损失，农户的策略选择则会收敛于 $x = 0$。同时，超额收益的大小影响着农户策略选择的收敛速度，超额收益越大时农户群体收敛于 0 的速率越大，超额收益越小时农户群体收敛于 1 的速率越大。

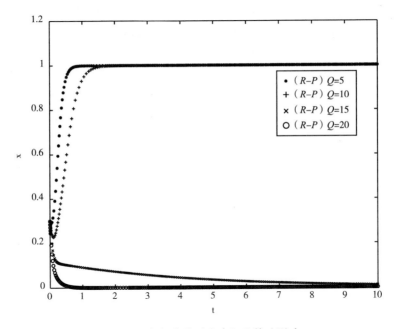

图 4.17　超额收益对农户行为策略影响

5. 银行向核心企业收取的违约金 D 对核心企业策略选择的影响

保持其他参数不变，调整银行向企业收取的违约金 D 的数值，分析其对核心企业策略选择的影响，如图 4.18 所示。核心企业收到的处罚较少时，趋于利益最大化考虑，核心企业将会产生投机想法，群体演化趋向于 $y = 0$，即核心企业选择不监管策略。若核心企业收到的处罚较多，核心企业违约的损失变大，企业没有足够的信心采取投机措施，此时群体演化收

敛于 $y=1$，即核心企业选择监管策略。图 4.18 中体现为：$D=1$ 时，核心企业的稳定策略为不监管。$D=5$，8，15 时，核心企业的稳定策略为监管。同时，不同的违约金 D 对核心企业群体演化速率存在着影响。违约金 D 较大时，其值越大核心企业收敛于 $y=1$ 的速率越大。因此，银行应当加大对核心企业的处罚力度，促进融资过程和订单农业的健康发展。

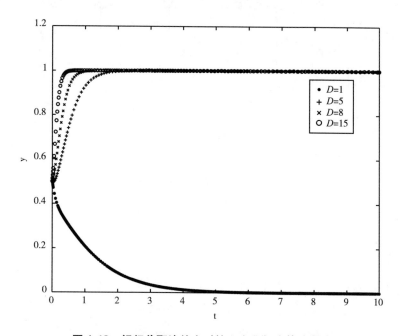

图 4.18　银行收取违约金对核心企业行为策略影响

6. 初始值对演化稳定的影响

上面考虑了单个主体演化受不同因素和其他主体策略的影响。为了全面地诠释本书的模型研究，笔者利用 MATLAB 软件模拟仿真选择不同的农户、核心企业、银行的初始策略时系统的演化路径，以此排除初始值的选择带来的不确定性，同时分析整体的演化规律，得到图 4.19 仿真结果。由此可知，在不同的初始策略条件下，三方主体最终会收敛于稳定点（1，1，1），即农户选择履约策略，核心企业选择监管策略，银行选择监管策略。通过数值分析结果进一步验证了本节三方演化博弈的理论研究。

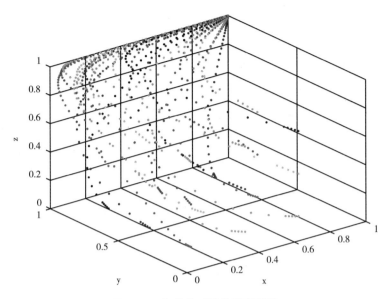

图 4.19 初始值对演化稳定影响

4.4.6 研究结论

本节构建了一个基于订单农业的供应链外部融资参与主体多方行为策略演化博弈模型，博弈主体包括银行、核心企业、农户，探讨了各参与主体不同的行为策略影响因素及演化路径，进而解决基于订单农业的外部融资风险控制问题。研究结果得出如下结论：一是对于银行来说，监管成本是影响其行为的负向指标，同时，推进完善信息共享机制能够增加外部融资参与主体违约成本，减少监管成本。二是影响核心企业策略选择的主要因素有违反与银行签订的担保合同所产生的信用损失和合同规定的违约金，说明加大核心企业违约成本及正向激励效应能够有效提高其监管积极性。三是超额收益为诱导农户违约的主要因素，违反与核心企业签订的购销合同所产生的信用损失和合同所规定的违约金对农户的策略选择也具有较大的影响，增加农户违约成本和其与核心企业的关联性（及供应链主体合作机会损失）能够有效地冲减农户机会主义倾向，对其违约行为有较强的抑制作用。基于上述结论，笔者基于订单农业的供应链外部融资风险控制提出如下建议：

第一，加强项目审核，严格控制贷款额度和资金流向，降低农户超额收益。超额收益是诱使农户违约的根本原因，银行在项目审核阶段应当根据真实情况给予农户满足生产需要的最低贷款额度，并要求核心企业严格审核农户委托支付要求，不多给不少给，在发现农户的不正当经济行为时及时停止资金供给，控制农户超额收益，从根本上抑制农户违约行为。

第二，提高关系专用性投资，构建核心企业与农户的亲密合作关系。专用性投资分为普通专用性投资和人情关系投资，即为核心企业在农户生产阶段的技术指导与服务和合作者之间的人际关系。在现实生活中，由于核心企业与农户的谈判地位不对等，个体利益差异频繁引起供应链成员之间的矛盾与冲突。增加关系专用性投资可正面改善核心企业与农户之间的合作关系，减少不对等谈判地位给农户带来的不安全感，提高农户道德感，使交易双方同时具有预期优势，能有效抑制农户机会主义行为倾向，降低融资风险。

第三，加强核心企业与农户的二次合作关系，增强农户信用损失意识。核心企业依托市场信息所制定的农产品保价收购和保底收购政策为农户提供了可预见的市场规则，使得农户的生产效率与报酬支付具有更强的一致性。核心企业在合同签订时，应当增加二次合作相关条款并强调一旦农户违约就会丧失享受企业收购政策的机会，提高农户信誉值意识及违约农户负面效应，给予农户履约信心，进而控制农户违约所带来的融资风险。

第四，严格审核核心企业担保资质，构建完善的信息共享机制，加大违约成本和正向激励，提高核心企业监管积极性。核心企业的信用水平和行业竞争力对银行的授信具有很大的影响，严格审核其资质能有效解决信息不对称和信息获取成本过高的问题。银行采取信息共享激励措施，如要求核心企业定期汇报资金使用情况和农户行为并给予一定奖励，可减少核心企业参与农业供应链外部融资的代理成本，同时增加核心企业奖惩措施，出于自身利益考虑，可间接刺激核心企业对农户制定较合理的违约处罚，提高核心企业"同业监督"积极性，使得银行以较低的信息收集成本获得真实有效的供应链信息，增强银行对整个农业供应链经济活动把控度，提高外部融资参与度。

第5章 不确定环境下的农产品
供应链协调

农产品供应链管理中面临的产出和需求随机性是农产品供求结构失衡的重要原因。农产品的销售收入是农户的主要经济来源，产出与需求的不确定势必会影响农户的收入水平。如何合理安排生产及订购成为供应链管理人员决策过程中的难题。本章以一个具有随机产出随机需求特性的两级农产品供应链为研究对象，分别从零售商占主导地位和供应商占主导地位两个不同角度，建立单一订购期权契约和混合订购期权契约下的斯塔克伯格博弈模型，运用逆向归纳法求解供应商的最优生产投入策略和零售商的最优订购策略，并探讨不同契约模式下供应商和零售商的期望利润。

5.1　相 关 文 献 综 述

供应链运作中的不确定性主要包括：需求不确定性和供应不确定性。随着市场竞争的加剧，产品的生命周期越来越短，由于受市场环境中该类产品的需求与价格弹性、消费者的收入水平、零售商促销努力水平、消费者的偏好、与该产品互为替代品的交叉价格弹性等因素的影响、产品的需求通常是不确定的。供应链运作过程中的供应不确定通常是指供应中断或产出不确定，即产品的实际产出数量不同于初始的生产投入量。许多行业中，如电子产品、半导体、农产品等，由于机器故障、天气、自然状况、原材料短缺、工人罢工等多种外界因素的影响，产品的实际产出往往是不确定的。

5.1.1　供应链管理中不确定性相关研究

国内外学者对需求不确定的研究较多的是从随机需求的角度来研究。报童模型是随机需求环境中的一个经典模型。1888 年经济学家埃奇沃思（Edgeworth）对需求不确定下的银行现金流管理问题的研究是报童模型的雏形。在需求随机的组装系统供应链中，分别从批发价契约、VMI 模式下的收益共享契约两个角度，研究了相应供应链成员的最优生产与订购策略（Gerchak & Wang，2004）。伯恩斯坦和费德格伦（Bernstein & Federgruen，2005）研究了供应链中需求不确定下，两个竞争型零售商之间的均衡策略。陈旭（2005）探讨了供应链中需求不确定，且零售商在观察到需求信息更新后，有再次订购机会下产品的订购决策问题。

桂云苗和龚本刚（2011）研究了随机需求下，单个制造商和单个零售商之间退货的供应链协调问题。易余胤和梁家密（2012）研究了需求不确定下，由单一制造商、单一零售商和第三方回收商组成的闭环供应链博弈，在模型基础上探讨如何协调奖惩机制下的闭环供应链。赵海霞（2015）基于需求不确定和纵向约束的链与链竞争环境，分析了市场需求波动风险、零售商预测能力等方面对合同选择行为的影响。王傅强和李迟（2019）研究了在供应受限和需求不确定情况下，供应商的渠道分布策略和制造商的最优订购以及高低技术选择策略。狄卫民和王然（2020）考虑零售商的需求不确定性，研究了多级设施中断的供应链选址问题。刘家国和张鑫（2021）在考虑需求不确定的制造商主导的二级供应链中引入零售商公平偏好，分析了需求不确定因素对公平偏好效用的影响。此外，还有大量学者从不同角度研究了市场需求不确定或供应不确定时的供应链管理问题。

卡林（Karlin，1958）的研究中最早涉及了产出不确定问题，在 EOQ 模型基础上，研究了产出随机时零售商的最优库存问题。相关学者对供应链中产出随机的情况做了较为广泛的综述（Yano & Lee，1995）。例如，在完全信息共享下研究由单个供应商和多个零售商组成的供应链中的随机需求问题（Cachon & Fisher，1998）；在假定产出率服从随机均匀分布的情况下研究联合补货的库存与价格控制问题，并分析产出率对决策的影响（Li & Zheng，2006）；以及以产品价格受需求和供给影响的再制造行业供应链为对象，研究产出的随机性对整个供应链的影响（Bakal & Akcali，2006）。此外，还有对零部件产出随机不确定时分散化组装系统的协调问题的研究（Gurnani & Gerchak，2007）；又如，用一个随机变量表示供应链中的产出不确定，并分别用乘法形式和加法形式的模型对报童问题进行研究（Keren，2009）。

有研究提出在基于供应商管理库存的供应链中，当市场需求不确定时，考虑现货市场的积极作用（Ma et al.，2013）。同时，有学者以一个加法形式的随机产出模型为基础，研究了产出不确定时的生产决策、分配及库存控制问题（Wang & Tang，2014）。关于产出随机的供应链中如何设置激励机制以提高服务水平的问题也有相关研究（Yin & Ma，2015）。朱宝琳和戚亚萍（2016）研究了基于供应商和制造商随机产出以及零售商随机需求的单一供应商、制造商和零售商组成的三级供应链契约协调问题。胡本勇和陈旭（2016）在供需不确定决策环境下揭示了期权合约是如何影响供应链决策的。蔡建湖和蒋飞颖（2017）研究了产出不确定环境下的最优定价和投入决策问题，并构建了针对一个供应商和两个零售商所组成的两级供应链模型。孙彩虹（2021）基于产出不确定环境，阐述了预售模式的企业价值。

供应链管理中常遇到的问题除了单纯的需求随机、产出随机之外，产出与需求随机同时存在的问题给供应链管理人员带来了更严峻的挑战，也越来越受到学术界和实业界的重视。在报童模型的基础上，有学者研究了随机产出随机需求下供应链成员的生产和库存决策问题（Shih，1980）。随后其他学者从多个角度展开了对供应链中随机产出随机需求问题的研究，且多数集中在工业及半导体等领域。而随着农产品供应链的不断发展，其自身产出的随机性及市场需求的随机性越来越受到学者们的关注。

5.1.2 农产品供应链中不确定性的相关研究

较早关于随机供给和随机需求下一般供应链的协调问题的研究，引发了诸多学者对于随机供给与需求下供应链管理问题的关注（Güler，2009）。有学者提出通过收益共享契约来协调产出随机与需求不确定的易腐农产品供应链（Zhao，2011），也有学者指出在供需不确定的情况下，批发价格契约和回购契约的组合可以实现三级供应链的协调（He，2012）。研究发现，农产品供应链中，农产品的产出随机性导致农产品的价格波动也较大

（Nong & Pang，2013）。将价格补偿契约用于农产品供应链中，发现价格补偿契约不仅能够使农产品供应链的利益向帕累托最优状态改进，同时能够激励农产品供应商增加其生产计划投入量。考虑时鲜产品长距离运输的环境时，随机供给与需求下的农产品供应链决策与协调问题通过供应链三方间的批发市场出清契约与批量订购契约实现供应链协调有一定进展（Cai，2013）。还有学者提出一种"收益共享 + 成本共担 + 保证金"契约，以促进供需不确定环境下的农产品供应链实现协调（Ye，2020）。冯春（2022）在农产品随机产出情况下，分析了外部风险和内部风险对农产品生产系统的影响，并进一步研究了产出预期和产出波动对农户和零售商最优决策以及期望收益的影响。

赵霞和吴方卫（2009）较早研究了产出和需求随机变量均服从均匀分布情况下，收益共享契约在由一个农产品生产商和一个农产品零售商组成的供应链协调中所起的作用。凌六一等（2011）在农超对接模式的背景下，研究了随机产出和需求下风险分担的模式以及产出和需求均为均匀分布时的供应链协调问题。王道平等（2012）在产出不确定的环境中，研究了农产品供应链成员间的协调问题，通过建立与求解数学模型，得出集中决策与分散无协调时的均衡解，并从理论上证明了分散决策下风险分担契约能够使供应链达到协调状态。但斌（2013）将天气对农产品产出的影响纳入考虑，提出了"风险共担 + 回购"的组合契约来协调随机供给与需求下的农产品供应链。凌六一（2013）详细比较分析了随机供给与需求下各类风险共担契约对供应链决策与利润的影响，讨论了不同契约的适用性。

孙国华和许垒（2014）研究了供应链中当市场需求随机、农产品供应随机且存在现货市场时，一次订购与采用期权契约订购两种模式下，供应链协调时的最优决策。聂腾飞等（2017）在农产品产出与需求均随机，且存在政府补贴的情况下，分别从需求变量服从均匀分布、正态分布和指数分布三种情况下，研究了单一零售商和单一供应商组成的斯塔克伯格博弈模型供应链的决策问题。冯颖（2017）考虑了农产品供应链的剩余产品补贴机制，通过引入物流成本共担契约实现供应链协调。刘墨林（2020）针对供应商负责农产品保鲜配送，生鲜电商负责农产品销售并提供增值服务的农产品供应链，通过"收益共享 - 双向成本分担"契约实现了供应链协调。杜建国等（2021）从农产品产出和市场需求双重不确定性视角出发，探究了收益共享契约协调绿色农产品供应链的有效性。覃丽萍（2022）考虑了生产过程中的不确定性对农产品产量的影响，探讨了如何最小化采购公司的运输成本。

5.2 零售商为领导者的批发价格契约下农产品供应链协调

5.2.1 模型描述与假设

考虑一个单周期两阶段农产品供应链，其中包含一个供应商和一个零售商，供应商生产的产品需通过零售商销给终端消费者。零售商为斯塔克伯格博弈模型的主导者，供应商为追随者。供应商的实际产出量和零售商的市场需求都是不确定的。以一个随机产出因子与初始投产量的乘积形式表示供应商实际产出的随机性，即当供应商的生产投入量为 Q 时，产品的实际产出量为 εQ，ε 为产品的随机产出因子，采用乘积形式表示产出的不确定性也多次被采用（Wang et al.，2009）。

事件序列如下：在生产准备期，零售商根据历史销售数据、对市场需求的预测以及供应商提供的单位产品批发价格订购一定量的产品，供应商依照领导者零售商的订购量进行投产。进入销售期，零售商和供应商根据产品的实际产出量和订购量两者中的较小者进行产品的交割，在批发价格契约中不考虑罚金机制；零售商不能满足市场需求的部分，零售商将出现缺货损失；如果供应商在满足零售商的订购量后仍有产品剩余，剩余部分的产品将以单位残值处理掉；同样如果零售商在满足市场需求后仍有产品剩余，剩余部分的产品也将以单位残值处理掉。为便于分析，假设供应商和零售商剩余产品的单位残值相同。此外，由于农产品的生产准备期较长，且生命周期短，当实际产出量不能满足市场需求时，供应商不能通过加急生产来满足需求。

本节主要研究供应商和零售商之间只通过批发价格契约进行交易，用到的其他参数和变量如表5.1所示。记：

$$\bar{F}(x) = 1 - F(x), \bar{G}(\varepsilon) = 1 - G(\varepsilon)$$

表 5.1　　　　　　　　　批发价格契约下参数符号及定义

参数符号	参数含义
D	产品的随机市场需求，实际值为 x，且 $x \in (0, +\infty)$
$F(x)$	随机市场需求 x 的累计分布函数，非负、可导、严格递增
$f(x)$	随机市场需求 x 的概率密度函数
μ	随机市场需求 x 的均值，$E(x) = \mu$
q_0	零售商在批发价契约下的产品订购量
Q_0	供应商在批发价契约下的生产投入量
Q_{SC}	供应商在集中决策下的生产投入量
ε	随机产出因子，$0 \leqslant a < \varepsilon < b \leqslant 1$
εQ_0	供应商的实际产出量
$G(\varepsilon)$	随机产出因子 ε 的累计分布函数，非负、可导、严格递增
$g(\varepsilon)$	随机产出因子 ε 的概率密度函数
δ	随机产出因子 ε 的均值，$E(\varepsilon) = \delta$
p	单位产品的市场零售价
w	单位产品的批发价
c	供应商投入生产单位产品的成本
v	供应商与零售商单位产品的残值
b	零售商未满足市场需求部分的单位缺货成本
β	单位罚金成本
π_{SC}, $E(\pi_{SC})$	分别表示集中决策下供应链的利润函数和期望利润函数
π_{S0}, $E(\pi_{S0})$	分别表示批发价契约下供应商的利润函数和期望利润函数
π_{r0}, $E(\pi_{r0})$	分别表示批发价契约下零售商的利润函数和期望利润函数

为了使研究能够更好地贴合实际，我们假设：

（1）随机需求分布函数 $F(x)$ 与随机产出因子分布函数 $G(\varepsilon)$ 都具有非减的危险率性质的函数；且为了简化模型中对供应商投产量和零售商订购量决策变量的求解与分析，假设随机需求变量与随机产出因子均服从均匀分布。

（2）有关产品的市场销售价格、随机需求因子的分布、随机产出因子的分布等信息是对称的，且随机需求与随机产出因子是相互独立的。供应商和零售商是风险中性的，且均符合理性经济人假设，双方都以自身期望利润最大化原则进行决策。

（3）假设农产品的零售价格由市场决定，零售价格为外生变量。

（4）$v < c < \dfrac{c}{\delta} < w < p$，确保供应商和零售商都能够获利，且防止供应商和零售商存在套利行为。

（5）$v < b$，保证零售商能够优先满足市场需求，而不是将产品以单位残值价格处理掉。

（6）$b < \beta$，假定零售商的单位缺货成本小于供应商实际产出不能满足零售商执行期权量时的单位罚金成本，以确保零售商能够合理地制定订购策略，否则零售商会订购过多的产品，加重供应链成员间的双重边际化效应。

5.2.2　集中式决策供应链协调

作为分析分散决策下供应链各成员的期望利润和决策的基础，首先给出集中决策下供应链整体的期望利润和决策，集中式决策供应链中的最优策略作为后续章节不同模式博弈模型中供应链协调分析的参照基准。集中式决策下，供应链作为一个整体由供应链中的领导者以供应链整体收益最大化为原则决策投产量。

集中式决策下供应链整体的利润如下：

$$\pi_{sc} = p\min\{x, \varepsilon Q_{sc}\} - cQ_{sc} - b\max\{(x - \varepsilon Q_{sc}), 0\} + v\max\{(\varepsilon Q_{sc} - x), 0\} \tag{5-1}$$

式（5-1）中的第 1 项表示供应链整体的总销售收入；第 2 项表示当产品的生产投入量为 Q_{sc} 时供应链整体的总成本；第 3 项表示实际产出量小于市场需求时供应链整体的总缺货成本；第 4 项表示当实际产出量大于市场需求时剩余产品的总残值。

集中决策下供应链整体的期望利润函数可化简为：

$$E(\pi_{sc}) = \int_0^1 \int_0^{\varepsilon Q_{sc}} (p + b - v)(x - \varepsilon Q_{sc})f(x)g(\varepsilon)\mathrm{d}x\mathrm{d}\varepsilon$$
$$- b\mu - cQ_{sc} + (p + b)\delta Q_{sc} \tag{5-2}$$

命题 5.1　集中决策下供应商的最优生产投入量 Q_{sc}^* 满足等式：

$$\int_0^1 \varepsilon(1 - F(\varepsilon Q_{sc}^*))g(\varepsilon)\mathrm{d}\varepsilon = \frac{c - v\delta}{p + b - v} \tag{5-3}$$

证明：期望利润函数 $E(\pi_{sc})$ 对 Q_{sc} 的一阶导数为：

$$\frac{\mathrm{d}E(\pi_{sc})}{\mathrm{d}Q_{sc}} = (p+b)\delta - c - \int_0^1 \int_0^{\varepsilon Q_{sc}} (p+b-v)\varepsilon f(x)g(x)\mathrm{d}x\mathrm{d}\varepsilon$$

$$= (p+b)\delta - c - \int_0^1 (p+b-v)\varepsilon F(\varepsilon Q_{sc})g(\varepsilon)\mathrm{d}\varepsilon \quad (5-4)$$

期望利润函数 $E(\pi_{sc})$ 对 Q_{sc} 的二阶导数为：

$$\frac{\mathrm{d}^2 E(\pi_{sc})}{\mathrm{d}Q_{sc}^2} = -\int_0^1 (p+b-v)\varepsilon^2 f(\varepsilon Q_{sc})g(x)\mathrm{d}\varepsilon < 0 \quad (5-5)$$

由二阶导数小于零可知 $E(\pi_{sc})$ 是 Q_{sc} 的凹函数，由最优化一阶条件知，当 $\dfrac{\mathrm{d}E(\pi_{sc})}{\mathrm{d}Q_{sc}} = 0$ 时，可得出供应商的最优投产量 Q_{sc}^* 满足等式（5-3），命题 5.1 得证。

由式（5-3）及隐函数定理可得如下敏感性分析结论。

结论 5.1　$\dfrac{\partial Q_{sc}^*}{\partial p} > 0$、$\dfrac{\partial Q_{sc}^*}{\partial b} > 0$、$\dfrac{\partial Q_{sc}^*}{\partial v} > 0$、$\dfrac{\partial Q_{sc}^*}{\partial \delta} > 0$、$\dfrac{\partial Q_{sc}^*}{\partial c} < 0$，即集中决策下整个供应链的最优生产投入量随着产品的单位零售价、单位缺货成本、单位残值及随机因子的均值的增加而增加，随着产品的单位生产成本的增加而减少。

5.2.3　分散式决策供应链协调

（1）零售商为斯塔克伯格模型的领导者，因此，根据逆向归纳法原理，在第一阶段先求供应商的投产量。

分散决策下供应商的利润函数为：

$$\pi_{s0} = w\min\{q_0, \varepsilon Q_0\} - cQ_0 + v\max\{(\varepsilon Q_0 - q_0), 0\} \quad (5-6)$$

式（5-6）中的第 1 项表示以批发价出售给零售商部分的总收入；第 2 项表示供应商投入 Q_0 单位产品时的总成本；第 3 项表示实际产出量在满足零售商订购量后剩余产品的总残值。

供应商的期望利润函数 $E(\pi_{s0})$ 化简为：

$$E(\pi_{s0}) = \int_0^{\frac{q_0}{Q_0}} (w-v)(\varepsilon Q_0 - q_0)g(\varepsilon)\mathrm{d}\varepsilon + wq_0 + v(\delta Q_0 - q_0) - cQ_0$$

$$(5-7)$$

命题 5.2 批发价格契约分散式决策下供应商的最优生产投入量 $Q_0^*(q_0)$ 满足等式：

$$\int_0^{\frac{q_0}{Q_0^*(q_0)}} \varepsilon g(\varepsilon)\mathrm{d}\varepsilon = \frac{c-v\delta}{w-v} \qquad (5-8)$$

且供应商的投产量 $Q_0^*(q_0)$ 是零售商订购量 q_0 的反应函数。

证明：供应商的期望利润函数 $E(\pi_{s0})$ 对 Q_0 的一阶偏导为：

$$\frac{\partial E(\pi_{s0})}{\partial Q_0} = \int_0^{\frac{q_0}{Q_0}} (w-v)\varepsilon g(\varepsilon)\mathrm{d}\varepsilon + v\delta - c \qquad (5-9)$$

供应商的期望利润函数 $E(\pi_{s0})$ 对 Q_0 的二阶偏导为：

$$\frac{\partial^2 E(\pi_{s0})}{\partial Q_0^2} = -\frac{q_0^2}{Q_0^3}(w-v)g\left(\frac{q_0}{Q_0}\right)$$

$$< 0 \qquad (5-10)$$

由二阶偏导小于零可知 $E(\pi_{s0})$ 是 Q_0 的凹函数，由最优化一阶条件知，当 $\frac{\partial E(\pi_{s0})}{\partial Q_0} = 0$ 时，可以得出分散式决策下供应商的最优生产投入量 $Q_0^*(q_0)$ 应满足式（5-8），由式（5-8）中的 $\frac{q_0}{Q_0^*(q_0)}$ 可以进一步得出，供应商的最优投产量 $Q_0^*(q_0)$ 的值随零售商订购量 q_0 的变动而变动，因此可得供应商的投产量 $Q_0^*(q_0)$ 是零售商订购量 q_0 的反应函数。

推论 5.1 批发价格契约下供应商的生产投入量与零售商的订购量呈线性递增关系。

证明：由隐函数定理，反应函数式（5-8）两边对 q_0 求导可得

$$\frac{\mathrm{d}Q_0^*(q_0)}{\mathrm{d}q_0} = \frac{Q_0^*(q_0)}{q_0}$$

$$> 0 \qquad (5-11)$$

进一步得

$$\frac{\mathrm{d}^2 Q_0^*(q_0)}{\mathrm{d}q_0^2} = \frac{1}{q_0}\frac{\mathrm{d}Q_0^*(q_0)}{\mathrm{d}q_0} - \frac{1}{q_0^2}Q_0^*(q_0)$$

$$= 0$$

二阶导数为 0，因此可知一阶导数为一常数，即

$$\frac{\mathrm{d}Q_0^*(q_0)}{\mathrm{d}q_0} = \frac{Q_0^*(q_0)}{q_0}$$

$$= k$$

令库存因子 $z_0 = \dfrac{q_0}{Q_0}$，则由上式可得

$$z_0 = \frac{q_0}{Q_0} = \frac{1}{k}$$

因此可知批发价格契约下库存因子为一固定常数，即供应商的生产投入量与零售商的订购量为一固定常数的线性关系，又一阶导数大于零，因此可知供应商的生产投入量与零售商订购量呈线性递增关系。很显然，当零售商订购量的增加时，供应商为能满足零售商的订购需求以使自身获得更高的收益，供应商也会增加其生产投入量。

由式（5-8）及隐函数定理可得如下敏感性分析结论。

结论 5.2 $\dfrac{\partial Q_0^*}{\partial v} > 0$、$\dfrac{\partial Q_0^*}{\partial w} < 0$、$\dfrac{\partial Q_0^*}{\partial c} < 0$，即批发价格契约下，供应商的最优投产量除受零售商订购量的影响外，还随着单位产品残值的增加而增加，随着单位产品批发价、单位产品生产成本的增加而减少。

（2）第二阶段，作为领导者的零售商根据供应商投产量 $Q_0^*(q_0)$ 对其订购量 q_0 的反应函数，对其最优订购量 q_0 进行决策。分散式决策下零售商的利润函数为：

$$\pi_{r0} = p\min\{x, q_0, \varepsilon Q_0^*(q_0)\} - w\min\{q_0, \varepsilon Q_0^*(q_0)\}$$
$$- b\left[x - \min(q_0, \varepsilon Q_0^*(q_0))\right]^+ + v\left[\min(q_0, \varepsilon Q_0^*(q_0)) - x\right]^+$$

$$(5-12)$$

式（5-12）中的第 1 项表示零售商总的销售收入；第 2 项为零售商总

的订购成本；第 3 项表示零售商不能满足市场需求部分的总缺货成本；第 4 项表示零售商在满足市场需求后剩余产品的总残值。

零售商的期望利润函数 $E(\pi_{r0})$ 可化简为：

$$
\begin{aligned}
E(\pi_{r0}) = & \int_0^{\overline{Q_0^*(q_0)}} \int_0^{\varepsilon Q_0^*(q_0)} (p+b-v)(x-\varepsilon Q_0^*(q_0))f(x)g(\varepsilon)\mathrm{d}x\mathrm{d}\varepsilon \\
& - \int_0^{\overline{Q_0^*(q_0)}} \int_0^{q_0} (p+b-v)(x-q_0)f(x)g(\varepsilon)\mathrm{d}x\mathrm{d}\varepsilon \\
& + \int_0^{q_0} (p+b-v)(x-q_0)f(x)\mathrm{d}x \\
& + \int_0^{\overline{Q_0^*(q_0)}} (p+b-w)(\varepsilon Q_0^*(q_0)-q_0)g(\varepsilon)\mathrm{d}\varepsilon \\
& + (p+b-w)q_0 - b\mu
\end{aligned}
\tag{5-13}
$$

命题 5.3 批发价格契约分散式决策下零售商的 q_0^* 最优订购量满足等式：

$$
(p+b-v)F(q_0^*) - \int_0^{\overline{Q_0^*(q_0^*)}} (p+b-w)\left(\varepsilon \left.\frac{\mathrm{d}Q_0^*(q_0)}{\mathrm{d}q_0}\right|_{q_0=q_0^*} - 1\right)g(\varepsilon)\mathrm{d}\varepsilon
$$

$$
+ \int_0^{\overline{Q_0^*(q_0^*)}} (p+b-v)\left(\varepsilon F(\varepsilon Q_0^*(q_0^*)) \left.\frac{\mathrm{d}Q_0^*(q_0)}{\mathrm{d}q_0}\right|_{q_0=q_0^*} - F(q_0^*)\right)g(\varepsilon)\mathrm{d}\varepsilon
$$

$$
= p+b-w
\tag{5-14}
$$

证明：零售商的期望利润函数 $E(\pi_{r0})$ 对 q_0 的一阶偏导为：

$$
\begin{aligned}
\frac{\partial E(\pi_{r0})}{\partial q_0} = & \int_0^{\overline{Q_0^*(q_0)}} \int_0^{q_0} (p+b-v)f(x)g(\varepsilon)\mathrm{d}x\mathrm{d}\varepsilon \\
& - \int_0^{\overline{Q_0^*(q_0)}} \int_0^{\varepsilon Q_0^*(q_0)} (p+b-v)\varepsilon \frac{\mathrm{d}Q_0^*(q_0)}{\mathrm{d}q_0}f(x)g(\varepsilon)\mathrm{d}x\mathrm{d}\varepsilon \\
& - \int_0^{q_0} (p+b-v)f(x)\mathrm{d}x \\
& + \int_0^{\overline{Q_0^*(q_0)}} (p+b-w)\left(\varepsilon \frac{\mathrm{d}Q_0^*(q_0)}{\mathrm{d}q_0} - 1\right)g(\varepsilon)\mathrm{d}\varepsilon \\
& + (p+b-w)
\end{aligned}
\tag{5-15}
$$

零售商的期望利润函数 $E(\pi_{r0})$ 对 q_0 的二阶偏导为：

$$\frac{\partial^2 E(\pi_{r0})}{\partial q_0^2} = (p + b - v)f(q_0)\left(G\left(\frac{q_0}{Q_0^*(q_0)}\right) - 1\right)$$

$$- \int_0^{\frac{q_0}{Q_0^*(q_0)}} (p + b - v)\left(\frac{\mathrm{d}Q_0^*(q_0)}{\mathrm{d}q_0}\right)^2 \varepsilon^2 f(\varepsilon Q_0^*(q_0))g(\varepsilon)\mathrm{d}\varepsilon$$

$$< 0 \qquad\qquad (5-16)$$

由 $p + b - v > 0$ 易知二阶偏导小于零，则 $E(\pi_{r0})$ 是 q_0 的凹函数，因此根据最优化一阶条件令 $\frac{\partial E(\pi_{r0})}{\partial q_0} = 0$，可得批发价格契约分散式决策下零售商的最优订购量 q_o^* 应满足式（5-14）。

由式（5-14）及隐函数定理可得如下敏感性分析结论。

结论 5.3 $\frac{\partial q_0^*}{\partial p} > 0$、$\frac{\partial q_0^*}{\partial b} > 0$、$\frac{\partial q_0^*}{\partial v} > 0$、$\frac{\partial q_0^*}{\partial w} < 0$，即批发价格契约下，零售商的最优订购量随着单位产品零售价、单位缺货成本、单位产品残值的增加而增加，随着单位产品批发价的增加而减少。

5.2.4　供应链协调分析

供应链协调的本质是使供应链成员按各自利益最大化做决策的同时，也使得供应链整体的利益达到最优状态（Cachon，2004）。

现有文献中较常见的是通过对比集中决策和分散决策下决策变量的值来说明双重边际化导致的供应链不协调。供应链协调不仅是分散决策下供应链成员的决策和集中决策下供应链成员的决策保持一致，同时也意味着供应链协调时，分散化决策下供应链的利润总和与集中化决策下供应链的整体利润也应保持一致。因此，本节从分散决策下供应商和零售商的利润总和与集中决策下供应链整体的利润来分析供应链的协调情况；并假设分散决策下供应商的最优生产投入量与集中决策下的最优生产投入量相等。

由式（5-1）可得集中式决策供应商最优投产量下供应链整体的利润为：

$$\pi_{sc}(Q_{sc}^*) = p\min\{x, \varepsilon Q_{sc}^*\} - cQ_{sc}^* + v\max\{(\varepsilon Q_{sc}^* - x), 0\}$$

$$- b\max\{(x - \varepsilon Q_{sc}^*), 0\} \qquad\qquad (5-17)$$

分散决策下供应商和零售商在最优决策下的利润总和为：

$$\pi_{s0}(Q_c^*) + \pi_{r0}(q_0^*) = p\min\{x, q_0^*, \varepsilon Q_c^*\} - cQ_c^* + v(\varepsilon Q_c^* - q_0^*)^+$$
$$+ v[\min(q_0^*, \varepsilon Q_c^*) - x]^+ - b[x - \min(q_0^*, \varepsilon Q_c^*)]^+$$
$$(5-18)$$

参考有关学者的分析方法，通过综合考虑供应商的实际产出情况，对集中式决策下的供应链整体的利润和分散式决策下的供应商和零售商的利润总和进行比较，并假设供应链协调时 $Q_0^* = Q_{sc}^*$（Luo，2016）。

1. 实际产量低于订购量

如果农产品供应商的实际产量低于零售商的订购量，即 $\varepsilon Q_{sc}^* < q_0^*$，则

$$\pi_{s0}(Q_{sc}^*) + \pi_{r0}(q_0^*) = p\min\{x, \varepsilon Q_{sc}^*\} + v(\varepsilon Q_{sc}^* - x)^+ - b(x - \varepsilon Q_{sc}^*)^+ - cQ_{sc}^*$$
$$= \pi_{sc}(Q_{sc}^*) \qquad (5-19)$$

即，此时供应链可以实现协调。

2. 实际产量高于订购量

如果农产品供应商的实际产量高于零售商的订购量，即 $\varepsilon Q_{sc}^* > q_0^*$，则

$$\pi_{s0}(Q_{sc}^*) + \pi_{r0}(q_0^*) = p\min\{x, q_0^*\} + v(q_0^* - x)^+ - b(x - q_0^*)^+$$
$$+ v(\varepsilon Q_{sc}^* - q_0^*) - cQ_{sc}^* \qquad (5-20)$$

（1）当 $q_0^* < \varepsilon Q_{sc}^* < x$ 时：

$$\pi_{sc}(Q_{sc}^*) = p\varepsilon Q_{sc}^* - cQ_{sc}^* - b(x - \varepsilon Q_{sc}^*) \qquad (5-21)$$

$$\pi_{s0}(Q_{sc}^*) + \pi_{r0}(q_0^*) = pq_0^* + v(\varepsilon Q_{sc}^* - q_0^*) - b(x - q_0^*) - cQ_{sc}^*$$
$$< pq_0^* + p(\varepsilon Q_{sc}^* - q_0^*) + b(\varepsilon Q_{sc}^* - q_0^*) - b(x - q_0^*) - cQ_{sc}^*$$
$$= \pi_{sc}(Q_{sc}^*) \qquad (5-22)$$

此时，$\pi_{s0}(Q_{sc}^*) + \pi_{r0}(q_0^*) < \pi_{sc}(Q_{sc}^*)$，供应链没有达到协调。

（2）当 $\varepsilon Q_{sc}^* > x > q_0^*$ 时：

$$\pi_{sc}(Q_{sc}^*) = px + v(\varepsilon Q_{sc}^* - x) - cQ_{sc}^* \qquad (5-23)$$

$$\pi_{s0}(Q_{sc}^*) + \pi_{r0}(q_0^*) = pq_0^* + v(\varepsilon Q_{sc}^* - q_0^*) - b(x - q_0^*) - cQ_{sc}^*$$
$$< pq_0^* + p(x - q_0^*) + v(\varepsilon Q_{sc}^* - q_0^*) + v(q_0^* - x)$$
$$+ b(x - q_0) - b(x - q_0) - cQ_{sc}^*$$
$$= px + v(\varepsilon Q_{sc}^* - x) - cQ_{sc}^*$$

$$= \pi_{sc}(Q_{sc}^*) \qquad\qquad (5-24)$$

也即：

$$\pi_{s0}(Q_{sc}^*) + \pi_{r0}(q_0^*) < \pi_{sc}(Q_{sc}^*)$$

上式表明供应链没有达到协调。

（3）当 $\varepsilon Q_{sc}^* > q_0^* > x$ 时：

$$\pi_{s0}(Q_{sc}^*) + \pi_{r0}(q_0^*) = px + v(\varepsilon Q_{sc}^* - q_0^*) + v(q_0^* - x) - cQ_{sc}^*$$
$$= \pi_{sc}(Q_{sc}^*) \qquad\qquad (5-25)$$

即，此时供应链可以实现协调。

通过对随机产出量的不同情况的分析，可以得出，在供应商产出随机且零售商需求随机的供应链中，批发价格契约不能实现供应链的协调。这与多数文献中研究的单边随机，即产出随机或需求随机的报童模型，由于双重边际化效应而不能实现供应链协调的结论一致。

5.3　单一订购基本期权契约下分散式决策供应链协调

5.3.1　单一订购基本期权契约模型

批发价格契约因其简单和实施成本较低而在实际中得到了广泛的应用。但批发价格机制往往导致供应链成员间的利益冲突。由于市场需求不确定，为避免因订购过多而增加存货成本且又能够灵活应对市场需求，零售商更倾向于能够从供应商处灵活订购产品。而供应商则希望零售商能够尽早地订购确定数量的产品，以较好地规避由于产出不足或过量的风险。供应商与零售商之间的这种由双重边际化效应引起的利益冲突常常导致供应链效率低下。引入期权契约，零售商能够灵活应对市场需求的不确定性。

产品的市场需求是随机的，零售商订购量大于市场需求量时，会因剩余产品的残值小于批发价而承担一定的损失；零售商订购量小于需求量时，会因错失销售机会而降低其自身在市场中的竞争地位，因此会出现缺货损失。作为斯塔克伯格模型领导者的零售商更倾向于能够从供应商处柔性采购产品。期权契约则可以为零售商的订购提供较好的柔性，因而本节在零售商占主导地位时，以单一订购期权契约下的供应链为研究对象更贴合实际。

1. 模型描述与假设

同样以由一个供应商和一个零售商组成的农产品供应链为研究对象，产品的实际产出和市场需求都是随机的，零售商占主导地位，模型的事件序列为：零售商在销售提前期根据历史的销售数据与对市场需求的预测向供应商购买一定量的期权；供应商以零售商所购买的期权量为依据进行投产；销售期开始，零售商观测到产品的市场需求后，决定向供应商执行期权的数量，因此零售商不会出现产品剩余；当供应商的实际产出量小于零售商的订购量，且市场需求大于供应商的实际产出量时，供应商将不能满足零售商的期权执行量，因供应商已经收到了零售商的期权购买费用，故供应商不能满足零售商订购部分应向零售商支付一定的罚金；零售商不能满足市场需求的部分，零售商将出现缺货损失；供应商有产品剩余时，剩余产品以单位残值价格处理掉。

产品的随机需求变量及相应的概率分布与密度函数、随机产出因子及相应的概率分布与密度函数等参数的含义与批发价契约中的变量设置一致，其他用到的与批发价契约模型中不一致的参数及变量如表 5.2 所示。

表 5.2 单一订购基本期权契约下参数符号及定义

参数符号	参数含义
q_1	零售商在单一订购基本期权契约下的期权订购量
Q_1	供应商在单一订购基本期权契约下的生产投入量
εQ_1	供应商的实际产出量
p	单位产品的市场零售价
o	单位期权的购买价
e	单位期权的执行价
c	供应商投入生产单位产品的成本
v	供应商与零售商单位产品的残值
b	零售商未满足市场需求部分的单位缺货成本
β	实际产出小于 $\min(x, q_1)$ 时，供应商支付零售商的单位惩罚成本
π_{S1}，$E(\pi_{S1})$	单一订购基本期权契约下供应商的利润函数和期望利润函数
π_{r1}，$E(\pi_{r1})$	单一订购基本期权契约下零售商的利润函数和期望利润函数

在 5.2 节假设条件的基础上，本小节在建立单一订购基本期权契约模型时所用到的假设条件为：

（1）$o+e>w$，确保期权契约给零售商提供柔性订购的同时，激励供应商能够同意零售商采用期权契约，并尽可能地生产足够的产品。

（2）$o+v<e$，避免供应商更倾向于将产品以残值处理掉而不满足零售商的期权执行量。

（3）$o<\beta<e$，避免供应商通过出售期权进行套利，促进供应商满足零售商的期权执行量。

（4）$o+v<c$，防止供应商通过期权机制套利。

（5）$o+v<e$，避免供应商宁愿获得产品残值也不满足零售商的期权执行量。

（6）$p+b<e+\beta$、$p-e-o+b>0$，为符合实际情况。

（7）假设单一订购期权契约中不存在零售商通过购买期权套利的行为。

2. 单一订购基本期权契约下分散式决策供应链

（1）零售商为斯塔克伯格模型的领导者，因此，根据逆向归纳法原理，第一阶段供应商选择使其利润最大化下的投产量。

分散决策下供应商的利润函数：

$$\pi_{s1} = oq_1 + e\min\{x, q_1, \varepsilon Q_1\} - cQ_1 - \beta\min\left[(q_1 - \varepsilon Q_1)^+, (x - \varepsilon Q_1)^+\right]$$
$$+ v\left[\varepsilon Q_1 - \min\{x, \min(\varepsilon Q_1, q_1)\}\right]^+ \qquad (5-26)$$

式（5-26）中的第 1 项表示供应商向零售商卖出 q_1 单位期权时的总收入；第 2 项表示零售商执行期权时供应商的收入；第 3 项为供应商投入生产 Q_1 单位产品时的总生产成本；第 4 项为当供应商的实际产出量小于零售商的期权购买量，且产品的终端市场需求大于实际产出量时，供应商支付给零售商的总罚金成本；第 5 项为供应商实际产出量在满足零售商执行期权后所剩余产品的总残值。

供应商的期望利润函数 $E(\pi_{r1})$ 可化简为：

$$E(\pi_{s1}) = \int_0^{\frac{q_1}{Q_1}} \int_0^{\varepsilon Q_1} (e + \beta - v)(x - \varepsilon Q_1)f(x)g(\varepsilon)\,\mathrm{d}x\mathrm{d}\varepsilon$$
$$- \int_0^{\frac{q_1}{Q_1}} \int_0^{q_1} (e + \beta - v)(x - q_1)f(x)g(\varepsilon)\,\mathrm{d}x\mathrm{d}\varepsilon$$

$$+ \int_0^{\frac{q_1}{Q_1}} (e + \beta - v)(\varepsilon Q_1 - q_1)g(\varepsilon)\mathrm{d}\varepsilon$$

$$+ \int_0^{q_1} (e - v)(x - q_1)f(x)\mathrm{d}x$$

$$+ (e + o - v)q_1 + v\delta Q_1 - cQ_1 \tag{5-27}$$

命题 5.4 单一订购基本期权契约分散式决策下供应商的最优生产投入量 $Q_1^*(q_1)$ 满足等式：

$$\int_0^{\frac{q_1}{Q_1^*(q_1)}} (e + \beta - v)(1 - F(\varepsilon Q_1^*(q_1)))\varepsilon g(\varepsilon)\mathrm{d}\varepsilon = c - v\delta \tag{5-28}$$

且供应商的投产量 $Q_1^*(q_1)$ 是零售商订购量 q_1 的反应函数。

证明：供应商的期望利润函数 $E(\pi_{s1})$ 对 Q_1 的一阶偏导为：

$$\frac{\partial E(\pi_{s1})}{\partial Q_1} = \int_0^{\frac{q_1}{Q_1}} (e + \beta - v)(1 - F(\varepsilon Q_1)\varepsilon)g(\varepsilon)\mathrm{d}\varepsilon + v\delta - c \tag{5-29}$$

供应商的期望利润函数 $E(\pi_{s1})$ 对 Q_1 的二阶偏导为：

$$\frac{\partial^2 E(\pi_{s1})}{\partial Q_1^2} = -(e + \beta - v)\frac{q_1^2}{Q_1^3}\overline{F}(q_1)g\left(\frac{q_1}{Q_1}\right)$$

$$-(e + \beta - v)\int_0^{\frac{q_1}{Q_1}} f(\varepsilon Q_1)\varepsilon^2 g(\varepsilon)\mathrm{d}\varepsilon$$

$$< 0 \tag{5-30}$$

由 $e + \beta - v > 0$ 易知二阶偏导小于零，则 $E(\pi_{s1})$ 是 Q_1 的凹函数，因此由最优化一阶条件知当 $\dfrac{\partial E(\pi_{s1})}{\partial Q_1} = 0$ 时，可以得出单一订购期权契约分散式决策下供应商的最优生产投入量 $Q_1^*(q_1)$ 应满足式（5-28），且从等式中可以看出 $Q_1^*(q_1)$ 的值随 q_1 值的变动而变动，即供应商的投产量 $Q_1^*(q_1)$ 是零售商订购量 q_1 的反应函数。

由供应商的生产投入量 $Q_1^*(q_1)$ 对零售商订购量 q_1 的一阶导可知：单一订购期权契约基本模型中，生产投入量随着零售商订购量的增加而增加，但两者之间的关系并非简单地像批发价格契约中的线性递增关系。

由隐函数定理，式（5-28）两边对 q_1 求导可得

$$\frac{dQ_1^*(q_1)}{dq_1} = \frac{\dfrac{q_1}{Q_1^*(q_1)}\overline{F}(q_1)g\left(\dfrac{q_1}{Q_1^*(q_1)}\right)}{\left(\dfrac{q_1}{Q_1^*(q_1)}\right)^2\overline{F}(q_1)g\left(\dfrac{q_1}{Q_1^*(q_1)}\right)+}$$

$$Q_1^*(q_1)\int_0^{\frac{q_1}{Q_1^*(q_1)}}f(\varepsilon Q_1^*(q_1))\varepsilon^2 g(\varepsilon)d\varepsilon$$

即

$$\frac{dQ_1^*(q_1)}{dq_1} = \frac{A_1}{B_1}$$

其中，

$$A_1 = \frac{q_1}{Q_1^*(q_1)}\overline{F}(q_1)g\left(\frac{q_1}{Q_1^*(q_1)}\right)$$

$$B_1 = \left(\frac{q_1}{Q_1^*(q_1)}\right)^2\overline{F}(q_1)g\left(\frac{q_1}{Q_1^*(q_1)}\right)+Q_1^*(q_1)\int_0^{\frac{q_1}{Q_1^*(q_1)}}f(\varepsilon Q_1^*(q_1))\varepsilon^2 g(\varepsilon)d\varepsilon$$

则供应商的生产投入量对零售商订购量的二阶导数为：

$$\frac{d^2Q_1^*(q_1)}{dq_1^2} = \frac{A_1'B_1 - A_1B_1'}{B_1^2}$$

其中，A_1'、B_1' 分别表示 A_1、B_1 对 q_1 的一阶导数。

$$A_1' = \frac{Q_1^*(q_1) - q_1\dfrac{dQ_1^*(q_1)}{dq_1}}{[Q_1^*(q_1)]^2}\overline{F}(q_1)g\left(\frac{q_1}{Q_1^*(q_1)}\right) - \frac{q_1}{Q_1^*(q_1)}f(q_1)g\left(\frac{q_1}{Q_1^*(q_1)}\right)$$

$$+ \frac{q_1}{Q_1^*(q_1)}\overline{F}(q_1)g'\left(\frac{q_1}{Q_1^*(q_1)}\right)\left(\frac{Q_1^*(q_1) - q_1\dfrac{dQ_1^*(q_1)}{dq_1}}{[Q_1^*(q_1)]^2}\right)$$

$$B_1' = 2\left(\frac{q_1}{Q_1^*(q_1)}\right)\frac{Q_1^*(q_1) - q_1\dfrac{dQ_1^*(q_1)}{dq_1}}{(Q_1^*(q_1))^2}\overline{F}(q_1)g\left(\frac{q_1}{Q_1^*(q_1)}\right)$$

$$- \left(\frac{q_1}{Q_1^*(q_1)}\right)^2 f(q_1) g\left(\frac{q_1}{Q_1^*(q_1)}\right)$$

$$+ \left(\frac{q_1}{Q_1^*(q_1)}\right)^2 \overline{F}(q_1) g'\left(\frac{q_1}{Q_1^*(q_1)}\right)\left(\frac{Q_1^*(q_1) - q_1 \dfrac{\mathrm{d}Q_1^*(q_1)}{\mathrm{d}q_1}}{[Q_1^*(q_1)]^2}\right)$$

$$+ \frac{\mathrm{d}Q_1^*(q_1)}{\mathrm{d}q_1} \int_0^{\frac{q_1}{Q_1^*(q_1)}} f(\varepsilon Q_1^*(q_1)) \varepsilon^2 g(\varepsilon) \mathrm{d}\varepsilon$$

$$+ \frac{q_1^2}{Q_1^*(q_1)}\left(\frac{Q_1^*(q_1) - q_1 \dfrac{\mathrm{d}Q_1^*(q_1)}{\mathrm{d}q_1}}{[Q_1^*(q_1)]^2}\right) f(q_1) g\left(\frac{q_1}{Q_1^*(q_1)}\right)$$

$$+ Q_1^*(q_1) \int_0^{\frac{q_1}{Q_1^*(q_1)}} f'(\varepsilon Q_1^*(q_1)) \varepsilon^3 g(\varepsilon) \mathrm{d}\varepsilon \frac{\mathrm{d}Q_1^*(q_1)}{\mathrm{d}q_1}$$

由式（5−28）及隐函数定理可得如下敏感性分析结论。

结论 5.4 $\dfrac{\partial Q_1^*}{\partial \beta} > 0$、$\dfrac{\partial Q_1^*}{\partial v} > 0$、$\dfrac{\partial Q_1^*}{\partial o} < 0$、$\dfrac{\partial Q_1^*}{\partial e} < 0$、$\dfrac{\partial Q_1^*}{\partial c} < 0$，即单一订购基本期权契约模式下，供应商的最优生产投入量随着单位罚金成本、单位产品残值的增加而增加，随着单位期权购买价、单位期权执行价、单位产品生产成本的增加而减少。与直观想象不同的是，供应商的最优生产投入量随着单位期权价和单位期权执行价的增加而减少，这主要是由于零售商的期权购买量随着单位期权价和单位期权执行价的增加而减少，则供应商的最优生产投入量随着零售商的期权订购量的减少而减少，因此也随着单位期权价和单位期权执行价的增加而减少。

（2）第二阶段，根据供应商投产量 $Q_1^*(q_1)$ 对零售商订购量 q_1 的反应函数，作为领导者的零售商选择其利润最大化下的订购量 q_1。分散决策下零售商的利润函数为：

$$
\begin{aligned}
\pi_{r1} = {} & p\min\{x, q_1, \varepsilon Q_1^*(q_1)\} - e\min\{\min\{\varepsilon Q_1^*(q_1), q_1\}, x\} - oq_1 \\
& + \beta\min\{(q_1 - \varepsilon Q_1^*(q_1))^+, (x - \varepsilon Q_1^*(q_1))^+\} \\
& - b[x - \min\{\varepsilon Q_1^*(q_1), q_1\}]^+ \qquad\qquad (5-31)
\end{aligned}
$$

式（5−31）中的第 1 项表示零售商总的销售收入；第 2 项为其执行期权时需支付给供应商的总执行成本；第 3 项为零售商的期权购买量为 q_1 时，支付给供应商的总购买成本；第 4 项为供应商的实际产出量未能满足零售商执行期权量时所收到的供应商的总罚金成本；第 5 项为零售商未能满足市场需求时的总缺货成本。

零售商的期望利润函数 $E(\pi_{r1})$ 可化简为：

$$
\begin{aligned}
E(\pi_{r1}) = & \int_0^{\frac{q_1}{Q_1^*(q_1)}} \int_0^{\varepsilon Q_1^*(q_1)} (p - e - \beta + b)(x - \varepsilon Q_1^*(q_1)) f(x) g(\varepsilon) \mathrm{d}x \mathrm{d}\varepsilon \\
& - \int_0^{\frac{q_1}{Q_1^*(q_1)}} \int_0^{q_1} (p - e - \beta + b)(x - q_1) f(x) g(\varepsilon) \mathrm{d}x \mathrm{d}\varepsilon \\
& + \int_0^{\frac{q_1}{Q_1^*(q_1)}} (p - e - \beta + b)(\varepsilon Q_1^*(q_1) - q_1) g(\varepsilon) \mathrm{d}\varepsilon \\
& + \int_0^{q_1} (p - e + b)(x - q_1) f(x) \mathrm{d}x \\
& + (p - e - o + b) q_1 - b\mu
\end{aligned}
\tag{5 - 32}
$$

命题 5.5　单一订购基本期权契约分散式决策下零售商的最优订购量 q_1^* 满足等式：

$$
\begin{aligned}
& \int_0^{\frac{q_1^*}{Q_1^*(q_1^*)}} (p - e - \beta + b)(1 - F(q_1^*)) g(\varepsilon) \mathrm{d}\varepsilon \\
& - \int_0^{\frac{q_1^*}{Q_1^*(q_1^*)}} (p - e - \beta + b)(1 - F(\varepsilon Q_1^*(q_1^*))) \frac{\mathrm{d}Q_1^*(q_1)}{\mathrm{d}q_1} \bigg|_{q_1 = q_1^*} \varepsilon g(\varepsilon) \mathrm{d}\varepsilon \\
& + (p - e + b) F(q_1^*) \\
& = p - e - o + b
\end{aligned}
\tag{5 - 33}
$$

证明：零售商的期望利润函数 $E(\pi_{r1})$ 对 q_1 的一阶偏导为：

$$
\begin{aligned}
\frac{\partial E(\pi_{r1})}{\partial q_1} = & \int_0^{\frac{q_1}{Q_1^*(q_1)}} \int_0^{q_1} (p - e - \beta + b) f(x) g(\varepsilon) \mathrm{d}x \mathrm{d}\varepsilon \\
& - \int_0^{\frac{q_1}{Q_1^*(q_1)}} \int_0^{\varepsilon Q_1^*(q_1)} (p - e - \beta + b) \varepsilon \frac{\mathrm{d}Q_1^*(q_1)}{\mathrm{d}q_1} f(x) g(\varepsilon) \mathrm{d}x \mathrm{d}\varepsilon \\
& + \int_0^{\frac{q_1}{Q_1^*(q_1)}} (p - e - \beta + b) \left(\varepsilon \frac{\mathrm{d}Q_1^*(q_1)}{\mathrm{d}q_1} - 1 \right) g(\varepsilon) \mathrm{d}\varepsilon \\
& - \int_0^{q_1} (p - e + b) f(x) \mathrm{d}x + (p - e - o + b)
\end{aligned}
\tag{5 - 34}
$$

零售商的期望利润函数 $E(\pi_{r1})$ 对 q_1 的二阶偏导为：

$$
\frac{\partial^2 E(\pi_{r1})}{\partial q_1^2} = (p-e+b)f(q_1)\left(G\left(\frac{q_1}{Q_1^*(q_1)}\right)-1\right) - \beta f(q_1)G\left(\frac{q_1}{Q_1^*(q_1)}\right)
$$

$$
- (p-e-\beta+b)\frac{1}{Q_1^*(q_1)}\left(1-\frac{dQ_1^*(q_1)}{dq_1}\frac{q_1}{Q_1^*(q_1)}\right)^2 \overline{F}(q_1)g\left(\frac{q_1}{Q_1^*(q_1)}\right)
$$

$$
+ \int_0^{\frac{q_1}{Q_1^*(q_1)}}(p-e-\beta+b)\frac{d^2Q_1^*(q_1)}{dq_1^2}(1-F(\varepsilon Q_1^*(q_1)))\varepsilon g(\varepsilon)d\varepsilon
$$

$$
- \int_0^{\frac{q_1}{Q_1^*(q_1)}}(p-e-\beta+b)\left(\frac{dQ_1^*(q_1)}{dq_1}\right)^2 f(\varepsilon Q_1^*(q_1))\varepsilon^2 g(\varepsilon)d\varepsilon
$$

$$
< 0 \qquad\qquad (5-35)
$$

由随机需求的分布函数具有不减的危险率性质可证明出二阶偏导小于零，则 $E(\pi_{r1})$ 是 q_1 的凹函数，由最优化一阶条件知当 $\dfrac{\partial E(\pi_{r1})}{\partial q_1}=0$ 时，可以得到零售商的最优订购量 q_1^* 满足式（5-33）。

由式（5-33）及隐函数定理可得如下敏感性分析结论。

结论 5.5 $\dfrac{\partial q_1^*}{\partial p}>0$、$\dfrac{\partial q_1^*}{\partial b}>0$、$\dfrac{\partial q_1^*}{\partial o}<0$、$\dfrac{\partial q_1^*}{\partial e}<0$，即单一订购期权契约模式下，零售商的最优期权购买量随着单位产品零售价、单位缺货成本的增加而增加，随着单位期权购买价、单位期权执行价的增加而减少。

3. 供应链协调分析

分析思路与批发价格契约下的分析思路大体一致。由式（5-1）可得集中式决策供应商最优投产量下供应链整体的利润同式（5-17）一致；单一订购基本期权契约分散决策下供应商和零售商最优决策下的利润总和为：

$$
\pi_{s1}(Q_1^*) + \pi_{r1}(q_1^*) = p\min\{x,q_1^*,\varepsilon Q_1^*\} - cQ_1^*
$$
$$
+ v\left[\varepsilon Q_1^* - \min(x,q_1^*,\varepsilon Q_1^*)\right]^+
$$
$$
- b\left[x - \min(\varepsilon Q_1^*,q_1^*)\right]^+ \qquad (5-36)
$$

类似于 5.2 节中对供应链协调情况的分析方法，对单一订购期权契约模型进行分析，并假设供应链协调时 $Q_1^* = Q_{sc}^*$。

（1）如果农产品供应商的产量低于零售商的订购量，即 $\varepsilon Q_{sc}^* < q_1^*$，则

$$\pi_{s1}(Q_{sc}^{*}) + \pi_{r1}(q_{1}^{*}) = p\min\{x, \varepsilon Q_{sc}^{*}\} + v(\varepsilon Q_{sc}^{*} - x)^{+} - b(x - \varepsilon Q_{sc}^{*})^{+} - cQ_{sc}^{*}$$

$$= \pi_{sc}(Q_{sc}^{*}) \tag{5-37}$$

此时，供应链可以实现协调。

（2）如果农产品供应商的产量高于零售商的订购量，即 $\varepsilon Q_{sc}^{*} > q_{1}^{*}$，则

$$\pi_{s1}(Q_{sc}^{*}) + \pi_{r1}(q_{1}^{*}) = p\min\{x, q_{1}^{*}\} + v\left[\varepsilon Q_{sc}^{*} - \min(x, q_{1}^{*})\right]^{+}$$

$$- b(x - q_{1}^{*})^{+} - cQ_{sc}^{*} \tag{5-38}$$

① 当 $q_{1}^{*} < \varepsilon Q_{sc}^{*} < x$ 时：

$$\pi_{sc}(Q_{sc}^{*}) = p\varepsilon Q_{sc}^{*} - cQ_{sc}^{*} - b(x - \varepsilon Q_{sc}^{*}) \tag{5-39}$$

$$\pi_{s1}(Q_{sc}^{*}) + \pi_{r1}(q_{1}^{*}) = pq_{1}^{*} + v(\varepsilon Q_{sc}^{*} - q_{1}^{*}) - b(x - q_{1}^{*}) - cQ_{sc}^{*}$$

$$< pq_{1}^{*} + p(\varepsilon Q_{sc}^{*} - q_{1}^{*}) + b(\varepsilon Q_{sc}^{*} - q_{1}^{*}) - b(x - q_{1}^{*}) - cQ_{sc}^{*}$$

$$= p\varepsilon Q_{sc}^{*} - cQ_{sc}^{*} - b(x - \varepsilon Q_{sc}^{*})$$

$$= \pi_{sc}(Q_{sc}^{*}) \tag{5-40}$$

即 $q_{1}^{*} < \varepsilon Q_{sc}^{*} < x$ 时，$\pi_{r}(Q_{sc}^{*}) + \pi_{r}(q_{1}^{*}) < \pi_{sc}(Q_{sc}^{*})$，供应链不协调。

② 当 $\varepsilon Q_{sc}^{*} > x > q_{1}^{*}$ 时：

$$\pi_{sc}(Q_{sc}^{*}) = px + v(\varepsilon Q_{sc}^{*} - x) - cQ_{sc}^{*} \tag{5-41}$$

$$\pi_{s1}(Q_{sc}^{*}) + \pi_{r1}(q_{1}^{*}) = pq_{1}^{*} - cQ_{sc}^{*} + v(\varepsilon Q_{sc}^{*} - q_{1}^{*}) - b(x - q_{1}^{*})$$

$$< pq_{1}^{*} + p(x - q_{1}^{*}) + v(\varepsilon Q_{sc}^{*} - q_{1}^{*}) + v(q_{1}^{*} - x)$$

$$+ b(x - q_{1}^{*}) - b(x - q_{1}^{*}) - cQ_{sc}^{*}$$

$$= px + v(\varepsilon Q_{sc}^{*} - x) - cQ_{sc}^{*}$$

$$= \pi_{sc}(Q_{sc}^{*}) \tag{5-42}$$

即 $\varepsilon Q_{sc}^{*} > x > q_{1}^{*}$ 时，$\pi_{s}(Q_{sc}^{*}) + \pi_{r}(q_{1}^{*}) < \pi_{sc}(Q_{sc}^{*})$，供应链不协调。

③ 当 $\varepsilon Q_{sc}^{*} > q_{1}^{*} > x$ 时

$$\pi_{s1}(Q_{sc}^{*}) + \pi_{r1}(q_{1}^{*}) = px - cQ_{sc}^{*} + v(\varepsilon Q_{sc}^{*} - q_{1}^{*}) + v(q_{1}^{*} - x)$$

$$= \pi_{sc}(Q_{sc}^{*}) \tag{5-43}$$

即，此时供应链可以实现协调。

通过上述对不同情况下供应商实际产出量的分析可以得出，当 $q_{1}^{*} < \varepsilon Q_{sc}^{*} < x$ 或 $\varepsilon Q_{sc}^{*} > x > q_{1}^{*}$ 时，分散决策下供应商和零售商的利润总和小于

集中决策下供应链整体的利润，即 $q_1^* < \varepsilon Q_{sc}^* < x$ 或 $\varepsilon Q_{sc}^* > x > q_1^*$ 时供应链没有达到协调状态。进一步分析可知，供应链没有达到协调的原因在于，$q_1^* < \varepsilon Q_{sc}^* < x$ 或 $\varepsilon Q_{sc}^* > x > q_1^*$ 时，产品的终端市场需求大于零售商的订购量，且此时供应商的实际产出量也大于零售商的订购量。零售商由于未能满足市场总需求而产生缺货成本，同时供应商在满足零售商订购量后还有部分产品剩余，此时供应商只能将剩余产品以残值的价格处理掉，这种情况下，作为整体系统的供应链没有达到最优状态，即没有达到供应链协调。

5.3.2 单一订购改进的期权契约模型

为使供应商和零售商的利润得到帕累托改进，本小节在 5.3.1 节单一订购基本期权契约的基础上对原来的斯塔克伯格博弈模型进行如下改进：当市场需求大于零售商的订购量，且供应商的实际产出量大于订购量时，零售商可以向供应商发出紧急订购，且紧急订购策略时的价格应同时能为供应商和零售商带来额外的收益。

1. 模型的描述与假设

本节的事件序列是在上一节的基础上稍有调整，事件序列如下：零售商在销售提前期，根据历史的销售数据与对市场需求的预测向供应商购买一定量的期权，供应商根据零售商的期权购买量进行投产。销售期开始，零售商观测到产品的市场需求后，决定向供应商执行期权的数量；供应商不能满足零售商的需求时，不能满足部分应向零售商支付一定的罚金；当市场需求大于零售商的订购量，且供应商的实际产出量大于订购量时，零售商可以向供应商发出紧急订购；零售商不能满足市场需求的部分，零售商将出现缺货损失；供应商有产品剩余时，剩余产品以单位残值价格处理掉。

单一订购改进期权契约模型中，所用到的变量及参数同 5.3.1 节中的对应一致，并在 5.3.1 节的基础上加入紧急订购策略，用 θ 表示零售商从供应商处紧急订购时的单位产品购买价；为避免与 5.3.1 节等式混淆，本节将用 q_2 表示零售商在单一订购改进期权契约下的期权订购量；Q_2 表示供应商在单一订购改进期权契约下的生产投入量，实际产出量为 εQ_2；π_{s2}、$E(\pi_{s2})$ 分别表示单一订购改进期权契约下供应商的利润函数和期望利润函数；π_{r2}、$E(\pi_{r2})$ 分别表示单一订购改进期权契约下零售商的利润函数和期望利润函数。

在前两节假设条件的基础上，本小节增加的假设条件有：

（1）$v < c < \dfrac{c}{\delta} < w < o + e < \theta < p$，确保供应商和零售商都能够获利，且防止供应商和零售商存在套利行为。

（2）$e + \beta > \theta$，制约供应商能够优先满足零售商的期权执行量，而不是从故意保留产品诱导零售商采取紧急订购中获利。

（3）$o + e < \theta$，避免零售商只采用紧急订购而不采用期权机制；因出售期权能让供应商先收回一部分资金，故供应商也希望能售出期权。

2. 单一订购改进期权契约下分散式决策供应链

（1）零售商为斯塔克伯格模型的领导者，因此，根据逆向归纳法原理在第一阶段供应商选择使其利润最大化下的投产量，分散决策下供应商的利润函数：

$$\pi_{s2} = e\min\{x, \min(q_2, \varepsilon Q_2)\} + oq_2 - cQ_2 - \beta\min\{(x - \varepsilon Q_2)^+, (q_2 - \varepsilon Q_2)^+\}$$
$$+ \theta\min\{(x - q_2)^+, (\varepsilon Q_2 - q_2)^+\} + v(\varepsilon Q_2 - x)^+ \tag{5-44}$$

式（5-44）中除第 5 项表示当市场需求大于零售商的订购量，且供应商的实际产出量大于订购量时，零售商向供应商发出紧急订购时供应商的总收入之外，其他项的含义与 5.3.1 节单一订购基本期权契约模型中的含义对应一致（见表 5.2）。

供应商的期望利润函数 $E(\pi_{s2})$ 可化简为：

$$E(\pi_{s2}) = \int_0^{\frac{q_2}{Q_2}} \int_0^{\varepsilon Q_2} (e + \beta - \theta)(x - \varepsilon Q_2) f(x) g(\varepsilon) \mathrm{d}x \mathrm{d}\varepsilon$$

$$- \int_0^{\frac{q_2}{Q_2}} \int_0^{q_2} (e + \beta - \theta)(x - q_2) f(x) g(\varepsilon) \mathrm{d}x \mathrm{d}\varepsilon$$

$$+ \int_0^{\frac{q_2}{Q_2}} (e + \beta - \theta)(\varepsilon Q_2 - q_2) g(\varepsilon) \mathrm{d}\varepsilon$$

$$+ \int_0^{q_2} (e - \theta)(x - q_2) f(x) \mathrm{d}x$$

$$+ \int_0^1 \int_0^{\varepsilon Q_2} (v - \theta)(\varepsilon Q_2 - x) f(x) g(\varepsilon) \mathrm{d}x \mathrm{d}\varepsilon$$

$$+ (o + e - \theta) q_2 + (\theta\delta - c) Q_2 \tag{5-45}$$

命题 5.6　单一订购改进期权契约分散式决策下供应商的最优生产投入

量 $Q_2^*(q_2)$ 满足等式：

$$\int_0^{\overline{\frac{q_2}{Q_2^*(q_2)}}} (e + \beta - \theta)\varepsilon \overline{F}(\varepsilon Q_2^*(q_2))g(\varepsilon)\mathrm{d}\varepsilon$$

$$- \int_0^1 (v - \theta)\varepsilon \overline{F}(\varepsilon Q_2^*(q_2))g(\varepsilon)\mathrm{d}\varepsilon$$

$$= c - v\delta \qquad\qquad (5-46)$$

且供应商的投产量 $Q_2^*(q_2)$ 是零售商订购量 q_2 的反应函数。

证明：供应商的期望利润函数 $E(\pi_{s2})$ 对 Q_2 的一阶偏导为：

$$\frac{\partial E(\pi_{s2})}{\partial Q_2} = \int_0^{\overline{\frac{q_2}{Q_2}}} (e + \beta - \theta)\varepsilon \overline{F}(\varepsilon Q_2)g(\varepsilon)\mathrm{d}\varepsilon$$

$$- \int_0^1 (v - \theta)\varepsilon \overline{F}(\varepsilon Q_2)g(\varepsilon)\mathrm{d}\varepsilon + v\delta - c \qquad (5-47)$$

供应商的期望利润函数 $E(\pi_{s2})$ 对 Q_2 的二阶偏导为：

$$\frac{\partial^2 E(\pi_{s2})}{\partial Q_2^2} = -\frac{q_2^2}{Q_2^3}(e + \beta - \theta)\overline{F}(q_2)g\left(\frac{q_2}{Q_2}\right) - \int_0^{\overline{\frac{q_2}{Q_2}}} (e + \beta - \theta)\varepsilon^2 f(\varepsilon Q_2)g(\varepsilon)\mathrm{d}\varepsilon$$

$$+ \int_0^1 (v - \theta)\varepsilon^2 f(\varepsilon Q_2)g(\varepsilon)\mathrm{d}\varepsilon < 0 \qquad (5-48)$$

由二阶偏导小于零可知，$E(\pi_{s2})$ 是 Q_2 的凹函数，因此由最优化一阶条件可得：当 $\dfrac{\partial E(\pi_{s2})}{\partial Q_2} = 0$ 时，单一订购改进期权契约分散式供应链下供应商的最优投产量 $Q_2^*(q_2)$ 应满足式（5-46）。同样，从该等式可以看出 $Q_2^*(q_2)$ 的值随 q_2 值的变动而变动，即供应商的投产量 $Q_2^*(q_2)$ 是零售商订购量 q_2 的反应函数。

与 5.3.1 节中单一订购期权契约下的基本模型一致，由供应商的生产投入量 $Q_2^*(q_2)$ 对零售商订购量 q_2 的一阶导可知：改进的期权契约模型中，供应商的生产投入量随零售商订购量的变化而变化，但两决策变量之间并不呈线性递增关系。由于建立的供应链期权契约模型较复杂，难以求得最优投产量的解析解，因此反应函数中供应商的投产量与零售商的订购量之间的关系也只能用等式的形式表达出来。

由隐函数定理，式（5-46）两边对 q_2 求导可得：

$$\frac{\mathrm{d}Q_2^*(q_2)}{\mathrm{d}q_2} = \frac{A_2}{B_2}$$

其中，

$$A_2 = (e + \beta - \theta)\overline{F}(q_2)\frac{q_2}{Q_2^*(q_2)}g\left(\frac{q_2}{Q_2^*(q_2)}\right)$$

$$B_2 = (e + \beta - \theta)\overline{F}(q_2)\left(\frac{q_2}{Q_2^*(q_2)}\right)^2 g\left(\frac{q_2}{Q_2^*(q_2)}\right)$$

$$+ Q_2^*(q_2)\int_0^{\frac{q_2}{Q_2^*(q_2)}}(e + \beta - \theta)f(\varepsilon Q_2^*(q_2))\varepsilon^2 g(\varepsilon)\mathrm{d}\varepsilon$$

$$- Q_2^*(q_2)\int_0^1 (v - \theta)f(\varepsilon Q_2^*(q_2))\varepsilon^2 g(\varepsilon)\mathrm{d}\varepsilon$$

则单一订购改进期权契约模型中供应商的生产投入量对零售商订购量的二阶导为：

$$\frac{\mathrm{d}^2 Q_2^*(q_2)}{\mathrm{d}q_2^2} = \frac{A_2'B_2 - A_2 B_2'}{B_2^2}$$

其中，A_2'、B_2'分别表示A_2、B_2对q_2的一阶导：

$$A_2' = (e + \beta - \theta)\left(\frac{Q_2^*(q_2) - q_2\dfrac{\mathrm{d}Q_2^*(q_2)}{\mathrm{d}q_2}}{(Q_2^*(q_2))^2}\right)\overline{F}(q_2)g\left(\frac{q_2}{Q_2^*(q_2)}\right)$$

$$- (e + \beta - \theta)\frac{q_2}{Q_2^*(q_2)}f(q_2)g\left(\frac{q_2}{Q_2^*(q_2)}\right)$$

$$+ (e + \beta - \theta)\frac{q_2}{Q_2^*(q_2)}\overline{F}(q_2)g'\left(\frac{q_2}{Q_2^*(q_2)}\right)\left(\frac{Q_2^*(q_2) - q_2\dfrac{\mathrm{d}Q_2^*(q_2)}{\mathrm{d}q_2}}{(Q_2^*(q_2))^2}\right)$$

$$B_2' = 2(e + \beta - \theta)\left(\frac{q_2}{Q_2^*(q_2)}\right)\left(\frac{Q_2^*(q_2) - q_2\dfrac{\mathrm{d}Q_2^*(q_2)}{\mathrm{d}q_2}}{(Q_2^*(q_2))^2}\right)\overline{F}(q_2)g\left(\frac{q_2}{Q_2^*(q_2)}\right)$$

$$- (e + \beta - \theta)\left(\frac{q_2}{Q_2^*(q_2)}\right)^2 f(q_2)g\left(\frac{q_2}{Q_2^*(q_2)}\right)$$

$$+ (e + \beta - \theta)\left(\frac{q_2}{Q_2^*(q_2)}\right)^2 g'\left(\frac{q_2}{Q_2^*(q_2)}\right)\left(\frac{Q_2^*(q_2) - q_2\dfrac{\mathrm{d}Q_2^*(q_2)}{\mathrm{d}q_2}}{(Q_2^*(q_2))^2}\right)$$

$$+ (e + \beta - \theta) \frac{\mathrm{d} Q_2^* (q_2)}{\mathrm{d} q_2} \int_0^{\frac{q_2}{Q_2^* (q_2)}} f(\varepsilon Q_2^* (q_2)) \varepsilon^2 g(\varepsilon) \mathrm{d}\varepsilon$$

$$+ (e + \beta - \theta) \frac{q_2^2}{Q_2^* (q_2)} \left(\frac{Q_2^* (q_2) - q_2 \dfrac{\mathrm{d} Q_2^* (q_2)}{\mathrm{d} q_2}}{(Q_2^* (q_2))^2} \right) f(q_2) g\left(\frac{q_2}{Q_2^* (q_2)} \right)$$

$$+ (e + \beta - \theta) Q_2^* (q_2) \int_0^{\frac{q_2}{Q_2^* (q_2)}} f'(\varepsilon Q_2^* (q_2)) \varepsilon^3 g(\varepsilon) \mathrm{d}\varepsilon \frac{\mathrm{d} Q_2^* (q_2)}{\mathrm{d} q_2}$$

$$- \frac{\mathrm{d} Q_2^* (q_2)}{\mathrm{d} q_2} \int_0^1 (v - \theta) f(\varepsilon Q_2^* (q_2)) \varepsilon^2 g(\varepsilon) \mathrm{d}\varepsilon$$

$$- Q_2^* (q_2) \int_0^1 (v - \theta) f'(\varepsilon Q_2^* (q_2)) \varepsilon^3 g(\varepsilon) \mathrm{d}\varepsilon \frac{\mathrm{d} Q_2^* (q_2)}{\mathrm{d} q_2}$$

由式（5-46）及隐函数定理可得如下敏感性分析结论。

结论5.6 $\dfrac{\partial Q_2^*}{\partial \theta} > 0$、$\dfrac{\partial Q_2^*}{\partial \beta} > 0$、$\dfrac{\partial Q_2^*}{\partial v} > 0$、$\dfrac{\partial Q_2^*}{\partial o} < 0$、$\dfrac{\partial Q_2^*}{\partial e} < 0$、$\dfrac{\partial Q_2^*}{\partial c} < 0$，即单一订购改进期权模式下，供应商的最优生产投入量随着单位产品紧急订购价、单位罚金成本、单位产品残值的增加而增加，随着单位期权购买价、单位期权执行价、单位产品生产成本的增加而减少。

（2）第二阶段，根据供应商投产量 $Q_2^* (q_2)$ 对零售商订购量 q_2 的反应函数，求零售商的订购量 q_2，分散决策下零售商的利润函数为：

$$\pi_{r2} = p \min\{ \varepsilon Q_2^* (q_2), x\} - o q_2 - e \min\{ \min\{ \varepsilon Q_2^* (q_2), q_2\}, x\}$$
$$+ \beta \min\{ (x - \varepsilon Q_2^* (q_2))^+, (q_2 - \varepsilon Q_2^* (q_2))^+\}$$
$$- \theta \min\{ (x - q_2)^+, (\varepsilon Q_2^* (q_2) - q_2)^+\} - b(x - \varepsilon Q_2^* (q_2))^+$$

$$(5 - 49)$$

式（5-49）中第5项表示当市场需求大于零售商的订购量，且供应商的实际产出量大于订购量时，零售商发出紧急订购时的总成本；其他项的含义与5.3.1节单一订购基本期权模式中的含义对应一致（见表5.2）。

零售商的期望利润函数 $E(\pi_{r2})$ 可化简为：

$$E(\pi_{r2}) = \int_0^{\frac{q_2}{Q_2^* (q_2)}} \int_0^{q_2} (e + \beta - \theta)(x - q_2) f(x) g(\varepsilon) \mathrm{d}x \mathrm{d}\varepsilon$$

$$- \int_0^{\frac{q_2}{Q_2^* (q_2)}} \int_0^{\varepsilon Q_2^* (q_2)} (e + \beta - \theta)(x - \varepsilon Q_2^* (q_2)) f(x) g(\varepsilon) \mathrm{d}x \mathrm{d}\varepsilon$$

$$- \int_0^{\overline{Q_2^*(q_2)}} (e + \beta - \theta)(\varepsilon Q_2^*(q_2) - q_2) g(\varepsilon) \mathrm{d}\varepsilon$$

$$- \int_0^{q_2} (e - \theta)(x - q_2) f(x) \mathrm{d}x$$

$$+ \int_0^1 \int_0^{\varepsilon Q_2^*(q_2)} (p + b - \theta)(x - \varepsilon Q_2^*(q_2)) f(x) g(\varepsilon) \mathrm{d}x \mathrm{d}\varepsilon$$

$$+ (p + b - \theta)\delta Q_2^*(q_2) + (\theta - e - o)q_2 - b\mu \qquad (5-50)$$

命题 5.7　单一订购改进期权契约分散式决策下零售商的最优订购量 q_2^* 满足等式：

$$\int_0^{\overline{Q_2^*(q_2^*)}} (e + \beta - \theta)\overline{F}(q_2^*) g(\varepsilon) \mathrm{d}\varepsilon$$

$$- \int_0^{\overline{Q_2^*(q_2^*)}} (e + \beta - \theta) \frac{\mathrm{d}Q_2^*(q_2)}{\mathrm{d}q_2}\bigg|_{q_2 = q_2^*} \overline{F}(\varepsilon Q_2^*(q_2^*)) \varepsilon g(\varepsilon) \mathrm{d}\varepsilon$$

$$- \int_0^1 (p + b - \theta) \frac{\mathrm{d}Q_2^*(q_2)}{\mathrm{d}q_2}\bigg|_{q_2 = q_2^*} F(\varepsilon Q_2^*(q_2^*)) \varepsilon g(\varepsilon) \mathrm{d}\varepsilon$$

$$+ (e - \theta)F(q_2^*) + (p + b - \theta)\delta \frac{\mathrm{d}Q_2^*(q_2)}{\mathrm{d}q_2}\bigg|_{q_2 = q_2^*}$$

$$= o + e - \theta \qquad (5-51)$$

证明：零售商的期望利润函数 $E(\pi_{r2})$ 对 q_2 的一阶偏导为：

$$\frac{\partial E(\pi_{r2})}{\partial q_2} = \int_0^{\overline{Q_2^*(q_2)}} (e + \beta - \theta)\overline{F}(q_2) g(\varepsilon) \mathrm{d}\varepsilon$$

$$- \int_0^{\overline{Q_2^*(q_2)}} (e + \beta - \theta) \frac{\mathrm{d}Q_2^*(q_2)}{\mathrm{d}q_2} \overline{F}(\varepsilon Q_2^*(q_2)) \varepsilon g(\varepsilon) \mathrm{d}\varepsilon$$

$$- \int_0^1 (p + b - \theta) \frac{\mathrm{d}Q_2^*(q_2)}{\mathrm{d}q_2} F(\varepsilon Q_2^*(q_2)) \varepsilon g(\varepsilon) \mathrm{d}\varepsilon$$

$$+ (e - \theta)F(q_2) + (p + b - \theta)\delta \frac{\mathrm{d}Q_2^*(q_2)}{\mathrm{d}q_2}$$

$$+ (\theta - e - o) \qquad (5-52)$$

零售商的期望利润函数 $E(\pi_{r2})$ 对 q_2 的二阶偏导为：

$$\frac{\partial^2 E(\pi_{r2})}{\partial q_2^2} = (e - \theta)f(q_2)\left(1 - G\left(\frac{q_2}{Q_2^*(q_2)}\right)\right) - \beta f(q_2)G\left(\frac{q_2}{Q_2^*(q_2)}\right)$$

$$+ \frac{1}{Q_2^*(q_2)}\left(1 - \frac{q_2}{Q_2^*(q_2)}\frac{dQ_2^*(q_2)}{dq_2}\right)^2 (e + \beta - \theta)\overline{F}(q_2)g\left(\frac{q_2}{Q_2^*(q_2)}\right)$$

$$- \int_0^{\frac{q_2}{Q_2^*(q_2)}} (e + \beta - \theta)\frac{d^2 Q_2^*(q_2)}{dq_2^2}\overline{F}(\varepsilon Q_2^*(q_2))\varepsilon g(\varepsilon)d\varepsilon$$

$$+ \int_0^{\frac{q_2}{Q_2^*(q_2)}} (e + \beta - \theta)\left(\frac{dQ_2^*(q_2)}{dq_2}\right)^2 f(\varepsilon Q_2^*(q_2))\varepsilon^2 g(\varepsilon)d\varepsilon$$

$$- \int_0^1 (p + b - \theta)\frac{d^2 Q_2^*(q_2)}{dq_2^2}F(\varepsilon Q_2^*(q_2))\varepsilon g(\varepsilon)d\varepsilon$$

$$- \int_0^1 (p + b - \theta)\left(\frac{dQ_2^*(q_2)}{dq_2}\right)^2 f(\varepsilon Q_2^*(q_2))\varepsilon^2 g(\varepsilon)d\varepsilon$$

$$+ (p + b - \theta)\delta\frac{d^2 Q_2^*(q_2)}{dq_2^2}$$

$$< 0 \tag{5-53}$$

由随机需求的分布函数具有不减的危险率性质可证明出二阶偏导小于零，则 $E(\pi_{r2})$ 是 q_2 的凹函数，因此令最优化一阶条件 $\frac{\partial E(\pi_{r2})}{\partial q_2} = 0$，可得零售商的最优订购量 q_2^* 满足式（5-51）。

由式（5-51）及隐函数定理可得如下敏感性分析结论。

结论 5.7 $\frac{\partial q_2^*}{\partial p} > 0$、$\frac{\partial q_2^*}{\partial b} > 0$、$\frac{\partial q_2^*}{\partial \theta} > 0$、$\frac{\partial q_2^*}{\partial \beta} > 0$、$\frac{\partial q_2^*}{\partial o} < 0$、$\frac{\partial q_2^*}{\partial e} < 0$、即单一订购改进期权契约模式下，零售商的最优期权购买量随着单位产品零售价、单位缺货成本、单位紧急订购成本以及供应商支付给零售商的单位罚金成本的增加而增加，随着单位期权购买价和单位期权执行价格的增加而减少。

3. 供应链协调分析

由式（5-1）可得集中式决策供应商最优投产量下供应链整体的利润同式（5-17）一致；单一订购改进期权契约分散决策下供应商和零售商最优决策下的利润总和为：

$$\pi_{s2}(Q_{sc}^*) + \pi_{r2}(q_2^*) = p\min\{x, \varepsilon Q_{sc}^*\} - cQ_{sc}^* + v(\varepsilon Q_{sc}^* - x)^+ - b(x - \varepsilon Q_{sc}^*)^+ \tag{5-54}$$

假设供应链协调时 $Q_2^* = Q_{sc}^*$，则由式（5 - 17）与式（5 - 54）可得：

$$\pi_{s2}(Q_{sc}^*) + \pi_{r2}(q_2^*) = \pi_{sc}(Q_{sc}^*) \tag{5-55}$$

由以上分析可知，改进期权契约下，分散式供应链的绩效几乎达到集中式供应链的水平，即供应链可以达到协调状态。供应链协调时，应满足集中决策下供应商的最优生产投入决策和分散决策下供应商达到最优生产投入决策一致，即 $Q_2^* = Q_{sc}^*$。

当 $Q_2^* = Q_{sc}^*$ 时，联立式（5 - 3）、式（5 - 46）并化简可得

$$\int_0^{\frac{q_2}{Q_{sc}^*}} \varepsilon(1 - F(\varepsilon Q_{sc}^*))g(\varepsilon)\mathrm{d}\varepsilon = \left(\frac{p + b - \theta}{e + \beta - \theta}\right)\int_0^1 \varepsilon(1 - F(\varepsilon Q_{sc}^*))g(\varepsilon)\mathrm{d}\varepsilon$$

$$\tag{5-56}$$

因为，$0 < \dfrac{q_2}{Q_{sc}^*} < 1$，则由随机市场需求的概率分布函数的性质可知：

$$\int_0^{\frac{q_2}{Q_{sc}^*}} \varepsilon(1 - F(\varepsilon Q_{sc}^*))g(\varepsilon)\mathrm{d}\varepsilon < \int_0^1 \varepsilon(1 - F(\varepsilon Q_{sc}^*))g(\varepsilon)\mathrm{d}\varepsilon$$

继而可以得出：

$$0 < \frac{p + b - \theta}{e + \beta - \theta} < 1$$

即，当 $e + \beta > p + b > \theta$ 时，可通过调整参数，使得供应链实现协调。

5.4 批发价格契约下分散决策农产品供应链协调模型

5.4.1 模型的描述与假设

同样以一个供应商和一个零售商组成的两阶段农产品供应链为研究对象，农产品的实际产量和市场需求都是不确定的。本节的批发价格契约基本模型的参数及决策变量的含义、假设条件与 5.2 节中的批发价格契约基本模型中的一致，且供应链中每个成员的利润函数也对应一致。与 5.2 节批发价契约的区别在于，本节以供应商为斯塔克伯格博弈模型的领导者，

因此事件序列与前面小节中的批发价格契约模型中的部分事件序列相反。

事件序列如下：生产准备期，供应商会综合考虑所要投产的产品历史的销路情况、产品的产出风险等因素计划某种产品的生产投入量，零售商根据供应商的投产量订购一定量的产品。进入销售期，零售商和供应商根据产品的实际产出量和订购量两者中的较小者进行产品的交割；零售商不能满足市场需求的部分，零售商将出现缺货损失；供应商和零售商分别有剩余产品时，剩余部分的产品将都以单位残值处理掉。实际产出量不能满足市场需求时，供应商不能通过加急生产来满足需求。

5.4.2 批发价格契约下分散式决策供应链

（1）供应商为斯塔克伯格博弈模型领导者，因此根据逆向归纳法在第一阶段先求零售商的订购量，分散决策下零售商的利润函数为：

$$
\pi_{r0} = p\min\{x,q_0,\varepsilon Q_0\} - w\min\{q_0,\varepsilon Q_0\} - b[x - \min(q_0,\varepsilon Q_0)]^+ \\
+ v[\min(q_0,\varepsilon Q_0) - x]^+ \tag{5-57}
$$

零售商的期望利润函数 $E(\pi_{r0})$ 为：

$$
\begin{aligned}
E(\pi_{r0}) &= \int_0^{\frac{q_0}{Q_0}} \int_0^{\varepsilon Q_0} (p+b-v)(x-\varepsilon Q_0)f(x)g(\varepsilon)\mathrm{d}x\mathrm{d}\varepsilon \\
&- \int_0^{\frac{q_0}{Q_0}} \int_0^{q_0} (p+b-v)(x-q_0)f(x)g(\varepsilon)\mathrm{d}x\mathrm{d}\varepsilon \\
&+ \int_0^{q_0} (p+b-v)(x-q_0)f(x)\mathrm{d}x \\
&+ \int_0^{\frac{q_0}{Q_0}} (p+b-w)(\varepsilon Q_0 - q_0)g(\varepsilon)\mathrm{d}\varepsilon \\
&+ (p+b-w)q_0 - b\mu \tag{5-58}
\end{aligned}
$$

命题 5.8 批发价格契约分散式决策下零售商的最优订购量 q_0^* 为：

$$
q_0^* = F^{-1}\left(\frac{p+b-w}{p+b-v}\right) \tag{5-59}
$$

证明：零售商的期望利润函数 $E(\pi_{r0})$ 对 q_0 的一阶偏导为：

$$\frac{\partial E(\pi_{r0})}{\partial q_0} = \int_0^{\frac{q_0}{Q_0}} \int_0^{q_0} (p+b-v)f(x)g(\varepsilon)\mathrm{d}x\mathrm{d}\varepsilon - \int_0^{q_0}(p+b-v)f(x)\mathrm{d}x$$

$$- \int_0^{\frac{q_0}{Q_0}}(p+b-w)g(\varepsilon)\mathrm{d}\varepsilon + (p+b-w) \qquad (5-60)$$

零售商的期望利润函数 $E(\pi_{r0})$ 对 q_0 的二阶偏导为：

$$\frac{\partial^2 E(\pi_{r0})}{\partial q_0^2} = (p+b-v)f(q_0)\left(G\left(\frac{q_0}{Q_0}\right)-1\right) + (p+b-v)\frac{1}{Q_0}F(q_0)g\left(\frac{q_0}{Q_0}\right)$$

$$- (p+b-w)\frac{1}{Q_0}g\left(\frac{q_0}{Q_0}\right) < 0 \qquad (5-61)$$

显然由随机需求和随机产出因子的分布函数和概率密度函数的性质可知二阶偏导小于零，则 $E(\pi_{r0})$ 是 q_0 的凹函数，因此，由最优化一阶条件，令 $\frac{\partial E(\pi_{r0})}{\partial q_0} = 0$，可得零售商的最优订购量 q_0^* 应满足式（5-59）。

由式（5-59）可得如下结论。

结论 5.8 随机产出随机需求的供应链在批发价契约下，当供应商为斯塔克伯格博弈模型的领导者时，第一阶段零售商决定的最优订购量 q_0^* 与供应商的投产量无关，与单位产品零售价、单位产品批发价、单位缺货成本、单位产品残值以及随机需求的分布函数有关，且最优订购量随各参数的变化趋势与前面小节中零售商占主导地位时的变化趋势一致。

（2）第二阶段，根据零售商决定的最优订购量 q_0^*，求供应商的最优生产投入量 Q_0^*。分散决策下供应商的利润函数为：

$$\pi_{s0} = w\min\{q_0^*, \varepsilon Q_0\} - cQ_0 + v\max\{(\varepsilon Q_0 - q_0^*), 0\} \qquad (5-62)$$

供应商的期望利润函数 $E(\pi_{s0})$ 为：

$$E(\pi_{s0}) = \int_0^{\frac{q_0^*}{Q_0}}(w-v)(\varepsilon Q_0 - q_0^*)g(\varepsilon)\mathrm{d}\varepsilon + wq_0^* + v(\delta Q_0 - q_0^*) - cQ_0 \qquad (5-63)$$

命题 5.9 批发价格契约分散式决策下供应商的最优生产投入量 Q_0^* 应满足等式：

$$\int_0^{\frac{q_0^*}{Q_0^*}} \varepsilon g(\varepsilon) \mathrm{d}\varepsilon = \frac{c - v\delta}{w - v} \qquad (5-64)$$

证明：供应商的期望利润函数 $E(\pi_{s0})$ 对 Q_0 的一阶偏导为：

$$\frac{\partial E(\pi_{s0})}{\partial Q_0} = \int_0^{\frac{q_0^*}{Q_0}} (w - v) \varepsilon g(\varepsilon) \mathrm{d}\varepsilon + v\delta - c \qquad (5-65)$$

供应商的期望利润函数 $E(\pi_{s0})$ 对 Q_0 的二阶偏导为：

$$\frac{\partial^2 E(\pi_{s0})}{\partial Q_0^2} = -\frac{q_0^{*2}}{Q_0^3} (w - v) g\left(\frac{q_0^*}{Q_0}\right)$$
$$< 0 \qquad (5-66)$$

由 $w - v > 0$ 和随机产出因子的概率密度函数的性质可得二阶偏导小于零，则 $E(\pi_{s0})$ 是 Q_0 的凹函数；由最优化一阶条件，令 $\frac{\partial E(\pi_{s0})}{\partial Q_0} = 0$，可得供应商的最优投产量 Q_0^* 应满足式（5-64）。

由等式（5-64）可求得如下结论。

结论 5.9 供应商占主导地位时，供应商的最优生产投入量随各参数的变化趋势与前面小节中零售商占主导地位时的变化趋势一致。

这里的批发价格契约模型与前面小节中的批发价格模型一致，故在分析批发价格契约下供应链协调与否时也与前面小节中的分析方法一致。因此，本小节就不再重复叙述。

5.5 混合订购基本期权契约下分散决策供应链协调模型

5.5.1 混合订购基本期权契约模型

供应商为斯塔克伯格博弈模型领导者时，其在为零售商提供具有柔性的供应链期权契约时，供应商自身则面临着随机产出的风险。为使零售商能够分担一部分产出风险，我们引入混合订购期权契约，即考虑供应商要求零售商应先以固定的批发价格订购一定量的产品，在此基础上再采用期权契约订购产品。

1. 模型的描述与假设

以由一个供应商和一个零售商组成的供应链为研究对象，供应商的产出和零售商面临的市场需求均为随机的，供应商占主导地位。事件序列应为：生产提前期，供应商综合考虑所要投产的产品的产出风险、市场对该类产品的接受程度等因素计划产品的生产投入量，零售商根据供应商的产品投入量决定固定订购量和期权购买量。销售期开始，零售商观测到市场需求后，决定期权的执行量；供应商不能满足零售商的订购需求时，不能满足部分应向零售商支付一定的罚金；零售商不能满足市场需求的部分，零售商将出现缺货损失；如果供应商在满足零售商的订购量后仍有产品剩余，剩余部分的产品将以单位残值处理掉；同样，如果零售商在满足市场需求后仍有产品剩余，剩余部分的产品也将以单位残值处理掉。

产品的随机需求变量及相应的概率分布与密度函数、随机产出因子及相应的概率分布与密度函数等参数的含义与 5.4.1 节中批发价契约中的变量设置一致，其他用到的与批发价契约模型中不一致的参数及变量如表 5.3 所示。

表 5.3 混合订购基本期权契约下参数符号及定义

参数符号	参数含义
q_{m0}	零售商在混合订购基本期权契约下的固定订购量
q_{m1}	零售商在混合订购基本期权契约下的期权订购量
q_t	零售商在混合订购基本期权契约下的总订购量，$q_{mo} + q_{ml} = q_t$
Q_m	供应商在混合订购基本期权契约下的生产投入量
εQ_m	供应商的实际产出量
p	单位产品的市场零售价
w	单位产品的批发价
o	单位期权的购买价
e	单位期权的执行价
c	供应商投入生产单位产品的成本
v	供应商与零售商单位产品的残值
b	零售商未满足市场需求部分的单位缺货成本
β	实际产出小于 $\min(x, q_t)$ 时，供应商支付零售商的单位惩罚成本
π_{Sm1}，$E(\pi_{Sm1})$	混合订购基本期权契约下供应商的利润函数和期望利润函数
π_{m1}，$E(\pi_{m1})$	混合订购基本期权契约下零售商的利润函数和期望利润函数

模型的假设条件：

（1）随机需求分布函数 $F(x)$ 与随机产出因子分布函数 $G(\varepsilon)$ 都是具有不减的危险率性质的函数；且为了简化模型中对供应商投产量和零售商订购量决策变量的求解与分析，假设随机需求变量与随机产出因子均服从均匀分布。

（2）有关产品的市场销售价格、随机需求因子的分布、随机产出因子的分布等信息是对称的，且随机需求与随机产出因子是相互独立的。供应商和零售商是风险中性的，且均符合理性经济人假设，双方都以自身期望利润最大化原则进行决策。

（3）假设农产品的零售价格由市场决定，零售价格为外生变量。

（4）$v < c < \dfrac{c}{\delta} < w < o + e < p$，确保供应商和零售商都能够获利；期权契约在给零售商提供柔性订购的同时，激励供应商能够同意零售商采用期权契约，并尽可能地生产足够的产品；防止供应商和零售商存在套利行为。

（5）$o + v < e$，避免供应商更倾向于将产品以残值处理掉而不满足零售商的期权执行量。

（6）$o < \beta < e$，避免供应商通过出售期权进行套利，促进供应商满足零售商的期权执行量。

（7）$o + v < c$，防止供应商通过期权机制套利。

（8）$o + v < e$，避免供应商宁愿获得产品残值也不满足零售商的期权执行量。

（9）$p + b < e + \beta$，$p - e - o + b > 0$，为符合实际情况。

（10）假设单一订购期权契约中不存在零售商通过购买期权套利的行为。

2. 混合订购基本期权契约下分散式决策供应链

（1）供应商为斯塔克伯格博弈模型领导者，因此根据逆向归纳法，在第一阶段先求零售商的固定订购量和总订购量。混合订购基本期权契约分散决策下零售商的利润函数为：

$$\pi_{rm1}(q_{m0}, q_1) = p\min\left[x, q_t, \varepsilon Q_m\right] - w\min\left[q_{m0}, \varepsilon Q_m\right] - o(q_1 - q_{m0})$$
$$- e\min\left[(x - q_{m0})^+, (q_t - q_{m0}), (\varepsilon Q_m - q_{m0})^+\right]$$

$$+ \beta \min \left[(x - \varepsilon Q_m)^+, (q_t - \varepsilon Q_m)^+ \right]$$
$$- b \left[x - \min(q_t, \varepsilon Q_m) \right]^+ + v \left[\min(q_{m0}, \varepsilon Q_m) - x \right]^+$$

$$(5-67)$$

式（5-67）中的第 1 项表示零售商的总销售收入；第 2 项为零售商以批发价订购产品的总成本；第 3 项为零售商订购期权时的总购买成本；第 4 项为零售商执行期权时的总成本；第 5 项为供应商实际产出量小于零售商订购需求时供应商支付给零售商的总罚金；第 6 项为零售商的总缺货损失；第 7 项为零售商剩余产品的残值。

混合订购基本期权契约模型分散式供应链中零售商的期望利润函数为：

$$E(\pi_{rm1}(q_{m0}, q_t)) = \int_0^{\frac{q_t}{Q_m}} \int_0^{\varepsilon Q_m} (p - e - \beta + b)(x - \varepsilon Q_m) f(x) g(\varepsilon) \mathrm{d}x \mathrm{d}\varepsilon$$

$$- \int_0^{\frac{q_t}{Q_m}} \int_0^{q_t} (p - e - \beta + b)(x - q_t) f(x) g(\varepsilon) \mathrm{d}x \mathrm{d}\varepsilon$$

$$+ \int_0^{\frac{q_t}{Q_m}} (p - e - \beta + b)(\varepsilon Q_m - q_t) g(\varepsilon) \mathrm{d}\varepsilon$$

$$+ \int_0^{q_t} (p - e + b)(x - q_t) f(x) \mathrm{d}x$$

$$+ \int_0^{\frac{q_{m0}}{Q_m}} (e - w)(\varepsilon Q_m - q_{m0}) g(\varepsilon) \mathrm{d}\varepsilon$$

$$- \int_0^{\frac{q_{m0}}{Q_m}} \int_0^{q_{m0}} (e - v)(x - q_{m0}) f(x) g(\varepsilon) \mathrm{d}x \mathrm{d}\varepsilon$$

$$+ \int_0^{q_{m0}} (e - v)(x - q_{m0}) f(x) \mathrm{d}x$$

$$+ \int_0^{\frac{q_{m0}}{Q_m}} \int_0^{\varepsilon Q_m} (e - v)(x - \varepsilon Q_m) f(x) g(\varepsilon) \mathrm{d}x \mathrm{d}\varepsilon$$

$$+ (p - e - o + b)q_t + (o + e - w)q_{m0} - b\mu$$

$$(5-68)$$

命题 5.10　混合订购基本期权契约分散式决策下零售商的最优固定订购量 $q_{mo}^*(Q_m)$ 应满足等式：

$$(e - v)F(q_{m0}^*(Q_m))\bar{G}\left(\frac{q_{m0}^*(Q_m)}{Q_m}\right) + (e - w)G\left(\frac{q_{m0}^*(Q_m)}{Q_m}\right) = o + e - w$$

$$(5-69)$$

且零售商的最优固定订购量 $q_{mo}^{*}(Q_m)$ 是供应商投产量 Q_m 的反应函数。

命题 5.11 混合订购基本期权契约分散式决策下零售商的最优总订购量 $q_t^{*}(Q_m)$ 应满足等式：

$$(p - e - \beta + b)\bar{F}(q_t^{*}(Q_m))G\left(\frac{q_t^{*}(Q_m)}{Q_m}\right)$$

$$+ (p - e + b)F(q_t^{*}(Q_m))$$

$$= p + b - o - e \tag{5-70}$$

且零售商的最优总订购量 $q_t^{*}(Q_m)$ 是供应商投产量 Q_m 的反应函数。

由最优固定订购量和最优总订购量可得最优期权购买量为：

$$q_{m1}^{*}(Q_m) = q_t^{*}(Q_m) - q_{m0}^{*}(Q_m) \tag{5-71}$$

证明：零售商的期望利润函数 $E(\pi_{rm1}(q_{m0}, q_t))$ 对固定订购量 q_{mo} 的一阶偏导为：

$$\frac{\partial E(\pi_{rm1}(q_{m0}, q_t))}{\partial q_{m0}} = \int_0^{\frac{q_{m0}}{Q_m}}\int_0^{q_{m0}}(e-v)f(x)g(\varepsilon)\mathrm{d}x\mathrm{d}\varepsilon - \int_0^{\frac{q_{m0}}{Q_m}}(e-w)g(\varepsilon)\mathrm{d}\varepsilon$$

$$- \int_0^{q_{m0}}(e-v)f(x)\mathrm{d}x + o + e - w \tag{5-72}$$

零售商的期望利润函数 $E(\pi_{m1}(q_{m0}, q_t))$ 对总订购量 q_t 的一阶偏导为：

$$\frac{\partial E(\pi_{m1}(q_{m0}, q_t))}{\partial q_t} = \int_0^{\frac{q_t}{Q_m}}\int_0^{q_t}(p-e-\beta+b)f(x)g(\varepsilon)\mathrm{d}x\mathrm{d}\varepsilon$$

$$- \int_0^{\frac{q_t}{Q_m}}(p-e-\beta+b)g(\varepsilon)\mathrm{d}\varepsilon$$

$$- \int_0^{q_t}(p-e+b)f(x)\mathrm{d}x + p - e - o + b \tag{5-73}$$

零售商的期望利润函数 $E(\pi_{rm1}(q_{mo}, q_t))$ 对固定订购量 q_{mo} 的二阶偏导为：

$$\frac{\partial^2 E(\pi_{rm1}(q_{m0}, q_t))}{\partial q_{m0}^{2}} = -(e-v)f(q_{m0})\bar{G}\left(\frac{q_{m0}}{Q_m}\right) - \frac{(e-w)}{Q_m}g\left(\frac{q_{m0}}{Q_m}\right)$$

$$+ \frac{(e-v)}{Q_m}g\left(\frac{q_{m0}}{Q_m}\right)F(q_{m0})$$

$$< 0 \tag{5-74}$$

由随机需求与随机产出因子的分布函数具有不减的危险率性质可证明式（5-74）中，零售商的期望利润函数 $E(\pi_{rml}(q_{mo},q_t))$ 对 q_{mo} 的二阶偏导小于零。

零售商的期望利润函数 $E(\pi_{rml}(q_{mo},q_t))$ 对 q_{mo}、q_t 的混合偏导为：

$$\frac{\partial^2 E(\pi_{rm1}(q_{m0},q_t))}{\partial q_{m0}\partial q_t} = \frac{\partial^2 E(\pi_{rm1}(q_{m0},q_t))}{\partial q_t\partial q_{m0}} = 0 \qquad (5-75)$$

零售商的期望利润函数 $E(\pi_{rml}(q_{mo},q_t))$ 对总订购量 q_t 的二阶偏导为：

$$\frac{\partial^2 E(\pi_{rm1}(q_{m0},q_t))}{\partial q_t^2} = -\frac{1}{Q_m}(p-e-\beta+b)g\left(\frac{q_t}{Q_m}\right)\bar{F}(q_t)$$

$$-(p-e+b)f(q_t)\bar{G}\left(\frac{q_t}{Q_m}\right) - \beta f(q_t)G\left(\frac{q_t}{Q_m}\right)$$

$$< 0 \qquad (5-76)$$

混合订购基本期权契约下零售商期望利润函数的海塞矩阵为：

$$\begin{bmatrix} \dfrac{\partial^2 E(\pi_{rm1}(q_{m0},q_t))}{\partial q_{m0}{}^2} & \dfrac{\partial^2 E(\pi_{rm1}(q_{m0},q_t))}{\partial q_{m0}\partial q_t} \\ \dfrac{\partial^2 E(\pi_{rm1}(q_{m0},q_t))}{\partial q_t\partial q_{m0}} & \dfrac{\partial^2 E(\pi_{rm1}(q_{m0},q_t))}{\partial q_t^2} \end{bmatrix} \qquad (5-77)$$

$$= \begin{bmatrix} \dfrac{\partial^2 E(\pi_{rm1}(q_{m0},q_t))}{\partial q_{m0}^2} & 0 \\ 0 & \dfrac{\partial^2 E(\pi_{rm1}(q_{m0},q_t))}{\partial q_t^2} \end{bmatrix}$$

海塞矩阵的一阶顺序主子式为：

$$D_1 = \frac{\partial^2 E(\pi_{rm1}(q_{m0},q_t))}{\partial q_{m0}^2} < 0 \qquad (5-78)$$

海塞矩阵的二阶顺序主子式为：

$$D_2 = \begin{vmatrix} \dfrac{\partial^2 E(\pi_{rm1}(q_{m0},q_t))}{\partial q_{m0}^2} & 0 \\ 0 & \dfrac{\partial^2 E(\pi_{rm1}(q_{m0},q_t))}{\partial q_t^2} \end{vmatrix}$$

$$= \frac{\partial^2 E(\pi_{rm1}(q_{m0},q_t))}{\partial q_{m0}{}^2} \times \frac{\partial^2 E(\pi_{rm1}(q_{m0},q_t))}{\partial q_t^2}$$

$$> 0 \tag{5-79}$$

由式（5-74）、式（5-76）可得出式（5-79）中 $D_2 > 0$，因此可知海塞矩阵负定，则零售商的期望利润函数是固定订购量 q_{m0} 和总订购量 q_t 的联合凹函数。由最优化一阶条件，令混合订购基本期权契约下零售商的期望利润函数对固定订购量和总订购量的一阶偏导分别等于零，即：令 $\frac{\partial E(\pi_{rm1}(q_{m0},q_t))}{\partial q_{m0}} = 0$，$\frac{\partial E(\pi_{rm1}(q_{m0},q_t))}{\partial q_t} = 0$，可得混合订购基本期权契约下零售商期望利润最大时产品的最优固定订购量和最优总订购量分别满足式（5-69）、式（5-70），并由等式可知零售商的最优固定订购量 $q_{m0}^*(Q_m)$ 和总订购量 $q_t^*(Q_m)$ 的值随着供应商投产量 Q_m 的变动而变动，即最优固定订购量 $q_{m0}^*(Q_m)$ 和总订购量 $q_t^*(Q_m)$ 分别是供应商投产量 Q_m 的反应函数。

进一步由零售商的固定订购量 $q_{m0}^*(Q_m)$ 和总订购量 $q_t^*(Q_m)$ 对供应商投产量 Q_m 的一阶求导与二阶求导可知：零售商的固定订购量和总订购量与供应商的投产量并非是简单的线性关系。

由隐函数定理，式（5-69）两边对 Q_m 一阶求导得：

$$\frac{dq_{m0}^*(Q_m)}{dQ_m} = \frac{A_{m0}}{B_{m0}}$$

其中，

$$A_{m0} = \frac{q_{m0}^*(Q_m)}{Q_m^2} g\left(\frac{q_{m0}^*(Q_m)}{Q_m}\right)((e-w)-(e-v)F(q_{m0}^*(Q_m)))$$

$$B_{mo} = (e-v)f(q_{m0}^*(Q_m))\bar{G}\left(\frac{q_{m0}^*(Q_m)}{Q_m}\right)$$

$$+ \frac{1}{Q_m}g\left(\frac{q_{m0}^*(Q_m)}{Q_m}\right)((e-w)-(e-v)F(q_{m0}^*(Q_m)))$$

则零售商的最优固定订购量对供应商投产量的二阶求导为：

$$\frac{d^2 q_{m0}^*(Q_m)}{dQ_m^2} = \frac{A_{m0}'B_{m0} - A_{m0}B_{m0}'}{B_{m0}^2}$$

其中，A'_{m0}、B'_{m0} 分别表示 A_{m0}、B_{m0} 对 Q_m 的一阶求导数。

$$A'_{m0} = \frac{\frac{\mathrm{d}q^*_{m0}(Q_m)}{\mathrm{d}Q_m}Q_m - 2q^*_{m0}(Q_m)}{Q_m^3}g\left(\frac{q^*_{m0}(Q_m)}{Q_m}\right)((e-w)-(e-v)F(q^*_{m0}(Q_m)))$$

$$+ \frac{q^*_{m0}(Q_m)Q_m\frac{\mathrm{d}q^*_{m0}(Q_m)}{\mathrm{d}Q_m} - (q^*_{m0}(Q_m))^2}{Q_m^4}g'\left(\frac{q^*_{m0}(Q_m)}{Q_m}\right)((e-w)$$

$$- (e-v)F(q^*_{m0}(Q_m))) - (e-v)\frac{q^*_{m0}(Q_m)}{Q_m^2}f(q^*_{m0}(Q_m))g$$

$$\times \left(\frac{q^*_{m0}(Q_m)}{Q_m}\right)\frac{\mathrm{d}q^*_{m0}(Q_m)}{\mathrm{d}Q_m}$$

$$B'_{m0} = (e-v)f'(q^*_{m0}(Q_m))\bar{G}\left(\frac{q^*_{m0}(Q_m)}{Q_m}\right)\frac{\mathrm{d}q^*_{m0}(Q_m)}{\mathrm{d}Q_m}$$

$$- (e-v)f(q^*_{m0}(Q_m))g\left(\frac{q^*_{m0}(Q_m)}{Q_m}\right)\left(\frac{\frac{\mathrm{d}q^*_{m0}(Q_m)}{\mathrm{d}Q_m}Q_m - q^*_{m0}(Q_m)}{Q_m^2}\right)$$

$$- \frac{1}{Q_m^2}g\left(\frac{q^*_{m0}(Q_m)}{Q_m}\right)((e-w)-(e-v)F(q^*_{m0}(Q_m)))$$

$$+ \frac{1}{Q_m}\left(\frac{\frac{\mathrm{d}q^*_{m0}(Q_m)}{\mathrm{d}Q_m}Q_m - q^*_{m0}(Q_m)}{Q_m^2}\right)g'\left(\frac{q^*_{m0}(Q_m)}{Q_m}\right)((e-w)$$

$$- (e-v)F(q^*_{m0}(Q_m))) - (e-v)\frac{1}{Q_m}f(q^*_{m0}(Q_m))g$$

$$\times \left(\frac{q^*_{m0}(Q_m)}{Q_m}\right)\frac{\mathrm{d}q^*_{m0}(Q_m)}{\mathrm{d}Q_m}$$

同理，由隐函数定理，式（5-70）两边对 Q_m 一阶求导得：

$$\frac{\mathrm{d}q^*_t(Q_m)}{\mathrm{d}Q_m} = \frac{A_{mt}}{B_{mt}}$$

其中，

$$A_{mt} = (p-e-\beta+b)\frac{q^*_t(Q_m)}{Q_m^2}g\left(\frac{q^*_t(Q_m)}{Q_m}\right)\bar{F}(q^*_t(Q_m))$$

$$B_{mt} = (p - e - \beta + b)\frac{1}{Q_m}g\left(\frac{q_t^*(Q_m)}{Q_m}\right)\bar{F}(q_t^*(Q_m))$$

$$- (p - e - \beta + b)f(q_t^*(Q_m))G\left(\frac{q_t^*(Q_m)}{Q_m}\right) + (p - e + b)f(q_t^*(Q_m))$$

则零售商的总订购量对供应商投产量的二阶求导为:

$$\frac{\mathrm{d}^2 q_t^*(Q_m)}{\mathrm{d}Q_m^2} = \frac{A'_{mt}B_{mt} - A_{mt}B'_{mt}}{B_{mt}^2}$$

其中, A'_{mt}、B'_{mt} 分别表示 A_{mt}、B_{mt} 对 Q_m 的一阶导数。

$$A'_{mt} = (p - e - \beta + b)\left(\frac{\dfrac{\mathrm{d}q_t^*(Q_m)}{\mathrm{d}Q_m}Q_m - 2q_t^*(Q_m)}{Q_m^3}\right)g\left(\frac{q_t^*(Q_m)}{Q_m}\right)\bar{F}(q_t^*(Q_m))$$

$$+ (p - e - \beta + b)\frac{q_t^*(Q_m)Q_m\dfrac{\mathrm{d}q_t^*(Q_m)}{\mathrm{d}Q_m} - (q_t^*(Q_m))^2}{Q_m^4}$$

$$\times g'\left(\frac{q_t^*(Q_m)}{Q_m}\right)\bar{F}(q_t^*(Q_m)) - (p - e - \beta + b)\frac{q_t^*(Q_m)}{Q_m^2}f(q_t^*(Q_m))$$

$$\times g\left(\frac{q_t^*(Q_m)}{Q_m}\right)\frac{\mathrm{d}q_t^*(Q_m)}{\mathrm{d}Q_m}$$

$$B'_{mt} = - (p - e - \beta + b)\frac{1}{Q_m^2}g\left(\frac{q_t^*(Q_m)}{Q_m}\right)\bar{F}(q_t^*(Q_m))$$

$$+ (p - e - \beta + b)\frac{1}{Q_m}\left(\frac{\dfrac{\mathrm{d}q_t^*(Q_m)}{\mathrm{d}Q_m}Q_m - q_t^*(Q_m)}{Q_m^2}\right)g'\left(\frac{q_t^*(Q_m)}{Q_m}\right)\bar{F}(q_t^*(Q_m))$$

$$- (p - e - \beta + b)\frac{1}{Q_m}f(q_t^*(Q_m))g\left(\frac{q_t^*(Q_m)}{Q_m}\right)\frac{\mathrm{d}q_t^*(Q_m)}{\mathrm{d}Q_m}$$

$$- (p - e - \beta + b)\frac{\mathrm{d}q_t^*(Q_m)}{\mathrm{d}Q_m}f(q_t^*(Q_m))G\left(\frac{q_t^*(Q_m)}{Q_m}\right)$$

$$- (p - e - \beta + b)\left(\frac{\dfrac{\mathrm{d}q_t^*(Q_m)}{\mathrm{d}Q_m}Q_m - q_t^*(Q_m)}{Q_m^2}\right)f(q_t^*(Q_m))g\left(\frac{q_t^*(Q_m)}{Q_m}\right)$$

$$+ (p - e + b)f'(q_t^*(Q_m))\frac{\mathrm{d}q_t^*(Q_m)}{\mathrm{d}Q_m}$$

由式（5-69）、式（5-70）及隐函数定理可得如下敏感性分析结论。

结论 5.10 $\dfrac{\partial q_{m0}^*}{\partial o} > 0$、$\dfrac{\partial q_{m0}^*}{\partial e} > 0$、$\dfrac{\partial q_{m0}^*}{\partial v} > 0$、$\dfrac{\partial q_{m0}^*}{\partial w} < 0$，即混合订购基本期权契约模式下，零售商的最优固定订购量随着单位期权购买价、单位期权执行价、单位产品残值的增加而增加，随着单位产品批发价的增加而减少。

结论 5.11 $\dfrac{\partial q_t^*}{\partial p} > 0$、$\dfrac{\partial q_t^*}{\partial b} > 0$、$\dfrac{\partial q_t^*}{\partial o} < 0$、$\dfrac{\partial q_t^*}{\partial e} < 0$，即混合订购基本期权契约模式下，零售商的最优总订购量随着单位产品零售价、单位缺货成本的增加而增加，随着单位期权购买价、单位期权执行价的增加而减少。

（2）根据零售商固定订购量 $q_{mo}^*(Q_m)$ 和总订购量 $q_t^*(Q_m)$ 对供应商投产量 Q_m 的反应函数，求供应商的最优投产量 Q_m。混合订购基本期权契约模型中，分散决策下供应商的利润函数为：

$$
\begin{aligned}
\pi_{sm1}(Q_m) = {} & w\min\left[q_{m0}^*(Q_m),\varepsilon Q_m\right] + o\left[q_t^*(Q_m) - q_{m0}^*(Q_m)\right] - cQ_m \\
& + e\min\left\{\left[x - q_{m0}^*(Q_m)\right]^+,\left[q_t^*(Q_m) - q_{m0}^*(Q_m)\right],\right. \\
& \left.\left[\varepsilon Q_m - q_{m0}^*(Q_m)\right]^+\right\} - \beta\min\left\{(x - \varepsilon Q_m)^+,\left[q_t^*(Q_m) - \varepsilon Q_m\right]^+\right\} \\
& + v\left\{\varepsilon Q_m - q_{m0}^*(Q_m)\right. \\
& \left. - \min\left[(x - q_{m0}^*(Q_m))^+,(q_t^*(Q_m) - q_{m0}^*(Q_m))\right]\right\}^+ \quad (5-80)
\end{aligned}
$$

式（5-80）中第 1 项为以批发价出售给零售商产品总收入；第 2 项为供应商向零售商售出期权的总收入；第 3 项为供应商的总投产成本；第 4 项为零售商执行期权时供应商的总收入；第 5 项为供应商实际产出量小于零售商订购需求时供应商支付给零售商的总罚金；第 6 项为供应商剩余产品的总残值。

混合订购基本期权契约模型中，分散决策下供应商的期望利润函数可化简为：

$$
\begin{aligned}
E(\pi_{sm1}(Q_m)) = {} & \int_0^{\frac{q_t^*(Q_m)}{Q_m}}\int_0^{\varepsilon Q_m}(e + \beta - v)(x - \varepsilon Q_m)f(x)g(\varepsilon)\mathrm{d}x\mathrm{d}\varepsilon \\
& - \int_0^{\frac{q_t^*(Q_m)}{Q_m}}\int_0^{q_t^*(Q_m)}(e + \beta - v)(x - q_t^*(Q_m))f(x)g(\varepsilon)\mathrm{d}x\mathrm{d}\varepsilon \\
& + \int_0^{\frac{q_t^*(Q_m)}{Q_m}}(e + \beta - v)(\varepsilon Q_m - q_t^*(Q_m))g(\varepsilon)\mathrm{d}\varepsilon
\end{aligned}
$$

$$+ \int_0^{q_t^*(Q_m)} (e - v)(x - q_t^*(Q_m))f(x)\mathrm{d}x$$

$$+ \int_0^{\frac{q_{m0}^*(Q_m)}{Q_m}} (w - e)(\varepsilon Q_m - q_{m0}^*(Q_m))g(\varepsilon)\mathrm{d}\varepsilon$$

$$+ \int_0^{\frac{q_{m0}^*(Q_m)}{Q_m}} \int_0^{q_{m0}^*(Q_m)} (e - v)(x - q_{m0}^*(Q_m))f(x)g(\varepsilon)\mathrm{d}x\mathrm{d}\varepsilon$$

$$- \int_0^{\frac{q_{m0}^*(Q_m)}{Q_m}} \int_0^{\varepsilon Q_m} (e - v)(x - \varepsilon Q_m)f(x)g(\varepsilon)\mathrm{d}x\mathrm{d}\varepsilon$$

$$- \int_0^{q_{m0}^*(Q_m)} (e - v)(x - q_{m0}^*(Q_m))f(x)\mathrm{d}x$$

$$+ (w - o - e)q_{m0}^*(Q_m) + (o + e - v)q_t^*(Q_m)$$

$$- cQ_m + v\delta Q_m \tag{5-81}$$

命题 5.12 混合订购基本期权契约分散式决策下供应商的最优生产投入量 Q_m^* 应满足等式:

$$\int_0^{\frac{q_t^*(Q_m^*)}{Q_m^*}} (e + \beta - v)\bar{F}(\varepsilon Q_m^*)\varepsilon g(\varepsilon)\mathrm{d}\varepsilon$$

$$- (e + \beta - v)\bar{F}(q_t^*(Q_m^*))G\left(\frac{q_t^*(Q_m^*)}{Q_m^*}\right)\frac{\mathrm{d}q_t^*(Q_m^*)}{\mathrm{d}Q_m}\bigg|_{Q_m = Q_m^*}$$

$$- (e - v)F(q_t^*(Q_m^*))\frac{\mathrm{d}q_t^*(Q_m^*)}{\mathrm{d}Q_m}\bigg|_{Q_m = Q_m^*}$$

$$+ (w - e)G\left(\frac{q_{m0}^*(Q_m^*)}{Q_m^*}\right)\frac{q_{m0}^*(Q_m^*)}{Q_m^*} - (w - e)\int_0^{\frac{q_{m0}(Q_m^*)}{Q_m^*}} G(\varepsilon)\mathrm{d}\varepsilon$$

$$- (w - e)G\left(\frac{q_{m0}^*(Q_m^*)}{Q_m^*}\right)\frac{\mathrm{d}q_{m0}(Q_m^*)}{\mathrm{d}Q_m}\bigg|_{Q_m = Q_m^*}$$

$$+ (e - v)F(q_{m0}^*(Q_m^*))\bar{G}\left(\frac{q_{m0}^*(Q_m^*)}{Q_m^*}\right)\frac{\mathrm{d}q_{m0}^*(Q_m^*)}{\mathrm{d}Q_m}\bigg|_{Q_m = Q_m^*}$$

$$+ (e - v)\int_{\frac{q_{m0}^*(Q_m^*)}{Q_m^*}} F(\varepsilon Q_m^*)\varepsilon g(\varepsilon)\mathrm{d}\varepsilon + (w - o - e)\frac{\mathrm{d}q_{m0}^*(Q_m^*)}{\mathrm{d}Q_m}\bigg|_{Q_m = Q_m^*}$$

$$+ (o + e - v)\frac{\mathrm{d}q_t^*(Q_m^*)}{\mathrm{d}Q_m}\bigg|_{Q_m = Q_m^*}$$

$$= c - v\delta \tag{5-82}$$

证明：供应商的期望利润函数 $E(\pi_{sm1}(Q_m))$ 对投产量 Q_m 的一阶偏导为：

$$
\begin{aligned}
\frac{\partial E(\pi_{sm1}(Q_m))}{\partial Q_m} = & \int_0^{\frac{q_t(Q_m)}{Q_m}} (e+\beta-v)\bar{F}(\varepsilon Q_m)\varepsilon g(\varepsilon)\mathrm{d}\varepsilon \\
& - (e+\beta-v)\bar{F}(q_t^*(Q_m))G\left(\frac{q_t^*(Q_m)}{Q_m}\right)\frac{\mathrm{d}q_t^*(Q_m)}{\mathrm{d}Q_m} \\
& - (e-v)F(q_t^*(Q_m))\frac{\mathrm{d}q_t^*(Q_m)}{\mathrm{d}Q_m} \\
& + (w-e)G\left(\frac{q_{m0}^*(Q_m)}{Q_m}\right)\frac{q_{m0}^*(Q_m)}{Q_m} - (w-e)\int_0^{\frac{q_{m0}^*(Q_m)}{Q_m}}G(\varepsilon)\mathrm{d}\varepsilon \\
& - (w-e)G\left(\frac{q_{m0}^*(Q_m)}{Q_m}\right)\frac{\mathrm{d}q_{m0}^*(Q_m)}{\mathrm{d}Q_m} \\
& + (e-v)F(q_{m0}^*(Q_m))\bar{G}\left(\frac{q_{m0}^*(Q_m)}{Q_m}\right)\frac{\mathrm{d}q_{m0}^*(Q_m)}{\mathrm{d}Q_m} \\
& + (e-v)\int_0^{\frac{q_{m0}^*(Q_m)}{Q_m}}F(\varepsilon Q_m)\varepsilon g(\varepsilon)\mathrm{d}\varepsilon + (w-o-e)\frac{\mathrm{d}q_{m0}^*(Q_m)}{\mathrm{d}Q_m} \\
& + (o+e-v)\frac{\mathrm{d}q_t^*(Q_m)}{\mathrm{d}Q_m} - c + v\delta \tag{5-83}
\end{aligned}
$$

供应商的期望利润函数 $E(\pi_{sml}(Q_m))$ 对投产量 Q_m 的二阶偏导为公式（5-84）。

$$
\frac{\partial^2 E(\pi_{sm1}(Q_m))}{\partial Q_m^2}
$$

$$
= (e+\beta-v)\left(\frac{q_t^*(Q_m)Q_m\dfrac{\mathrm{d}q_t^*(Q_m)}{\mathrm{d}Q_m} - (q_t^*(Q_m))^2}{Q_m^3}\right)g\left(\frac{q_t^*(Q_m)}{Q_m}\right)\bar{F}(q_t^*(Q_m))
$$

$$
-(e+\beta-v)\int_0^{\frac{q_t^*(Q_m)}{Q_m}}f(\varepsilon Q_m)\varepsilon^2 g(\varepsilon)\mathrm{d}\varepsilon + (e+\beta-v)f(q_t^*(Q_m))G\left(\frac{q_t^*(Q_m)}{Q_m}\right)\left(\frac{\mathrm{d}q_t^*(Q_m)}{\mathrm{d}Q_m}\right)^2
$$

$$
-(e+\beta-v)\bar{F}(q_t^*(Q_m))g\left(\frac{q_t^*(Q_m)}{Q_m}\right)\left(\frac{\dfrac{\mathrm{d}q_t^*(Q_m)}{\mathrm{d}Q_m}Q_m - q_t^*(Q_m)}{Q_m^2}\right)\frac{\mathrm{d}q_t^*(Q_m)}{\mathrm{d}Q_m}
$$

$$- (e + \beta - v) \bar{F}\left(q_t^*(Q_m)\right) G\left(\frac{q_t^*(Q_m)}{Q_m}\right) \frac{\mathrm{d}^2 q_t^*(Q_m)}{\mathrm{d}Q_m^2}$$

$$- (e - v)f\left(q_t^*(Q_m)\right)\left(\frac{\mathrm{d}q_t^*(Q_m)}{\mathrm{d}Q_m}\right)^2 - (e - v)F\left(q_t^*(Q_m)\right)\frac{\mathrm{d}^2 q_t^*(Q_m)}{\mathrm{d}Q_m^2}$$

$$+ (w - e)g\left(\frac{q_{m0}^*(Q_m)}{Q_m}\right)\left(\frac{q_{m0}^*(Q_m)Q_m\frac{\mathrm{d}q_{m0}^*(Q_m)}{\mathrm{d}Q_m} - (q_{m0}^*(Q_m))^2}{Q_m^3}\right)$$

$$- (w - e)g\left(\frac{q_{m0}^*(Q_m)}{Q_m}\right)\left(\frac{\frac{\mathrm{d}q_{m0}^*(Q_m)}{\mathrm{d}Q_m}Q_m - q_{m0}^*(Q_m)}{Q_m^2}\right)\frac{\mathrm{d}q_{m0}^*(Q_m)}{\mathrm{d}Q_m}$$

$$- (w - e)G\left(\frac{q_{m0}^*(Q_m)}{Q_m}\right)\frac{\mathrm{d}^2 q_{m0}^*(Q_m)}{\mathrm{d}Q_m^2}$$

$$+ (e - v)f\left(q_{m0}^*(Q_m)\right)\bar{G}\left(\frac{q_{m0}^*(Q_m)}{Q_m}\right)\left(\frac{\mathrm{d}q_{m0}^*(Q_m)}{\mathrm{d}Q_m}\right)^2$$

$$- (e - v)F\left(q_{m0}^*(Q_m)\right)g\left(\frac{q_{m0}^*(Q_m)}{Q_m}\right)\left(\frac{\frac{\mathrm{d}q_{m0}^*(Q_m)}{\mathrm{d}Q_m}Q_m - q_{m0}^*(Q_m)}{Q_m^2}\right)\frac{\mathrm{d}q_{m0}^*(Q_m)}{\mathrm{d}Q_m}$$

$$+ (e - v)F\left(q_{m0}^*(Q_m)\right)\bar{G}\left(\frac{q_{m0}^*(Q_m)}{Q_m}\right)\frac{\mathrm{d}^2 q_{m0}^*(Q_m)}{\mathrm{d}Q_m^2}$$

$$+ (e - v)\left(\frac{q_{m0}^*(Q_m)Q_m\frac{\mathrm{d}q_{m0}^*(Q_m)}{\mathrm{d}Q_m} - (q_{m0}^*(Q_m))^2}{Q_m^3}\right)F\left(q_{m0}^*(Q_m)\right)g\left(\frac{q_{m0}^*(Q_m)}{Q_m}\right)$$

$$+ (e - v)\int_0^{\frac{q_{m0}^*(Q_m)}{Q_m}}f(\varepsilon Q_m)\varepsilon^2 g(\varepsilon)\mathrm{d}\varepsilon$$

$$+ (w - o - e)\frac{\mathrm{d}^2 q_{m0}^*(Q_m)}{\mathrm{d}Q_m^2} + (o + e - v)\frac{\mathrm{d}^2 q_t^*(Q_m)}{\mathrm{d}Q_m^2} \qquad (5-84)$$

由随机需求的分布函数具有非减的危险率可证明式（5-84）中的二阶偏导小于零，即 $\frac{\partial^2 E(\pi_{sm1}(Q_m))}{\partial Q_m^2} < 0$，则供应商的期望利润函数是其投产量的凹函数，根据最优化一阶条件，令一阶偏导为零，即：$\frac{\partial E(\pi_{sm1}(Q_m))}{\partial Q_m} = 0$，可得供应商期望利润最大时的最优投产量 Q_m^* 满足等式（5-82）。

由等式（5 - 82）及隐函数定理可得如下敏感性分析结论。

结论 5.12　$\dfrac{\partial Q_m^*}{\partial w} > 0$、$\dfrac{\partial Q_m^*}{\partial \beta} > 0$，$\dfrac{\partial Q_m^*}{\partial v} > 0$、$\dfrac{\partial Q_m^*}{\partial o} < 0$、$\dfrac{\partial Q_m^*}{\partial e}$，即混合订购基本期权契约模式下，供应商的最优生产投入量随着单位产品批发价、单位罚金成本、单位产品残值的增加而增加，随着单位期权购买价、单位期权执行价的增加而减少，这主要是由于零售商的期权购买量随着单位期权价和单位期权执行价的增加而减少，则供应商的最优生产投入量随着零售商的期权订购量的减少而减少，因此也随着单位期权价和单位期权执行价的增加而减少。

3. 供应链协调分析

本节的分析思路与 5.2 节中批发价格契约下的分析思路大体一致。

由式（5 - 1）可得集中式决策供应商最优投产量下供应链整体的利润同等式（5 - 17）一致；

$$\pi_{sc}(Q_x^*) = p\min\{x, \varepsilon Q_{sc}^*\} - cQ_{sc}^* + v\max\{(\varepsilon Q_{sc}^* - x), 0\} \\ - b\max\{(x - \varepsilon Q_{sc}^*), 0\} \tag{5 - 85}$$

混合订购基本期权契约分散决策下供应商和零售商最优决策下的利润总和为：

$$\pi_{rm1}(q_{m0}^*, q_t^*) + \pi_{sm1}(Q_m^*) = p\min[x, q_t^*, \varepsilon Q_m^*] + v[\min(q_{m0}^*, \varepsilon Q_m^*) - x]^+ \\ - b[x - \min(q_t^*, \varepsilon Q_m^*)]^+ + v\{\varepsilon Q_m^* - q_{m0}^* \\ - \min[(x - q_{m0}^*)^+, (q_t^* - q_{m0}^*)]\}^+ - cQ_m^* \tag{5 - 86}$$

类似于 5.2.4 节中的供应链协调情况中的分析方法，对混合订购期权契约模型进行分析，假设供应链协调时混合订购基本契约模式下，分散决策下供应商的最优生产投入量等于集中决策时供应商的最优生产投入量：$Q_m^* = Q_{sc}^*$。

（1）如果农产品供应商的实际产量低于零售商的固定订购量，即 $\varepsilon Q_{sc}^* < q_{mo}^*$，则：

$$\pi_{rm1}(q_{m0}^*, q_t^*) + \pi_{sm1}(Q_{sc}^*) = p\min[x, \varepsilon Q_{sc}^*] + v[\varepsilon Q_{sc}^* - x]^+ \\ - b[x - \varepsilon Q_{sc}^*]^+ - cQ_{sc}^* \\ = \pi_{sc}(Q_{sc}^*) \tag{5 - 87}$$

此时，供应链可以实现协调。

（2）如果农产品供应商的实际产量高于零售商的固定订购量但小于零售商的总订购量，即 $q_{m0}^* < \varepsilon Q_{sc}^* < q_t^*$，则：

①当 $x < q_{m0}^* < \varepsilon Q_{sc}^*$ 和 $q_{m0}^* < x < \varepsilon Q_{sc}^*$ 时：

$$
\begin{aligned}
\pi_{rm1}(q_{m0}^*, q_t^*) + \pi_{sm1}(Q_{sc}^*) &= px - cQ_{sc}^* + v(\varepsilon Q_{sc}^* - x) \\
&= \pi_{sc}(Q_{sc}^*)
\end{aligned}
\tag{5-88}
$$

②当 $q_{m0}^* < \varepsilon Q_{sc}^* < x$ 时：

$$
\begin{aligned}
\pi_{rm1}(q_{m0}^*, q_t^*) + \pi_{sm1}(Q_{sc}^*) &= p\varepsilon Q_{sc}^* - cQ_{sc}^* - b(x - \varepsilon Q_{sc}^*) \\
&= \pi_{sc}(Q_{sc}^*)
\end{aligned}
\tag{5-89}
$$

即，$q_{m0}^* < \varepsilon Q_{sc}^* < q_t^*$ 时，供应链可以实现协调。

（3）如果农产品供应商的实际产量高于零售商的总订购量 $\varepsilon Q_{sc}^* > q_t^*$，则：

①当 $\varepsilon Q_{sc}^* > q_t^* > x$ 时：

$$
\begin{aligned}
\pi_{rm1}(q_{m0}^*, q_t^*) + \pi_{sm1}(Q_{sc}^*) &= px - cQ_{sc}^* + v(\varepsilon Q_{sc}^* - x) \\
&= \pi_{sc}(Q_{sc}^*)
\end{aligned}
\tag{5-90}
$$

该种情况下，供应链可以实现协调。

②当 $\varepsilon Q_{sc}^* > x > q_t^*$ 时：

$$
\begin{aligned}
\pi_{rm1}(q_{m0}^*, q_t^*) + \pi_{sm1}(Q_{sc}^*) &= pq_t^* - b(x - q_t^*) + v(\varepsilon Q_{sc}^* - q_t^*) - cQ_{sc}^* \\
&< px + v(\varepsilon Q_{sc}^* - q_t^*) + v(q_t^* - x) \\
&\quad + b(x - q_t^*) - b(x - q_t^*) - cQ_{sc}^* \\
&= \pi_{sc}(Q_{sc}^*)
\end{aligned}
\tag{5-91}
$$

③当 $x > \varepsilon Q_{sc}^* > q_t^*$ 时：

$$
\begin{aligned}
\pi_{rm1}(q_{m0}^*, q_t^*) + \pi_{sm1}(Q_{sc}^*) &= pq_t^* + v(\varepsilon Q_{sc}^* - q_t^*) - b(x - q_t^*) - cQ_{sc}^* \\
&< p\varepsilon Q_{sc}^* + b(\varepsilon Q_{sc}^* - q_t^*) - b(x - q_t^*) - cQ_{sc}^* \\
&= p\varepsilon Q_{sc}^* - b(x - \varepsilon Q_{sc}^*) - cQ_{sc}^* \\
&= \pi_{sc}(Q_{sc}^*)
\end{aligned}
\tag{5-92}
$$

由上述分析可以得出，当供应商的实际产量在 $\varepsilon Q_{sc}^{*} > x > q_t^{*}$、$x > \varepsilon Q_{sc}^{*} > q_t^{*}$ 范围内时，分散决策下供应商和零售商的利润总和小于集中决策下供应链整体的利润，供应链不能实现协调。进一步分析可知供应链没有达到协调的原因在于，$\varepsilon Q_{sc}^{*} > x > q_t^{*}$ 或 $x > \varepsilon Q_{sc}^{*} > q_t^{*}$ 时，产品的终端市场需求大于零售商的订购量，且此时供应商的实际产出量也大于零售商的订购量。零售商由于未能满足市场总需求而产生缺货成本，同时供应商在满足零售商订购量后还有部分产品剩余，此时供应商只能将剩余产品以残值的价格处理掉，这种情况下，作为整体系统的供应链没有达到最优状态，即没有达到供应链协调。

5.5.2　混合订购改进的期权契约模型

与 5.3 节单一订购模式中类似，混合订购下为使供应商和零售商的利润得到帕累托改进，本书在 5.5.1 节混合订购基本期权契约的基础上对原来的斯塔克伯格博弈模型进行如下改进：当市场需求大于零售商的订购量，且供应商的实际产出量大于订购量时，零售商可以向供应商发出紧急订购，且紧急订购策略时的价格应同时能为供应商和零售商带来额外的收益。

1. 模型描述与假设

本节的事件序列在 5.5.1 节的基础上稍有调整，事件序列如下：生产准备期，供应商计划产品的生产投入量，零售商根据供应商的产品投入量决定固定订购量和期权购买量。销售期开始，零售商观测到市场需求后，决定期权的执行量；供应商不能满足零售商的订购需求时，不能满足部分应向零售商支付一定的罚金；当市场需求大于零售商的订购量，且供应商的实际产出量大于订购量时，零售商可以向供应商发出紧急订购；零售商不能满足市场需求的部分，零售商将出现缺货损失；销售结束期，如果供应商和零售商仍有产品剩余，剩余部分的产品将以单位残值处理掉。

混合订购改进期权契约下，模型中用到的变量及参数同 5.5.1 节中的对应一致，并在 5.5.1 节的基础上加入紧急订购策略，用 θ 表示零售商从供应商处紧急订购时的单位产品购买价；本节用 q_{mi0}、q_{mi1}、q_{ti} 分别表示零售商在混合订购改进期权契约下的固定订购量、期权购买量和总订购量，且 $q_{mi0} + q_{mi1} = q_{ti}$；$Q_{mi}$ 表示供应商在混合订购改进期权契约下的生产投入量，实际产出量为 εQ_{mi}；π_{sm2}、$E(\pi_{sm2})$ 分别表示混合订购改进期权契约下供应商的利润函数和期望利润函数；π_{rm2}、$E(\pi_{rm2})$ 分别表示混合订购改进期权契约下零售商的利润函数和期望利润函数。

在 5.5.1 小节假设条件的基础上，本节在建立混合订购改进期权契约模型时所用到的假设条件为：

（1）$v < c < \dfrac{c}{\delta} < w < o + e < \theta < p$，确保供应商和零售商都能够获利，且防止供应商和零售商存在套利行为。

（2）$e + \beta > \theta$，制约供应商能够优先满足零售商的期权执行量，而不是从故意保留产品诱导零售商采取紧急订购中获利。

（3）$o + e < \theta$，避免零售商只采用紧急订购而不采用期权机制。

2. 混合订购改进期权契约下分散式决策供应链

（1）供应商为斯塔克伯格博弈模型领导者，因此根据逆向归纳法，在第一阶段先求零售商的固定订购量和总订购量。混合订购改进期权契约分散决策下零售商的利润函数为：

$$
\begin{aligned}
\pi_{rm2}(q_{mi0}, q_{ti}) =\ & p\min[x, \varepsilon Q_{mi}] - w\min[q_{mi0}, \varepsilon Q_{mi}] - o(q_{ti} - q_{mi0}) \\
& - e\min\left[(x - q_{mi0})^+, (q_{ti} - q_{mi0}), (\varepsilon Q_{mi} - q_{mi0})^+\right] \\
& + \beta\min\left[(x - \varepsilon Q_{mi})^+, (q_{ti} - \varepsilon Q_{mi})^+\right] \\
& - \theta\min\left[(x - q_{ti})^+, (\varepsilon Q_{mi} - q_{ti})^+\right] \\
& - b\left[x - \varepsilon Q_{mi}\right]^+ \\
& + v\left[\min(q_{mi0}, \varepsilon Q_{mi}) - x\right]^+ \qquad (5-93)
\end{aligned}
$$

式（5-93）中第 6 项表示当市场需求大于零售商的订购量，且供应商的实际产出量大于订购量时，零售商发出紧急订购时的总成本；其他项的含义与 5.5.1 节混合订购基本期权契约模式中式（5-67）的含义对应一致。

混合订购改进期权契约分散决策下零售商的期望利润函数可化简为：

$$
\begin{aligned}
E(\pi_{rm2}(q_{mi0}, q_{ti})) =\ & \int_0^{\frac{q_{ti}}{Q_{mi}}} \int_0^{\varepsilon Q_{mi}} (\theta - e - \beta)(x - \varepsilon Q_{mi}) f(x) g(\varepsilon)\,\mathrm{d}x\mathrm{d}\varepsilon \\
& - \int_0^{\frac{q_{ti}}{Q_{mi}}} \int_0^{q_{ti}} (\theta - e - \beta)(x - q_{ti}) f(x) g(\varepsilon)\,\mathrm{d}x\mathrm{d}\varepsilon
\end{aligned}
$$

$$+ \int_0^{\frac{q_{ti}}{Q_{mi}}} (\theta - e - \beta)(\varepsilon Q_{mi} - q_{ti}) g(\varepsilon) \mathrm{d}\varepsilon$$

$$+ \int_0^{q_{ti}} (\theta - e)(x - q_{ti}) f(x) \mathrm{d}x$$

$$+ \int_0^{\frac{q_{mi0}}{Q_{mi}}} (e - w)(\varepsilon Q_{mi} - q_{mi0}) g(\varepsilon) \mathrm{d}\varepsilon$$

$$- \int_0^{\frac{q_{mi0}}{Q_{mi}}} \int_0^{q_{mi0}} (e - v)(x - q_{mi0}) f(x) g(\varepsilon) \mathrm{d}x \mathrm{d}\varepsilon$$

$$+ \int_0^{q_{mi0}} (e - v)(x - q_{mi0}) f(x) \mathrm{d}x$$

$$+ \int_0^{\frac{q_{mi0}}{Q_{mi}}} \int_0^{\varepsilon Q_{mi}} (e - v)(x - \varepsilon Q_{mi}) f(x) g(\varepsilon) \mathrm{d}x \mathrm{d}\varepsilon$$

$$+ \int_0^1 \int_0^{\varepsilon Q_{mi}} (p + b - \theta)(x - \varepsilon Q_{mi}) f(x) g(\varepsilon) \mathrm{d}x \mathrm{d}\varepsilon$$

$$+ (\theta - e - o) q_{ti} + (o + e - w) q_{mi0} + (p + b - \theta) \delta Q_{mi} - b\mu$$

$$(5-94)$$

命题 5.13 混合订购改进期权契约分散式决策下零售商的最优固定订购量 $q_{mi0}^*(Q_{mi})$ 应满足等式:

$$(e - v) F(q_{mi0}^*(Q_{mi})) \overline{G}\left(\frac{q_{mi0}^*(Q_{mi})}{Q_{mi}}\right) + (e - w) G\left(\frac{q_{mi0}^*(Q_{mi})}{Q_{mi}}\right) = o + e - w$$

$$(5-95)$$

且零售商的最优固定订购量 $q_{mi0}^*(Q_{mi})$ 是供应商投产量 Q_{mi} 的反应函数。

命题 5.14 混合订购改进期权契约分散式决策下零售商的最优总订购量 $q_{ti}^*(Q_{mi})$ 应满足等式:

$$(\theta - e - \beta) \overline{F}(q_{ti}^*(Q_{mi})) G\left(\frac{q_{ti}^*(Q_{mi})}{Q_{mi}}\right) + (\theta - e) F(q_{ti}^*(Q_{mi})) = \theta - e - o$$

$$(5-96)$$

且零售商的最优总订购量 $q_{ti}^*(Q_{mi})$ 是供应商投产量 Q_{mi} 的反应函数。

由最优固定订购量和最优总订购量可得最优期权购买量为:

$$q_{mi1}^*(Q_{mi}) = q_{ti}^*(Q_{mi}) - q_{mi0}^*(Q_{mi}) \qquad (5-97)$$

证明：零售商的期望利润函数 $E(\pi_{rm2}(q_{mi0},q_{ti}))$ 对固定订购量 q_{mi0} 的一阶偏导为：

$$\frac{\partial E(\pi_{rm2}(q_{mi0},q_{ti}))}{\partial q_{mi0}} = \int_0^{\frac{q_{mi0}}{Q_{mi}}} \int_0^{q_{mi0}} (e-v)f(x)g(\varepsilon)\mathrm{d}x\mathrm{d}\varepsilon - \int_0^{\frac{q_{mi0}}{Q_{mi}}} (e-w)g(\varepsilon)\mathrm{d}\varepsilon$$

$$- \int_0^{q_{mi0}} (e-v)f(x)\mathrm{d}x + o + e - w \qquad (5-98)$$

进一步化简为：

$$\frac{\partial E(\pi_{rm2}(q_{mi0},q_{ti}))}{\partial q_{mi0}} = (o+e-w) - (e-w)G\left(\frac{q_{mi0}}{Q_{mi}}\right) - (e-v)F(q_{mi0})\bar{G}\left(\frac{q_{mi0}}{Q_{mi}}\right)$$

$$(5-99)$$

零售商的期望利润函数 $E(\pi_{rm2}(q_{mi0},q_{ti}))$ 对总订购量 q_{ti} 的一阶偏导为：

$$\frac{\partial E(\pi_{rm2}(q_{mi0},q_{ti}))}{\partial q_{ti}} = \int_0^{\frac{q_{ti}}{Q_{mi}}} \int_0^{q_{ti}} (\theta-e-\beta)f(x)g(\varepsilon)\mathrm{d}x\mathrm{d}\varepsilon - \int_0^{\frac{q_{ti}}{Q_{mi}}} (\theta-e-\beta)g(\varepsilon)\mathrm{d}\varepsilon$$

$$- \int_0^{q_{ti}} (\theta-e)f(x)\mathrm{d}x + \theta - e - o \qquad (5-100)$$

进一步化简为：

$$\frac{\partial E(\pi_{rm2}(q_{mi0},q_{ti}))}{\partial q_{ti}} = (\theta-e-o) - (\theta-e-\beta)\bar{F}(q_{ti})G\left(\frac{q_{ti}}{Q_{mi}}\right) - (\theta-e)F(q_{ti})$$

$$(5-101)$$

零售商期望利润函数 $E(\pi_{rm2}(q_{mi0},q_{ti}))$ 对固定订购量 q_{mi0} 的二阶偏导为：

$$\frac{\partial^2 E(\pi_{rm2}(q_{mi0},q_{ti}))}{\partial q_{mi0}^2} = -(e-v)f(q_{mi0})\bar{G}\left(\frac{q_{mi0}}{Q_{mi}}\right) - \frac{(e-w)}{Q_{mi}}g\left(\frac{q_{mi0}}{Q_{mi}}\right)$$

$$+ \frac{(e-v)}{Q_{mi}}g\left(\frac{q_{mi0}}{Q_{mi}}\right)F(q_{mi0})$$

$$< 0 \qquad (5-102)$$

由随机需求与随机产出因子的分布函数具有不减的危险率性质可证明，式（5-102）中，零售商的期望利润函数 $E(\pi_{rm2}(q_{mi0},q_{ti}))$ 对固定订购量 q_{mi0} 的二阶偏导小于零。

零售商的期望利润函数 $E(\pi_{rm2}(q_{mi0},q_{ti}))$ 对 q_{mi0}、q_{ti} 的混合偏导为：

$$\frac{\partial^2 E(\pi_{rm2}(q_{mi0},q_{ti}))}{\partial q_{mi0}\partial q_{ti}} = \frac{\partial^2 E(\pi_{rm2}(q_{mi0},q_{ti}))}{\partial q_{ti}\partial q_{mi0}}$$

$$= 0 \qquad\qquad (5-103)$$

零售商期望利润函数 $E(\pi_{rm2}(q_{mi0},q_{ti}))$ 对总订购量 q_{ti} 的二阶偏导为：

$$\frac{\partial^2 E(\pi_{rm2}(q_{mi0},q_{ti}))}{\partial q_{ti}^{\ 2}} = -\frac{1}{Q_{mi}}(\theta - e - \beta)g\left(\frac{q_{ti}}{Q_{mi}}\right)\bar{F}(q_{ti})$$

$$- (\theta - e)f(q_{ti})\bar{G}\left(\frac{q_{ti}}{Q_{mi}}\right) - \beta f(q_{ti})G\left(\frac{q_{ti}}{Q_{mi}}\right)$$

$$< 0 \qquad\qquad (5-104)$$

混合订购改进的期权契约下零售商期望利润函数的海塞矩阵为：

$$\begin{bmatrix} \dfrac{\partial^2 E(\pi_{rm2}(q_{mi0},q_{ti}))}{\partial Q_{mi0}^2} & \dfrac{\partial^2 E(\pi_{rm2}(q_{mi0},q_{ti}))}{\partial q_{mi0}\partial q_{ti}} \\[4mm] \dfrac{\partial^2 E(\pi_{rm2}(q_{mi0},q_{ti}))}{\partial q_{ti}\partial q_{mi0}} & \dfrac{\partial^2 E(\pi_{rm2}(q_{mi0},q_{ti}))}{\partial q_{ti}^2} \end{bmatrix} \qquad (5-105)$$

$$= \begin{bmatrix} \dfrac{\partial^2 E(\pi_{rm2}(q_{mi0},q_{ti}))}{\partial q_{mi0}^2} & 0 \\[4mm] 0 & \dfrac{\partial^2 E(\pi_{rm2}(q_{mi0},q_{ti}))}{\partial q_{ti}^2} \end{bmatrix}$$

海塞矩阵的一阶顺序主子式为：

$$D_1 = \frac{\partial^2 E(\pi_{rm2}(q_{mi0},q_{ti}))}{\partial q_{mi0}^{\ 2}} < 0 \qquad (5-106)$$

海塞矩阵的二阶顺序主子式为：

$$D_2 = \begin{vmatrix} \dfrac{\partial^2 E(\pi_{rm2}(q_{mi0},q_{ti}))}{\partial q_{mi0}^2} & 0 \\[4mm] 0 & \dfrac{\partial^2 E(\pi_{rm2}(q_{mi0},q_{ti}))}{\partial q_{ti}^2} \end{vmatrix}$$

$$= \frac{\partial^2 E(\pi_{rm2}(q_{mi0},q_{ti}))}{\partial q_{mi0}^{\ 2}} \times \frac{\partial^2 E(\pi_{rm2}(q_{mi0},q_{ti}))}{\partial q_{ti}^{\ 2}}$$

$$> 0 \qquad\qquad (5-107)$$

则零售商的总订购量对供应商投产量二阶求导为：

$$\frac{\mathrm{d}^2 q_{ti}^*(Q_{mi})}{\mathrm{d}Q_{mi}^2} = \frac{A'_{mit}B_{mit} - A_{mit}B'_{mit}}{B_{mit}^2}$$

其中，A'_{mit}、B'_{mit} 分别表示 A_{mit}、B_{mit} 对 Q_{mi} 的一阶导数。

$$A'_{mit}$$

$$= (\theta - e - \beta)\left(\frac{\dfrac{\mathrm{d}q_{ti}^*(Q_{mi})}{\mathrm{d}Q_{mi}}Q_{mi} - 2q_{ti}^*(Q_{mi})}{Q_{mi}^3}\right)g\left(\frac{q_{ti}^*(Q_{mi})}{Q_{mi}}\right)\bar{F}(q_{ti}^*(Q_{mi}))$$

$$+ (\theta - e - \beta)\frac{q_{ti}^*(Q_{mi})Q_{mi}\dfrac{\mathrm{d}q_{ti}^*(Q_{mi})}{\mathrm{d}Q_{mi}} - (q_{ti}^*(Q_{mi}))^2}{Q_{mi}^4}g'\left(\frac{q_{ti}^*(Q_{mi})}{Q_{mi}}\right)\bar{F}(q_{ti}^*(Q_{mi}))$$

$$- (\theta - e - \beta)\frac{q_{ti}^*(Q_{mi})}{Q_{mi}^2}f(q_{ti}^*(Q_{mi}))g\left(\frac{q_{ti}^*(Q_{mi})}{Q_{mi}}\right)\frac{\mathrm{d}q_{ti}^*(Q_{mi})}{\mathrm{d}Q_{mi}}$$

$$B'_{mit} = -(\theta - e - \beta)\frac{1}{Q_{mi}^2}g\left(\frac{q_{ti}^*(Q_{mi})}{Q_{mi}}\right)\bar{F}(q_{ti}^*(Q_{mi}))$$

$$+ (\theta - e - \beta)\frac{1}{Q_{mi}}\left(\frac{\dfrac{\mathrm{d}q_{ti}^*(Q_{mi})}{\mathrm{d}Q_{mi}}Q_{mi} - q_{ti}^*(Q_{mi})}{Q_{mi}^2}\right)g'\left(\frac{q_{ti}^*(Q_{mi})}{Q_{mi}}\right)\bar{F}(q_{ti}^*(Q_{mi}))$$

$$- (\theta - e - \beta)\frac{1}{Q_{mi}}f(q_{ti}^*(Q_{mi}))g\left(\frac{q_{ti}^*(Q_{mi})}{Q_{mi}}\right)\frac{\mathrm{d}q_{ti}^*(Q_{mi})}{\mathrm{d}Q_{mi}}$$

$$- (\theta - e - \beta)\frac{\mathrm{d}q_{ti}^*(Q_{mi})}{\mathrm{d}Q_{mi}}f'(q_{ti}^*(Q_{mi}))G\left(\frac{q_{ti}^*(Q_{mi})}{Q_{mi}}\right)$$

$$- (\theta - e - \beta)\left(\frac{\dfrac{\mathrm{d}q_{ti}^*(Q_{mi})}{\mathrm{d}Q_{mi}}Q_{mi} - q_{ti}^*(Q_{mi})}{Q_{mi}^2}\right)f(q_{ti}^*(Q_{mi}))g\left(\frac{q_{ti}^*(Q_{mi})}{Q_{mi}}\right)$$

$$+ (\theta - e)f'(q_{ti}^*(Q_{mi}))\frac{\mathrm{d}q_{ti}^*(Q_{mi})}{\mathrm{d}Q_{mi}}$$

由式（5 - 95）、式（5 - 96）及隐函数定理可得如下敏感性分析结论。

结论 5.13　$\dfrac{\partial q_{mi0}^*}{\partial o} > 0$、$\dfrac{\partial q_{mi0}^*}{\partial e} > 0$、$\dfrac{\partial q_{mi0}^*}{\partial \theta} > 0$、$\dfrac{\partial q_{mi0}^*}{\partial w} < 0$，即混合订购改进期

权契约模式下，零售商的最优固定订购量随着单位期权购买价、单位期权执

行价、单位紧急订购成本的增加而增加，随着单位产品批发价的增加而减少。

结论 5.14　$\dfrac{\partial q_{ti}^*}{\partial p}>0$、$\dfrac{\partial q_{ti}^*}{\partial \theta}>0$、$\dfrac{\partial q_{ti}^*}{\partial b}>0$、$\dfrac{\partial q_{ti}^*}{\partial o}<0$、$\dfrac{\partial q_{ti}^*}{\partial e}<0$，即混合订购改进期权契约模式下，零售商的最优总订购量随着单位产品零售价、单位紧急订购价、单位缺货成本的增加而增加，随着单位期权购买价、单位期权执行价的增加而减少。

（2）根据零售商固定订购量 $q_{mi0}^*(Q_{mi})$ 和总订购量 $q_{ti}^*(Q_{mi})$ 对供应商投产量 Q_{mi} 的反应函数，求供应商的最优投产量 Q_{mi}。混合订购改进期权契约模型中，分散决策下供应商的利润函数为：

$$
\begin{aligned}
\pi_{sm2}(Q_{mi}) =\ & w\min\left[q_{mi0}^*(Q_{mi}),\varepsilon Q_{mi}\right]+o\left[q_{ti}^*(Q_{mi})-q_{mi0}^*(Q_{mi})\right]-cQ_{mi}\\
& +e\min\left\{\left[x-q_{mi0}^*(Q_{mi})\right]^+,\left[q_{ti}^*(Q_{mi})-q_{mi0}^*(Q_{mi})\right],\right.\\
& \left.\left[\varepsilon Q_{mi}-q_{mi0}^*(Q_{mi})\right]^+\right\}-\beta\min\left\{(x-\varepsilon Q_{mi})^+,\right.\\
& \left.\left[q_{ti}^*(Q_{mi})-\varepsilon Q_{mi}\right]^+\right\}+\theta\min\left\{\left[x-(Q_{mi})\right]^+,\left[\varepsilon Q_{mi}-(Q_{mi})\right]^+\right\}\\
& +v\min\left\{\left[\varepsilon Q_{mi}-q_{mi0}^*(Q_{mi})\right]^+,\left[\varepsilon Q_{mi}-x\right]^+\right\}\qquad(5-108)
\end{aligned}
$$

式（5-108）中除第 6 项表示当市场需求大于零售商的订购量，且供应商的实际产出量大于订购量时，零售商向供应商发出紧急订购时供应商的总收入之外，其他项的含义与 5.5.1 节混合订购基本期权契约模型中式（5-80）的含义对应一致。

混合订购改进期权契约模型中，分散决策下供应商的期望利润函数可化简为：

$$
\begin{aligned}
E(\pi_{sm2}(Q_{mi})) =\ & \int_0^{\frac{q_{ti}^*(Q_{mi})}{Q_{mi}}}\int_0^{\varepsilon Q_{mi}}(e+\beta-\theta)(x-\varepsilon Q_{mi})f(x)g(\varepsilon)\mathrm{d}x\mathrm{d}\varepsilon\\
& -\int_0^{\frac{q_{ti}^*(Q_{mi})}{Q_{mi}}}\int_0^{q_{ti}^*(Q_{mi})}(e+\beta-\theta)(x-q_{ti}^*(Q_{mi}))f(x)g(\varepsilon)\mathrm{d}x\mathrm{d}\varepsilon\\
& +\int_0^{\frac{q_{ti}^*(Q_{mi})}{Q_{mi}}}(e+\beta-\theta)(\varepsilon Q_{mi}-q_{ti}^*(Q_{mi}))g(\varepsilon)\mathrm{d}\varepsilon\\
& +\int_0^{q_{ti}^*(Q_{mi})}(e-\theta)(x-q_{ti}^*(Q_{mi}))f(x)\mathrm{d}x\\
& +\int_0^{\frac{q_{mi0}^*(Q_{mi})}{Q_{mi}}}(w-e)(\varepsilon Q_{mi}-q_{mi0}^*(Q_{mi}))g(\varepsilon)\mathrm{d}\varepsilon
\end{aligned}
$$

$$+ \int_0^{\frac{q^*_{mi0}(Q_{mi})}{Q_{mi}}} \int_0^{q^*_{mi0}(Q_{mi})} (e-v)(x-q^*_{mi0}(Q_{mi}))f(x)g(\varepsilon)\mathrm{d}x\mathrm{d}\varepsilon$$

$$- \int_0^{\frac{q^*_{mi0}(Q_{mi})}{Q_{mi}}} \int_0^{\varepsilon Q_{mi}} (e-v)(x-\varepsilon Q_{mi})f(x)g(\varepsilon)\mathrm{d}x\mathrm{d}\varepsilon$$

$$- \int_0^{q^*_{mi0}(Q_{mi})} (e-v)(x-q^*_{mi0}(Q_{mi}))f(x)\mathrm{d}x$$

$$+ \int_0^1 \int_0^{\varepsilon Q_{mi}} (\theta-v)(x-\varepsilon Q_{mi})f(x)g(\varepsilon)\mathrm{d}x\mathrm{d}\varepsilon$$

$$+ (w-o-e)q^*_{mi0}(Q_{mi})$$

$$+ (o+e-\theta)q^*_{ti}(Q_{mi})$$

$$- cQ_{mi} + \theta\delta Q_{mi} \tag{5-109}$$

命题 5.15 混合订购改进期权契约分散式决策下供应商的最优生产投入量 Q^*_{mi} 应满足等式：

$$\int_0^{\frac{q^*_{ti}(Q^*_{mi})}{Q^*_{mi}}} (e+\beta-\theta)\bar{F}(\varepsilon Q^*_{mi})\varepsilon g(\varepsilon)\mathrm{d}\varepsilon$$

$$- (e+\beta-\theta)\bar{F}(q^*_{ti}(Q^*_{mi}))G\left(\frac{q^*_{ti}(Q_{mi})}{Q^*_{mi}}\right)\frac{\mathrm{d}q^*_{ti}(Q_{mi})}{\mathrm{d}Q_{mi}}\bigg|_{Q_{mi}=Q^*_{mi}}$$

$$- (e-\theta)F(q^*_{ti}(Q^*_{mi}))\frac{\mathrm{d}q^*_{ti}(Q^*_{mi})}{\mathrm{d}Q_{mi}}\bigg|_{Q_{mi}=Q^*_{mi}} + (w-e)G\left(\frac{q^*_{mi0}(Q^*_{mi})}{Q^*_{mi}}\right)\frac{q^*_{mi0}(Q^*_{mi})}{Q^*_{mi}}$$

$$- (w-e)\int_0^{\frac{q^*_{mi0}(Q^*_{mi})}{Q^*_{mi}}} G(\varepsilon)\mathrm{d}\varepsilon - (w-e)G\left(\frac{q^*_{mi0}(Q_{mi})}{Q^*_{mi}}\right)\frac{\mathrm{d}q^*_{mi0}(Q_{mi})}{\mathrm{d}Q_{mi}}\bigg|_{Q_{mi}=Q^*_{mi}}$$

$$+ (e-v)F(q^*_{mi0}(Q^*_{mi}))\bar{G}\left(\frac{q^*_{mi0}(Q^*_{mi})}{Q^*_{mi}}\right)\frac{\mathrm{d}q^*_{mi0}(Q_{mi})}{\mathrm{d}Q_{mi}}\bigg|_{Q_{mi}=Q^*_{mi}}$$

$$+ (e-v)\int_0^{\frac{q^*_{mi0}(Q^*_{mi})}{Q^*_{mi}}} F(\varepsilon Q^*_{mi})\varepsilon g(\varepsilon)\mathrm{d}\varepsilon - \int_0^1 (\theta-v)F(\varepsilon Q^*_{mi})\varepsilon g(\varepsilon)\mathrm{d}\varepsilon$$

$$+ (w-o-e)\frac{\mathrm{d}q^*_{mi0}(Q_{mi})}{\mathrm{d}Q_{mi}}\bigg|_{Q_{mi}=Q^*_{mi}} + (o+e-\theta)\frac{\mathrm{d}q^*_{ti}(Q_{mi})}{\mathrm{d}Q_{mi}}\bigg|_{Q_{mi}=Q^*_{mi}}$$

$$= c - \theta\delta \tag{5-110}$$

证明：供应商的期望利润函数 $E(\pi_{sm2}(Q_{mi}))$ 对投产量 Q_{mi} 的一阶偏导为：

$$
\begin{aligned}
\frac{\partial E(\pi_{sm2}(Q_{mi}))}{\partial Q_{mi}} = & \int_0^{\frac{q_{ti}^*(Q_{mi})}{Q_{mi}}} (e+\beta-\theta)\bar{F}(\varepsilon Q_{mi})\varepsilon g(\varepsilon)\mathrm{d}\varepsilon \\
& - (e+\beta-\theta)\bar{F}(q_{ti}^*(Q_{mi}))G\Big(\frac{q_{ti}^*(Q_{mi})}{Q_{mi}}\Big)\frac{\mathrm{d}q_{ti}^*(Q_{mi})}{\mathrm{d}Q_{mi}} \\
& - (e-\theta)F(q_{ti}^*(Q_{mi}))\frac{\mathrm{d}q_{ti}^*(Q_{mi})}{\mathrm{d}Q_{mi}} \\
& + (w-e)G\Big(\frac{q_{mi0}^*(Q_{mi})}{Q_{mi}}\Big)\frac{q_{mi0}^*(Q_{mi})}{Q_{mi}} - (w-e)\int_0^{\frac{q_{mi0}^*(Q_{mi})}{Q_{mi}}} G(\varepsilon)\mathrm{d}\varepsilon \\
& - (w-e)G\Big(\frac{q_{mi0}^*(Q_{mi})}{Q_{mi}}\Big)\frac{\mathrm{d}q_{mi0}^*(Q_{mi})}{\mathrm{d}Q_{mi}} \\
& + (e-v)F(q_{mi0}^*(Q_{mi}))\bar{G}\Big(\frac{q_{mi0}^*(Q_{mi})}{Q_{mi}}\Big)\frac{\mathrm{d}q_{mi0}^*(Q_{mi})}{\mathrm{d}Q_{mi}} \\
& + (e-v)\int_0^{\frac{q_{mi0}^*(Q_{mi})}{Q_{mi}}} F(\varepsilon Q_{mi})\varepsilon g(\varepsilon)\mathrm{d}\varepsilon \\
& - \int_0^1 (\theta-v)F(\varepsilon Q_{mi})\varepsilon g(\varepsilon)\mathrm{d}\varepsilon + (w-o-e)\frac{\mathrm{d}q_{mi0}^*(Q_{mi})}{\mathrm{d}Q_{mi}} \\
& + (o+e-\theta)\frac{\mathrm{d}q_{ti}^*(Q_{mi})}{\mathrm{d}Q_{mi}} - c + \theta\delta \quad\quad (5-111)
\end{aligned}
$$

供应商的期望利润函数 $E(\pi_{sm2}(Q_{mi}))$ 对投产量 Q_{mi} 的二阶偏导见式 (5-112)。

$$
\begin{aligned}
& \frac{\partial^2 E(\pi_{sm2}(Q_{mi}))}{\partial Q_{mi}^2} \\
= & (e+\beta-\theta)\left(\frac{q_{ti}^*(Q_{mi})Q_{mi}\dfrac{\mathrm{d}q_{ti}^*(Q_{mi})}{\mathrm{d}Q_{mi}} - (q_{ti}^*(Q_{mi}))^2}{Q_{mi}^3}\right)g\Big(\frac{q_{ti}^*(Q_{mi})}{Q_{mi}}\Big)\bar{F}(q_{ti}^*(Q_{mi})) \\
& - (e+\beta-\theta)\int_0^{\frac{q_{ti}^*(Q_{mi})}{Q_{mi}}} f(\varepsilon Q_{mi})\varepsilon^2 g(\varepsilon)\mathrm{d}\varepsilon \\
& + (e+\beta-\theta)f(q_{ti}^*(Q_{mi}))G\Big(\frac{q_{ti}^*(Q_{mi})}{Q_{mi}}\Big)\Big(\frac{\mathrm{d}q_{ti}^*(Q_{mi})}{\mathrm{d}Q_{mi}}\Big)^2 \\
& - (e+\beta-\theta)\bar{F}(q_{ti}^*(Q_{mi}))g\Big(\frac{q_{ti}^*(Q_{mi})}{Q_{mi}}\Big)\left(\frac{\dfrac{\mathrm{d}q_{ti}^*(Q_{mi})}{\mathrm{d}Q_{mi}}Q_{mi} - q_{ti}^*(Q_{mi})}{Q_{mi}^2}\right)\frac{\mathrm{d}q_{ti}^*(Q_{mi})}{\mathrm{d}Q_{mi}}
\end{aligned}
$$

$$- (e + \beta - \theta)\bar{F}(q_{ti}^*(Q_{mi}))G\left(\frac{q_{ti}^*(Q_{mi})}{Q_{mi}}\right)\frac{\mathrm{d}^2 q_{ti}^*(Q_{mi})}{\mathrm{d}Q_{mi}^2}$$

$$- (e - \theta)f(q_{ti}^*(Q_{mi}))\left(\frac{\mathrm{d}q_{ti}^*(Q_{mi})}{\mathrm{d}Q_{mi}}\right)^2 - (e - v)F(q_{ti}^*(Q_{mi}))\frac{\mathrm{d}^2 q_{ti}^*(Q_{mi})}{\mathrm{d}Q_{mi}^2}$$

$$+ (w - e)g\left(\frac{q_{mi0}^*(Q_{mi})}{Q_{mi}}\right)\left(\frac{q_{mi0}^*(Q_{mi})Q_{mi}\dfrac{\mathrm{d}q_{mi0}^*(Q_{mi})}{\mathrm{d}Q_{mi}} - (q_{mi0}^*(Q_{mi}))^2}{Q_{mi}^3}\right)$$

$$- (w - e)g\left(\frac{q_{mi0}^*(Q_{mi})}{Q_{mi}}\right)\left(\frac{\dfrac{\mathrm{d}q_{mi0}^*(Q_{mi})}{\mathrm{d}Q_{mi}}Q_{mi} - q_{mi0}^*(Q_{mi})}{Q_{mi}^2}\right)\frac{\mathrm{d}q_{mi0}^*(Q_{mi})}{\mathrm{d}Q_{mi}}$$

$$- (w - e)G\left(\frac{q_{mi0}^*(Q_{mi})}{Q_{mi}}\right)\frac{\mathrm{d}^2 q_{mi0}^*(Q_{mi})}{\mathrm{d}Q_{mi}^2}$$

$$+ (e - v)f(q_{mi0}^*(Q_{mi}))\bar{G}\left(\frac{q_{mi0}^*(Q_{mi})}{Q_{mi}}\right)\left(\frac{\mathrm{d}q_{mi0}^*(Q_{mi})}{\mathrm{d}Q_{mi}}\right)^2$$

$$- (e - v)F(q_{mi0}^*(Q_{mi}))g\left(\frac{q_{mi0}^*(Q_{mi})}{Q_{mi}}\right)\left(\frac{\dfrac{\mathrm{d}q_{mi0}^*(Q_{mi})}{\mathrm{d}Q_{mi}}Q_{mi} - q_{mi0}^*(Q_{mi})}{Q_{mi}^2}\right)\frac{\mathrm{d}q_{mi0}^*(Q_{mi})}{\mathrm{d}Q_{mi}}$$

$$+ (e - v)F(q_{mi0}^*(Q_{mi}))\bar{G}\left(\frac{q_{mi0}^*(Q_{mi})}{Q_{mi}}\right)\frac{\mathrm{d}^2 q_{mi0}^*(Q_{mi})}{\mathrm{d}Q_{mi}^2}$$

$$+ (e - v)\left(\frac{q_{mi0}^*(Q_{mi})Q_{mi}\dfrac{\mathrm{d}q_{mi0}^*(Q_{mi})}{\mathrm{d}Q_{mi}} - (q_{mi0}^*(Q_{mi}))^2}{Q_{mi}^3}\right)F(q_{mi0}^*(Q_{mi}))g\left(\frac{q_{mi0}^*(Q_{mi})}{Q_{mi}}\right)$$

$$+ (e - v)\int_0^{\frac{q_{mi0}^*(Q_{mi})}{Q_{mi}}} f(\varepsilon Q_{mi})\varepsilon^2 g(\varepsilon)\mathrm{d}\varepsilon - \int_0^1 (\theta - v)f(\varepsilon Q_{mi})\varepsilon^2 g(\varepsilon)\mathrm{d}\varepsilon$$

$$+ (w - o - e)\frac{\mathrm{d}^2 q_{mi0}^*(Q_{mi})}{\mathrm{d}Q_{mi}^2} + (o + e - \theta)\frac{\mathrm{d}^2 q_{ti}^*(Q_{mi})}{\mathrm{d}Q_{mi}^2} \tag{5-112}$$

同理，由随机需求与随机产出因子的分布函数具有不减的危险率可证明，式（5-112）中的二阶偏导小于零，即 $\dfrac{\partial^2 E(\pi_{sm2}(Q_{mi}))}{\partial Q_{mi}^2} < 0$，则 $E(\pi_{sm2}(Q_{mi}))$ 是其投产量的凹函数，由最优化一阶条件，令一阶偏导为零，即：$\dfrac{\partial E(\pi_{sm2}(Q_{mi}))}{\partial Q_{mi}} = 0$，可得混合改进期权契约下供应商的最优投产量 Q_{mi}^* 满足等式（5-110）。

由式（5-110）及隐函数定理可得如下敏感性分析结论。

结论 5.15　$\dfrac{\partial Q_{mi}^*}{\partial w} > 0$、$\dfrac{\partial Q_{mi}^*}{\partial \theta} > 0$、$\dfrac{\partial Q_{mi}^*}{\partial \beta} > 0$、$\dfrac{\partial Q_{mi}^*}{\partial o} < 0$、$\dfrac{\partial Q_{mi}^*}{\partial e} < 0$，即混合订购改进期权契约模式下，供应商的最优生产投入量随着单位产品批发价、单位紧急订购成本、单位罚金成本的增加而增加，随着单位期权购买价、单位期权执行价的增加而减少。

3. 供应链协调分析

由 5.5.1 节中的式（5-93）、式（5-108）可得，混合订购改进期权契约分散式供应链中供应商和零售商在最优决策下的利润总和为：

$$\pi_{sm2}(Q_{mi}^*) + \pi_{rm2}(q_{mi0}^*, q_{ti}^*) = p\min[x, \varepsilon Q_{mi}^*] - cQ_{mi}^* - b[x - \varepsilon Q_{mi}^*]^+ + v[\varepsilon Q_{mi}^* - x]^+ \tag{5-113}$$

假设供应链协调时 $Q_{mi}^* = Q_{sc}^*$，则

$$\pi_{sm2}(Q_{sc}^*) + \pi_{rm2}(q_{mi0}^*, q_{ti}^*) = p\min[x, \varepsilon Q_{sc}^*] - cQ_{sc}^* - b[x - \varepsilon Q_{sc}^*]^+ + v[\varepsilon Q_{sc}^* - x]^+$$
$$= \pi_{sc}(Q_{sc}^*) \tag{5-114}$$

显然，改进的混合期权契约模型中，分散决策下供应链的利润总和与集中决策下供应链整体的利润接近一致。供应链协调时分散决策下供应商的最优生产投入量应当与集中决策下的最优生产投入量相等，即 $Q_{mi}^* = Q_{sc}^*$，因此联立等式（5-3）与式（5-110），从而可得当参数条件满足 $e + \beta > p + b > \theta$ 时，可实现供应链的协调。

式（5-110）表明改进的混合期权契约实现协调时所需满足的条件。当供应链达到协调状态时，供应链整体的利益不小于没有协调时的供应链利益。式（5-110）还表明，通过改变供应商和零售商之间的契约参数，供应链整体的利益在供应商和零售商之间呈现不同的分配方式。与没有达

到协调状态时的利益相比，供应链协调时的利益得到了帕累托改进，也就是供应商和零售商的利益均不降低的同时，至少有一方的利益得到了提高，因此，供应商和零售商都应将供应链协调作为供应链整体运作的目标。

5.5.3 数值分析

混合订购下供应商的最优生产投入量和零售商的最优固定订购量、最优总订购量满足的等式条件较复杂，不易解出这些决策变量的解析解。前面小节中通过敏感性分析，得出了不同参数对供应商和零售商最优决策的影响趋势。为了能够补充难以直接得到的研究结果，并进一步验证所得的结论，本节将通过给各个参数赋值、确定随机变量的概率分布，并将其代入 5.2~5.4 节的等式中，借助 MATLAB 软件工具计算给定参数下的供应商和零售商的最优决策，并对不同情况下的决策值及期望利润做出比较。着重分析农产品单位批发价格 w、单位期权购买价 o 以及单位期权执行价 e 对供应商和零售商最优决策及期望利润的影响。最后得出的结论可用于给实业界的决策者提供理论支持和决策参考。

为简化运算过程，令农产品的随机产出因子 ε 服从（0，1）区间上的均匀分布，则随机产出因子 ε 的均值为：$E(\varepsilon)=\delta=0.5$，$\varepsilon$ 的概率分布函数为：$G(\varepsilon)=\varepsilon,\bar{G}(\varepsilon)=1-\varepsilon,\varepsilon\in(0,1)$，$\varepsilon$ 的概率密度函数为：$g(\varepsilon)=1$；农产品的随机市场需求变量 x 服从 $[0,100]$ 上的均匀分布，则随机需求 x 的均值为：$E(x)=\mu=50$，x 的概率分布函数为：$F(x)=\dfrac{x}{100},\bar{F}(x)=1-\dfrac{x}{100},x\in[0,100]$，$x$ 的概率密度函数为：$f(x)=\dfrac{1}{100},x\in[0,100]$，则 $F(100)=1,F(0)=0,G(0)=0,G(1)=1$，模型中所用到的参数值如表 5.4 所示。

表 5.4　　　　　　　　　　　　参数赋值表

p	θ	e	w	o	c	β	b	v	ε	D
20	18	12	13	4	6	10.5	2	3	(0, 1)	[0, 100]

将各参数的值代入 5.2~5.5 节的最优等式中，利用 MATLAB 软件求解出

不同订购模式下的供应商和零售商的最优决策值和期望利润（见表 5.5）。

表 5.5　　　　　　　　不同订购模式下的最优决策与期望利润值

参数	集中决策	批发价契约	基本期权契约	改进期权契约
Q	79	69.825	75.525	79
q_0	—	60.305	24.776	24.776
q_1	—	—	47.755	49.525
$E\pi_r$	—	55.125	58.873	67.578
$E\pi_s$	—	35.965	38.127	47.422
$E\pi_c$	115	91.09	97	115

由表 5.5 可得出如下结论。

结论 5.16　混合订购模式下，零售商的最优固定订购量小于批发价契约下的最优订购量，但最优总订购量大于批发价契约下的最优订购量，即期权契约能给零售商的订购提供柔性；供应商的最优生产投入量大于批发价契约下的最优生产投入量；且供应商和零售商的期望利润与批发价契约时相比均有所提高。

结论 5.17　混合订购模式下，改进期权契约模式中农产品供应商和零售商的期望利润与基本期权契约模式中的期望利润相比都有所增加；且改进后的期权契约订购模式中，零售商和供应商的期望利润总和几乎接近集中决策下供应链整体的利润，即当参数满足 $0 < \dfrac{p+b-\theta}{e+\beta-\theta} < 1$ 时，改进的期权契约订购模式能够实现供应链的协调。

结合单一订购基本期权契约下最优决策与期望利润值情况和表 5.5，还可得出结论 5.18：

结论 5.18　供应商占主导地位时，供应商的期望利润高于零售商占主导地位时的期望利润；而该种情况下零售商的期望利润低于其自身占主导地位时的期望利润。

混合订购模式下，我们同样着重讨论单位产品批发价、单位期权购买价、单位期权执行价对供应商和零售商最优决策及期望利润的影响。固定其他参数不变，令单位产品批发价在 [13，15] 范围内变动，单位产品批

发价 w 对供应商最优投产量和零售商最优固定订购量、最优期权订购量的影响如图 5.1 所示。

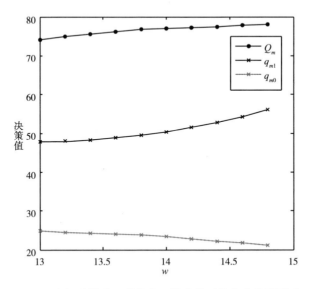

图5.1 混合订购模式下单位产品批发价对最优决策的影响

由图 5.1 看出，零售商的最优固定订购量随着农产品单位批发价格的增加而减少；最优期权订购量随着单位批发价格的增加而增加；供应商的最优生产投入量随着单位农产品的批发价的增加而增加，且增加得越来越缓慢。

固定其他参数不变，令单位期权购买价在 [4，6] 范围内变动，单位期权购买价 o 对供应商和零售商最优决策和期望利润的影响如图 5.2、图 5.3 所示。

由图 5.2 可看出，零售商的最优固定订购量随着单位期权购买价的增加而增加，最优期权订购量、最优总订购量随着单位期权购买价的增加而减少，供应商的最优生产投入量随着单位期权购买价的增加而先增加后减少。

由图 5.3 可看出，混合订购模式下零售商的期望利润随着单位期权购买价的增加而降低，供应商的期望利润随着单位期权购买价的增加而增加，且增加得越来越缓慢。

同理固定其他参数不变，令单位期权执行价在 [12，14] 范围内变动，单位期权执行价 e 对供应商和零售商最优决策和期望利润的影响如图 5.4、图 5.5 所示。

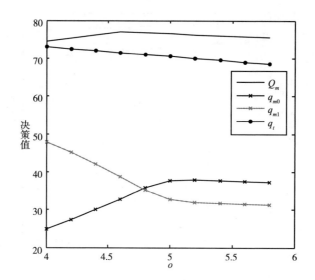

图 5.2　混合订购模式下单位期权购买价对最优决策的影响

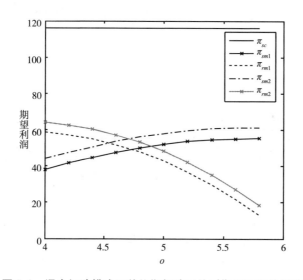

图 5.3　混合订购模式下单位期权购买价对期望利润的影响

　　由图 5.4 可看出，零售商的最优固定订购量随着单位期权执行价的增加而增加，最优期权订购量、最优总订购量随着单位期权执行价的增加而减少，供应商的最优生产投入量随着单位期权执行价的增加而先增加后减少。

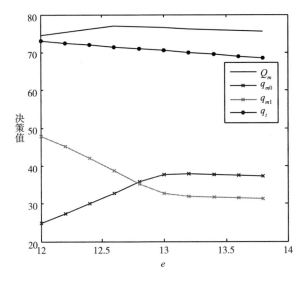

图 5.4　混合订购模式下单位期权执行价对最优决策的影响

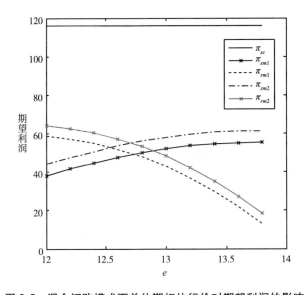

图 5.5　混合订购模式下单位期权执行价对期望利润的影响

由图 5.5 可看出，混合订购模式下零售商的期望利润随着单位期权执行价的增加而降低，供应商的期望利润随着单位期权执行价的增加而增加，且增加得越来越缓慢。

上述分析结果进一步验证了 5.2 ~ 5.4 节中所得到的结论。

5.5.4　研究结论

　　以农产品供应商为领导者，本节建立了传统批发价格契约、混合订购基本期权契约、混合订购改进期权契约三种不同订购模式下的斯塔克伯格博弈模型。首先，在不同订购模式下，利用逆向归纳法原理，求得了批发价格契约下零售商的最优订购量与供应商的最优生产投入量以及基本期权契约和改进期权契约两种订购模式下零售商的最优固定订购量、最优总订购量、供应商的最优生产投入量，在此基础上得到了供应商和零售商的期望利润；其次，通过对比分析不同订购模式下供应商和零售商的最优决策、期望利润以及供应链协调的状况，与批发价契约相比，发现混合订购基本期权契约下零售商的最优总订购量、期望利润和供应商的最优投产量、期望利润都有所增加，但整个供应链仍没有达到协调状态；通过对基本期权契约模型进行改进，发现改进后的期权契约模型除了能够提高供应商和零售商的期望利润以外，还能够在参数满足一定条件下实现供应链协调。

第6章 网络均衡下的农产品
供应链协调

由于我国的农产品生产商和零售商都是由从前自给自足的小农经济发展而来，具有数量多而规模小的特点，因而以分散农户为代表的生产商之间普遍存在与产量相关的竞争，同样以农副食品店为代表的零售商之间也普遍存在着与销量相关的竞争。同时，随着交通条件的改善和网络电商的飞速发展，市场中农产品的数量和种类成倍增长，农产品供应链同级成员之间和产品之间的竞争进一步加剧。传统的农产品供应链协调研究主要针对供应链中单个主体的一对一博弈问题进行分析和探讨，包括农产品供应链各级成员间的博弈、农产品收购企业与农户之间的博弈、批发市场运营商与批发商之间的博弈、TPL 服务商与供应商和零售商间的博弈、政府与农户之间在补贴问题上的博弈等。本章将从消费者偏好和努力水平的角度，研究和讨论农产品供应链网络均衡条件下的生鲜农产品供应链多方竞争与协调问题。

6.1 理论基础及相关研究

6.1.1 供应链网络的网络均衡理论

网络提供了一种描述供应链结构的方法，用网络流模型来表示一个供应链结构有其独特的优点，它能很方便地表示供应链中各种活动的先后次序，尤其是供应链网络的优化，以及竞争环境下的供应链网络均衡问题等。网络流模型是当前最为常见的一种供应链管理决策模型之一，它主要用于研究供应链中各成员的选择、布局以及供应链的协调问题。利用网络均衡理论，以变分不等式为工具，可以建立一套考虑竞争因素的供应链网络均衡模型的理论和方法（Nagurney，2002）。

1. 超网络的定义

典型的网络是由许多的"节点"（node）或"顶点"（vertex）与连接两个节点之间的"边"（edge）组成。其中，节点用来表示实际系统中不同的个体，连接的边则用来表示两个节点之间具有某种特定的关系。节点和边连接而成的图形就是常见的网络图。在节点之间通过"边"有网络流（物流、信息流、资金流等）在流动。随着网络化的发展，出现了许多复杂的网络，这些网络的节点和边数量众多，结构复杂，而且连接也具有多样性，网络节点和边又有可能有复杂的动态行为。

在研究大规模网络系统时，会出现多个网络相互交织或网络中又存在网络的问题。这类网络系统的出现不但提高了运行效率，而且催生出新的生产、经营、消费的方式，但同时也带来了运行的复杂性。因此就出现了如何处理超越一般网络的网络系统问题。超网络的构建为研究网络之间的相互作用和影响提供了有利的工具，可用来描述和表示网络之间的相互作用和影响，它可以用一些数学工具包括优化理论、博弈论、变分不等式等工具对网络上的流量、时间等变量进行定量的分析和计算。当然，它是目前研究供应链网络均衡的重要手段和方法。

2. 变分不等式基本理论

变分不等式起源于数学物理问题和非线性规划问题，是为了解决出现在机械原理上的问题而提出的（Lions & Stampacchia，1967）。变分不等式提供了解决这类问题的存在性和唯一性的方法。作为数学领域的一个重要理论，变分不等式适应于经济、交通运输、运筹学、物理等领域。20世纪70年代，变分不等式在最优控制问题、弹性问题、弹塑性问题及渗流问题等领域得到了成功的应用。20世纪80年代以来，作为现代偏微分方程理论重要部分的变分不等式理论得到了深入发展，至今已较为成熟。

定义 6.1　有限维的变分不等式问题 $VI(F, K)$，就是求解一个向量

$X^* \in K$，满足：

$$\langle F(X^*), X - X^* \rangle \geqslant 0, \forall X \in K \qquad (6-1)$$

其中，K 是闭凸集，$F: K \to R^N$ 是一连续映象，$\langle \cdot, \cdot \rangle$ 表示定义在 R^N 上的内积。

定理 6.1 *解的存在性*

设 $K \subset R^N$ 是紧凸集，$F: K \to (R^N)'$ 是连续函数，其中 $(R^N)'$ 是 R^N 的对偶空间，则变分不等式问题 $VI(F, K)$ 至少存在一个解 X^*。

定理 6.2 给出解存在的重要条件。

定理 6.2 设 $K \subset R^N$ 是紧凸集，$F: K \to (R^N)'$ 是连续的，$K_R \subset K \cap \Sigma_R$，$\Sigma_R$ 是半径为 R、中心在 $0 \in R^N$ 的闭球，则 $\langle F(X^*), X - X^* \rangle \geqslant 0$ 有解的充要条件是存在 $R > 0$，使 $\langle F(X^*), X - X^* \rangle \geqslant 0$ 的解 $x_R \in K_R$ 满足 $|x_R| < R$。

对于变分不等式问题与最优化问题的关系可使用下列两个定理来阐述，相关证明可参见文献（Cavazzuti，2002）。

定理 6.3 设 K 为 R^N 中的闭凸集，F 是 K 上的连续可微函数，若存在一点 $X^* \in K$，满足：

$$\min F(X) \qquad (6-2)$$

则 X^* 是变分不等式 $\langle F'(X^*), X - X^* \rangle \geqslant 0$，$\forall X \in K$ 的解。

反之，若 F 是（伪）凸函数，则变分不等式 $\langle F'(X^*), X - X^* \rangle \geqslant 0$，$\forall X \in K$ 的解也是最优化问题式（6-2）的解。

定理 6.4 设 K 为 R^N 中的闭凸集，$f: K \to R^n$ 为连续可微映射。若 $f(X)$ 的雅克比矩阵 $\nabla f(X)$ 是对称半正定矩阵，

$$\nabla f(X) = \begin{pmatrix} \dfrac{\partial f_1}{\partial X_1} & \cdots & \dfrac{\partial f_1}{\partial X_N} \\ \vdots & & \vdots \\ \dfrac{\partial f_N}{\partial X_1} & \cdots & \dfrac{\partial f_N}{\partial X_N} \end{pmatrix} \qquad (6-3)$$

则存在一个 K 上的实值凸函数 $F(X)$ 满足 $\nabla F(X) = f(X)$，使得变分不等式 $\langle F(X^*), X - X^* \rangle \geqslant 0$，$\forall X \in K$ 的解也是最优化问题 $\min f(X)$，$X \in K$ 的解。

3. 纳什（Nash）均衡与变分不等式的关系

为求解纳什均衡问题，一般的做法是将其转化成：（1）优化问题；（2）变分不等式问题；（3）方程组问题；（4）互补问题；（5）不动点问题。在一定条件下它们之间具有某种等价关系。

纳什均衡问题为非合作博弈问题，考虑由 N 人构成的非合作纳什均衡问题，记 $I = \{i = 1, 2, \cdots, N\}$，每个博弈方的策略集分别为 $S_1, S_2, \cdots, S_N$，凸子集 $S_i \subset R^{n_i}, (i \in I)$，且 $S = S_1 \times S_2 \times \cdots \times S_N = S_i \times S_{-i}$，其中 $S_{-i} = S_1 \times \cdots S_{i-1} \times S_{i+1} \times \cdots \times S_N$。博弈方的效用函数（经济成本）用 $u_i : S \to R$ 表示。每个决策者观察到其他决策者的行为，并假定其他决策者的策略保持不变，然后作出自己的最佳反应，即每个决策者假定在其他决策者选择了他们各自策略的情况下，其目标是选择使自己效用函数（经济成本）最小化所对应的策略。

定义 6.2 点 $s^* = (s_1^*, s_2^*, \cdots, s_N^*)$ 称为纳什均衡点，如果

$$u_i(s_i^*, s_{-i}^*) \leqslant u_i(s_i, s_{-i}^*) \tag{6-4}$$

其中，$i \in I$，$\forall s_i \in S_i$。

定义 6.3 实值函数 $u : S \to R$ 称为拟凸的，如果对任意 s，$t \in S$ 和 $\lambda \in [0, 1]$，有

$$u(\lambda s + (1 - \lambda)t) \leqslant \max(u(s), u(t)) \tag{6-5}$$

称 u 为伪凸的，如果对任意 s，$t \in S$，则

$$\langle \nabla u(t), s - t \rangle \geqslant 0 \text{ 蕴涵 } u(s) \geqslant u(t) \tag{6-6}$$

或

$$u(s) < u(t) \text{ 蕴涵} \langle \nabla u(t), s - t \rangle < 0 \tag{6-7}$$

纳什的重大贡献之一就是利用布劳威尔（Brouwer）不动点定理证明了纳什均衡的存在性。其中，效用函数的连续性和拟凸（凹）性是存在性的重要条件（徐庆等，2005）。纳什博弈的均衡解在数学上与变分不等式的解有着密切的联系，它们之间有定理 6.5 的重要关系（Cavazzuti，2002）：

定理 6.5 设对任意的 $i \in I$，函数 $u_i : S \to R$ 为连续可微的，若 $s^* =$

(s_i^*, s_{-i}^*) 是一个纳什均衡点，则 s^* 也是下列变分不等式的解：

$$\langle U(s), s - s^* \rangle \geq 0, \forall s \in S \qquad (6-8)$$

其中，$U(s) = \left(\dfrac{\partial u_1(s)}{\partial s_1}, \cdots, \dfrac{\partial u_N(s)}{\partial s_N} \right)$。进一步，设对任意 $i \in I$ 和任意给定的 $s_{-i} \in S_{-i}$，函数 $u_i(s_i, s_{-i})$ 关于 s_i 是伪凸的，则式（6-8）也是必要条件。

4. 斯塔克伯格博弈与纳什博弈的关系

德国经济学家海因里希·冯·斯塔克伯格最初于 1952 年在研究市场经济问题时提出了具有主从递阶结构的决策问题，即斯塔克伯格主从对策问题。这类问题中，存在两种类型的决策者：处于上层决策层次的主方和处于下层决策层次的从方。这是一类具有多决策者参与的、呈递阶结构的决策系统，上层决策者只是通过自己的决策去引导下层决策者，但不直接干涉下层的决策；而下层决策者只需把上层的决策作为参数或约束，可以在自己可能范围内自由决策。二者之间按如下过程进行决策：上层给下层一定的信息，下层在这些信息下，按自己的利益或偏好作出响应，上层再根据这些响应，作出符合全局利益的决策，上层给出的信息是以一种可能的决策形式给出的，下层的响应实际上是对上层决策的对策，这种对策在下层看来是最好的，它显然与上层给定的信息有关，为了使整个系统获得"最好"的利益，上层必须综合下层的对策，调整自己的决策。

对于多决策者参与的决策系统，即一主多从斯塔克伯格对策问题，多个从方之间采取非合作古诺 – 纳什（Cournot – Nash）对策，可给出如下的定义：

定义 6.4 给定一主多从对策，存在一个主方，M 个从方，从方之间采取非合作纳什策略。设闭凸集 U 为主方的策略集，$U \in R$，闭凸集 V_i 是从方的策略集 $V_i \in R^{m_i}$，$V = V_1 \times V_2 \times \cdots \times V_M$。设 J^L 和 J_i^F 分别为主方和从方的成本函数，$U \times V \rightarrow R$。主方选择策略 $u \in U$，从方根据主方策略作出最优响应策略 $v_i \in V_i(u)$。如果对于 $\forall u \in U$，$\forall v = (v_1, \cdots v_M) \in V$，满足：

$$J^L(u^*, v^*) \leq J^L(u, v^0(u)) \qquad (6-9)$$

其中

$$J_i^F(u, v_i^0(u), v_{-i}^0(u)) = \min_{v_i} J_i^F(u, v) \qquad (6-10)$$

且

$$v_i^* = v_i^0(u^*) \qquad (6-11)$$

则称策略对 (u^*, v^*) 为一主多从斯塔克伯格策略。

此外,上述一主多从斯塔克伯格对策问题等价于下列均衡约束数学规划 (mathematical programs with equilibrium constraints, MPEC) 问题:

$$\min J^L(u, v) \qquad (6-12)$$

$$\text{s. t. } u \in U \qquad (6-13)$$

$$v \in S(u) \qquad (6-14)$$

其中, $S(u)$ 为下面变分不等式 (6-15) 的解集:

$$\langle B(u, v), v - v^* \rangle \geqslant 0, \forall v \in V \qquad (6-15)$$

其中, $B(u, v) \equiv (B_1(u, v), \cdots, B_M(u, v))$, $B_i(u, v) \equiv \nabla_{v_i} J_i^F(u, v)$, $\forall i$。

纳什博弈可理解为一层的博弈问题,每个局中人都有机会获得关于其他决策者的决策信息,并且其策略的选择依赖于这些信息,斯塔克伯格博弈可视为纳什博弈的推广。

6.1.2 农产品供应链网络产销决策与均衡研究

生鲜农产品供应链各方努力水平对农产品质量和数量的影响逐渐成为研究热点。努力水平是影响农产品需求的重要因素 (Cachon, 2005);林略等 (2009) 考虑了农产品的数量损耗,并在此基础上分析了农产品新鲜度对市场需求的影响;同时有学者研究了努力水平影响农产品需求情况下的供应链协调问题 (Cai, 2010);也有将农产品保鲜技术成本作为零售商的决策变量,研究其对最优订货量的影响的 (Lee et al., 2012);但斌等 (2013) 假设生产商的努力水平会影响农产品的质量与数量,提出了应对天气影响的供应链协调策略;吴庆等 (2014) 基于第三方物流研究了努力水平对产品质量和数量的影响;王磊等 (2015) 研究了通过提高努力水平来降低流通损耗、提升农产品价值的方法;杨磊等 (2017) 研究了不同契约对提升供应链各方努力的水平，从而增加农产品市场需求的作用。范体军（2021）考虑了消费者新鲜度偏好，针对供应链的三种权力结构研究了生鲜农产品供应链决策问题。周涛和吕圆圆（2022）基于不同主体保鲜努力视角，设计了三种情境进行对比分析，研究了农产品供应链协调问题。

然而，上述研究均未将生产商之间的产量竞争与零售商之间的销售竞争纳入考虑。随着盒马鲜生、京东生鲜等各大电商巨头不断开拓生鲜市场，生产商之间的产量竞争及零售商之间的销售竞争不容忽视。因此，研究在竞争环境下生鲜农产品供应链各方努力水平对农产品质量和数量的影响具有重要的现实意义。针对此类问题，刻画供应链网络成员间竞争与合作关系并分析其均衡条件是相关研究采用的主要方法。

在针对供应链的供需网络均衡模型研究（Nagurney，2002）的基础上，徐兵（2007，2014）、滕春贤和姚锋敏（2007）、胡劲松（2012）、张桂涛（2015）、孙晋怡（2021）分别基于不同因素对需求的影响构建多商品供应链的网络均衡模型，研究了多种商品的供应链供需均衡问题。

在生鲜农产品方面，已有学者较早关注到农产品供应链网络的供需均衡问题，通过网络均衡理论分析了不同品牌产品的新鲜度及其对供需均衡的影响（Yu，2013）。许强（2015）基于农产品的损耗对供应链网络均衡问题进行了研究。有学者通过建立农民直销的农产品供应链网络均衡模型，并利用苹果产销案例研究了供应限制及产品质量等对供需均衡的影响（Besik，2017），在此基础上，假设生产商决策农产品的初始质量并付出相应的成本，结合案例探讨形成供应链均衡的生产商最优决策（Nagurney，2018）。还有研究进一步针对在多个国家拥有多个产地和市场的全球性农产品供应链网络，探讨了考虑关税的农产品产销均衡问题（Nagurney & Besik，2019）；针对农产品等易逝品构建基于时间成本的供应链网络均衡模型，探讨企业向不同时间敏感程度的客户提供差异化产品交付时间的策略，从而最大化企业利润（Ma，2020）。

6.2　考虑消费者偏好的生鲜农产品供应链均衡研究

针对目前农产品供应链企业同时生产销售普通农产品与有机农产品的

研究背景，构建农产品供应链网络均衡模型，刻画供应链网络成员及两类农产品在生产、销售环节的竞争与协调。

6.2.1　问题描述与模型假设

考虑由 m 个农产品生产商（以下简称生产商）和 n 个农产品零售商（以下简称零售商）组成的二级农产品供应链，如图6.1所示。生产商生产的是一种当季产销无库存类生鲜果蔬产品（如西瓜、草莓、葡萄、番茄、黄瓜），其具有较长的生产期和较短的销售期，因此生产商间存在非合作竞争。生产商生产的农产品经由零售商销售给市场，该农产品供应链网络中各成员目标均为企业利润最大化。基于消费者偏好（尹世久，2013；Marian，2014；Aschemann－Witzel，2017）和农产品特征（凌六一，2013），做出如下假设：（1）生产商在农产品生产开始前决策普通农产品和有机农产品的产量，农产品总产量会受到种植规模、天气等因素影响，有机农产品产量还会受到虫害等因素影响；（2）由于市场需求存在波动性，两类农产品的需求均为模糊需求，同时需求不仅受农产品自身价格影响，还受到有机农产品与普通农产品之间的价格竞争以及消费者有机产品偏好的影响；（3）处理剩余未销农产品不仅没有残值收入，还会产生如运往畜牧场等的清运处理成本。

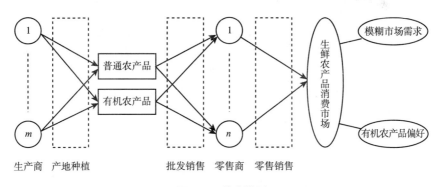

图6.1　基本模型

模型变量及假设如表6.1所示。

表 6.1 基本模型变量

项目	符号	含义
参数	i	生产商下标，表示生产商 i，$i \in \{1,2,\cdots,m\}$
	j	零售商下标，表示零售商 j，$j \in \{1,2,\cdots,n\}$
	$\bar{Y}_i$	生产商 i 的农产品产量上限，由种植规模或天气影响等因素决定
	l_i	有机农产品生产过程中受虫害等影响导致的实际产出率
	c_i	生产商 i 的普通农产品单位生产成本
	c_i^g	生产商 i 的有机农产品单位生产成本
	$e_i(Y, L \times Y^g)$	生产商 i 的销售竞争成本，受所有生产商的两类农产品产出量影响，其中 $\times$ 符号表示矩阵点积，下同
	$c_{ij}^p(Q_{ij}, Q_{ij}^g)$	生产商 i 与零售商 j 交易时承担的物流费用等交易成本
	$c_{ij}^r(Q_{ij}, Q_{ij}^g)$	零售商 j 与生产商 i 交易时承担的物流费用等交易成本
	v_i^p	生产商 i 的剩余未销产品单位处理成本
	v_j^r	零售商 j 的剩余未销产品单位处理成本
	τ	消费者购买有机农产品的偏好系数，$\tau \in [0,1]$
	f	普通农产品对有机农产品的价格竞争强度
	f^g	有机农产品对普通农产品的价格竞争强度
	$\tilde{d}_j(P, P^g, f, \tau)$	市场对零售商 j 的普通农产品模糊需求量，其受普通农产品和有机农产品两者的价格、竞争强度以及消费者偏好共同影响，支集为 $[d_j, \bar{d}_j]$，可信性分布函数为 $\sigma_j(x) = Cr(\tilde{d}_j \leq x)$
	$\tilde{d}_j^g(P, P^g, f^g, \tau)$	市场对零售商 j 的有机农产品模糊需求量，其受普通农产品和有机农产品两者的价格、竞争强度以及消费者偏好共同影响，支集为 $[d_j^g, \bar{d}_j^g]$，可信性分布函数为 $\sigma_j^g(x) = Cr(\tilde{d}_j^g \leq x)$
决策变量	Y_i	生产商 i 的普通农产品产量
	Y_i^g	生产商 i 的有机农产品产量
	Q_{ij}	生产商 i 与零售商 j 间的普通农产品交易量
	Q_{ij}^g	生产商 i 与零售商 j 间的有机农产品交易量
	p_j	零售商 j 的普通农产品销售价格
	p_j^g	零售商 j 的有机农产品销售价格

项目	符号	含义
内生变量	r_i	生产商 i 的普通农产品总销量，$r_i = \sum_{j=1}^{n} Q_{ij}$
	r_i^g	生产商 i 的有机农产品总销量，$r_i^g = \sum_{j=1}^{n} Q_{ij}^g$
	w_{ij}	生产商 i 与零售商 j 间的普通农产品交易价格
	w_{ij}^g	生产商 i 与零售商 j 间的有机农产品交易价格
	a_j	零售商 j 的普通农产品进货量，$a_j = \sum_{i=1}^{m} Q_{ij}$
	a_j^g	零售商 j 的有机农产品进货量，$a_j^g = \sum_{i=1}^{m} Q_{ij}^g$

为便于描述，将所有生产商的普通农产品和有机农产品产量分别记为 m 维列向量 $Y \in R_+^m$ 和 $Y^g \in R_+^m$；所有零售商的普通农产品和有机农产品进货量分别记为 n 维列向量 $A \in R_+^n$ 和 $A^g \in R_+^n$；所有生产商、零售商间的普通农产品和有机农产品交易量分别记为 mn 维列向量 $Q \in R_+^{mn}$ 和 $Q^g \in R_+^{mn}$；所有零售商的普通农产品和有机农产品价格分别记为 n 维列向量 $P \in R_+^n$ 和 $P^g \in R_+^n$；所有生产商有机农产品的实际产出率记为 m 维列向量 $L \in R_+^m$。

此外，由于农产品存放时间和销售期短，因此生产商之间的竞争与所有生产商的总产量息息相关，丰产往往会加剧生产商之间的竞争，反之亦然。故假设生产商 i 的销售竞争成本 $e_i(Y, L \times Y^g)$ 为 Y 和 Y^g 的二次连续可微凸函数；同理，由于生鲜农产品的运输需要较高的成本，参考文献（Yu，2013；许强，2015），亦假设生产商 i 与零售商 j 间的物流费用等交易成本函数 $c_{ij}^p(Q_{ij}, Q_{ij}^g)$、$c_{ij}^r(Q_{ij}, Q_{ij}^g)$ 为 Q_{ij} 和 Q_{ij}^g 的二次连续可微凸函数。

6.2.2 模型构建

1. 生产商

生产商在生产期前决策普通农产品和有机农产品各自的产量；在销售期决策与零售商交易的普通农产品和有机农产品数量，并将其批发销售给零售商。同时，生产商要受到来自其他生产商的竞争，还要处理剩余未销农产品。故生产商 i 的优化模型为：

$$\max \pi_i^p = \sum_{j=1}^{n} (w_{ij}Q_{ij} + w_{ij}^g Q_{ij}^g - c_{ij}^p) - c_i Y_i - c_i^g Y_i^g - e_i - v_i^p (Y_i - r_i + l_i Y_i^g - r_i^g)$$

$$(6-16)$$

$$\text{s. t. } Y_i + Y_i^g \leqslant \bar{Y}_i \qquad\qquad (6-17)$$

$$r_i \leqslant Y_i \qquad\qquad (6-18)$$

$$r_i^g \leqslant l_i Y_i^g \qquad\qquad (6-19)$$

式（6-17）对应生产商 i 的产量上限约束，式（6-18）和式（6-19）分别对应生产商 i 生产销售普通农产品和有机农产品的产销约束。设约束式（6-17）~式（6-19）对应的拉格朗日（Lagrange）乘子分别为 λ_i、γ_i、μ_i，所有的 λ_i、γ_i、μ_i 分别构成 m 维列向量 $\boldsymbol{\lambda}$、$\boldsymbol{\gamma}$、$\boldsymbol{\mu}$。各生产商间为非合作竞争关系，因此所有生产商的最优行为可等价表示为如下变分不等式问题：确定 $(Y^*, Q^*, Y^{g*}, Q^{g*}, \lambda^*, \gamma^*, \mu^*) \in \Omega^P$，使其满足：

$$\sum_{i=1}^{m} \left(\frac{\partial e_i^*}{\partial Y_i} + v_i^p + c_i + \lambda_i^* - \gamma_i^* \right)(Y_i - Y_i^*)$$

$$+ \sum_{i=1}^{m} \sum_{j=1}^{n} \left(\frac{\partial c_{ij}^{p*}}{\partial Q_{ij}} + \gamma_i^* - w_{ij}^* - v_i^p \right)(Q_{ij} - Q_{ij}^*)$$

$$+ \sum_{i=1}^{m} \left(\frac{\partial e_i^*}{\partial Y_i^g} + v_i^p l_i + c_i^g + \lambda_i^* - l_i \mu_i^* \right)(Y_i^g - Y_i^{g*})$$

$$+ \sum_{i=1}^{m} \sum_{j=1}^{n} \left(\frac{\partial c_{ij}^{p*}}{\partial Q_{ij}^g} + \mu_i^* - w_{ij}^{g*} - v_i^p \right)(Q_{ij}^g - Q_{ij}^{g*})$$

$$+ \sum_{i=1}^{m} (\bar{Y}_i - Y_i^* - Y_i^{g*})(\lambda_i - \lambda_i^*) + \sum_{i=1}^{m} (Y_i^* - r_i^*)(\gamma_i - \gamma_i^*)$$

$$+ \sum_{i=1}^{m} (l_i Y_i^{g*} - r_i^{g*})(\mu_i - \mu_i^*)$$

$$\geqslant 0 \qquad\qquad (6-20)$$

$\forall (Y, Q, Y^g, Q^g, \lambda, \gamma, \mu) \in \Omega^P$，其中，$\Omega^P = R_+^{m+mn+m+mn+m+m+m}$。

均衡状态下，由式（6-20）第 1 项可知，$\gamma_i^* = \dfrac{\partial e_i^*}{\partial Y_i} + v_i^p + c_i + \lambda_i^*$，又

由式（6-20）第 2 项可知，$\gamma_i^* = w_{ij}^* + v_i^p - \dfrac{\partial c_{ij}^{p*}}{\partial Q_{ij}}$，合并得到 $\lambda_i^* = w_{ij}^* - c_i -$

$\dfrac{\partial e_i^{*}}{\partial Y_i} - \dfrac{\partial c_{ij}^{p\,*}}{\partial Q_{ij}}$，故式（6 - 20）的经济学意义为：生产商只有在交易价格大于生产成本、竞争成本、交易成本之和时才会从事普通农产品生产，同理可证式（6 - 20）对于有机农产品的经济学意义。

2. 零售商

零售商在销售期前决策向生产商订购的普通农产品和有机农产品数量，在销售期决策普通农产品和有机农产品各自的售价以满足市场需求，最后也需要处理剩余未销农产品。故零售商 j 的优化模型为：

$$\max \pi_j^r = p_j \min(\tilde{d}_j, a_j) + p_j^g \min(\tilde{d}_j^g, a_j^g) - \sum_{i=1}^{m}(w_{ij}Q_{ij} + w_{ij}^g Q_{ij}^g + c_{ij}^r)$$

$$- v_j^r(a_j - \tilde{d}_j)^{+} - v_j^r(a_j^g - \tilde{d}_j^g)^{+} \qquad (6 - 21)$$

$$\text{s. t. } a_j = \sum_{i=1}^{m} Q_{ij} \qquad (6 - 22)$$

$$a_j^g = \sum_{i=1}^{m} Q_{ij}^g \qquad (6 - 23)$$

定理 6.6　零售商 j 的期望利润为：

$$E[\pi_j^r] = p_j a_j - (p_j + v_j^r)\int_{\underline{d}_j}^{a_j}(a_j - x)\mathrm{d}\sigma_j(x) + p_j^g a_j^g - (p_j^g + v_j^r)\int_{\underline{d}_j}^{a_j^g}(a_j^g - x)\mathrm{d}\sigma_j^g(x)$$

$$- \sum_{i=1}^{m}(w_{ij}Q_{ij} + w_{ij}^g Q_{ij}^g + c_{ij}^r) \qquad (6 - 24)$$

证明：由式（6 - 21）知，

$$E[\pi_j^r] = p_j E[\min(\tilde{d}_j, a_j)] + p_j^g E[\min(\tilde{d}_j^g, a_j^g)]$$

$$- \sum_{i=1}^{m}(w_{ij}Q_{ij} + w_{ij}^g Q_{ij}^g + c_{ij}^r) - v_j^r E[(a_j - \tilde{d}_j)^{+}]$$

$$- v_j^r E[(a_j^g - \tilde{d}_j^g)^{+}]$$

其中，

$$E[\min(\tilde{d}_j, a_j)] = a_j - \int_{\underline{d}_j}^{a_j}(a_j - x)\mathrm{d}\sigma_j(x), E[(a_j - \tilde{d}_j)^{+}]$$

$$= \int_{\underline{d}_j}^{a_j}(a_j - x)\mathrm{d}\sigma_j(x)$$

$E\big[\min(\tilde{d}_j^g, a_j^g)\big]$ 和 $E\big[(a_j^g - \tilde{d}_j^g)^+\big]$ 同理可得，证毕。

性质 6.1 零售商 j 的期望利润 $E[\pi_j^r]$ 是 $\{Q_{1j}, \cdots, Q_{ij}, \cdots, Q_{mj}\}$ 的凹函数。

证明：由式（6-24）知，

$$\frac{\partial E[\pi_j^r]}{\partial Q_{ij}} = p_j - (p_j + v_j^r)\sigma_j(a_j) - w_{ij} - \frac{\partial c_{ij}^r}{\partial Q_{ij}}$$

$$\frac{\partial^2 E[\pi_j^r]}{\partial Q_{ij}^2} = -(p_j + v_j^r)\frac{\partial \sigma_j(a_j)}{\partial Q_{ij}} - \frac{\partial^2 c_{ij}^r}{\partial Q_{ij}^2}$$

由假设易知 $\dfrac{\partial^2 E[\pi_j^r]}{\partial Q_{ij}^2} < 0$，同理可得 $\dfrac{\partial^2 E[\pi_j^r]}{\partial Q_{ij}^{g2}} < 0$，证毕。

式（6-22）和式（6-23）分别对应零售商 j 销售普通农产品和有机农产品的供销约束。设约束式（6-22）和式（6-23）对应拉格朗日乘子分别为 ε_j、η_j，所有的 ε_j、η_j 分别构成 n 维列向量 ε、η。由性质 6.1 可知，式（6-24）对应的最优化模型为凸规划，且各零售商间为非合作竞争关系，因此所有零售商的最优行为可等价表示为如下变分不等式问题：确定 $(Q^*, A^*, Q^{g*}, A^{g*}, \varepsilon^*, \eta^*) \in \Omega^R$，使其满足：

$$\sum_{j=1}^n \sum_{i=1}^m \left(w_{ij}^* + \frac{\partial c_{ij}^{r*}}{\partial Q_{ij}} - \varepsilon_j^*\right)(Q_{ij} - Q_{ij}^*)$$

$$+ \sum_{j=1}^n \left((p_j^* + v_j^r)\sigma_j(a_j^*) - p_j^* + \varepsilon_j^*\right)(a_j - a_j^*)$$

$$+ \sum_{j=1}^n \sum_{i=1}^m \left(w_{ij}^{g*} + \frac{\partial c_{ij}^{r*}}{\partial Q_{ij}^g} - \eta_j^*\right)(Q_{ij}^g - Q_{ij}^{g*})$$

$$+ \sum_{j=1}^n \left((p_j^{g*} + v_j^r)\sigma_j^g(a_j^{g*}) - p_j^{g*} + \eta_j^*\right)(a_j^g - a_j^{g*})$$

$$+ \sum_{j=1}^n \left(\sum_{i=1}^m Q_{ij}^* - a_j^*\right)(\varepsilon_j - \varepsilon_j^*) + \sum_{j=1}^n \left(\sum_{i=1}^m Q_{ij}^{g*} - a_j^{g*}\right)(\eta_j - \eta_j^*)$$

$$\geq 0 \tag{6-25}$$

$\forall (Q, A, Q^g, A^g, \varepsilon, \eta) \in \Omega^R$，其中，$\Omega^R = R_+^{mn+n+mn+n} \times R^{n+n}$。

均衡状态下，由式（6-25）第 1 项可知，$\varepsilon_j^* = w_{ij}^* + \dfrac{\partial c_{ij}^{r*}}{\partial Q_{ij}}$，又由式

（6－25）第 2 项可知，$\varepsilon_j^* = p_j^* - (p_j^* + v_j^r)\sigma_j(a_j^*)$，合并得到 $p_j^* = \dfrac{w_{ij}^* + \partial c_{ij}^{r*}/\partial Q_{ij} + v_j^r\sigma_j(a_j^*)}{1 - \sigma_j(a_j^*)}$，可信性分布函数 $\sigma_j(x) \in [0, 1]$，故式（6－25）的经济学意义为：零售商的普通农产品售价与其批发交易价格、交易成本、处理成本以及满足的市场需求成正比，同理可证式（6－25）对于有机农产品的经济学意义。

3. 消费市场

在销售期，零售商向农产品消费市场销售普通农产品和有机农产品，消费者根据两者的价格和自身有机农产品偏好选购农产品。对于零售商 j，模糊需求市场对普通农产品的需求均衡条件可以表示为（胡劲松，2012）：

$$E[\,\tilde{d}_j\,]\begin{cases} = a_j^*, & p_j^* > 0 \\ \leqslant a_j^*, & p_j^* = 0 \end{cases} \tag{6－26}$$

类似的，市场对有机农产品的需求均衡条件可以表示为：

$$E[\,\tilde{d}_j^{\,g}\,]\begin{cases} = a_j^{g*}, & p_j^{g*} > 0 \\ \leqslant a_j^{g*}, & g_j^{g*} = 0 \end{cases} \tag{6－27}$$

整个需求市场的均衡条件可等价表示为如下变分不等式问题：确定 $(P^*, P^{g*}) \in \Omega^M$，使其满足

$$\sum_{j=1}^{n}(a_j^* - E[\,\tilde{d}_j\,])(p_j - p_j^*) + \sum_{j=1}^{n}(a_j^{g*} - E[\,\tilde{d}_j^{\,g}\,])(p_j^g - p_j^{g*}) \geqslant 0 \tag{6－28}$$

$\forall (P, P^g) \in \Omega^M$，其中，$\Omega^M = R_+^{n+n}$。

6.2.3 供应链网络均衡条件及求解

供应链网络达到均衡时，供应链上下层间农产品流量守恒，且农产品运输量和价格满足供应链网络各层决策者的均衡条件（胡劲松，2012；Yu，2013；Nagurney，2015；Besik，2017）。现给出如下定义：

定义 6.5 该农产品供应链网络的均衡条件为：网络中生产商普通农产

品和有机农产品的产量，生产商与零售商、零售商与消费市场间两类农产品的交易量，以及消费市场两类农产品的价格，同时满足农产品供应链网络所有决策者的均衡条件，即满足所有生产商、零售商及消费市场的均衡条件式（6-20）、式（6-25）、式（6-28）的和。

定理 6.7 该农产品供应链网络的均衡条件等价于如下变分不等式问题的解：即确定 $(Y^*, Y^{g*}, Q^*, Q^{g*}, A^*, A^{g*}, P^*, P^{g*}, \lambda^*, \gamma^*, \mu^*, \varepsilon^*, \eta^*) \in \Omega$，满足：

$$\sum_{i=1}^{m} \left(\frac{\partial e_i^*}{\partial Y_i} + v_i^p + c_i + \lambda_i^* - \gamma_i^* \right) (Y_i - Y_i^*)$$

$$+ \sum_{i=1}^{m} \left(\frac{\partial e_i^*}{\partial Y_i^g} + v_i^p l_i + c_i^g + \lambda_i^* - l_i \mu_i^* \right) (Y_i^g - Y_i^{g*})$$

$$+ \sum_{i=1}^{m} \sum_{j=1}^{n} \left(\frac{\partial c_{ij}^{p*}}{\partial Q_{ij}} + \frac{\partial c_{ij}^{r*}}{\partial Q_{ij}} - v_i^p + \gamma_i^* - \varepsilon_j^* \right) (Q_{ij} - Q_{ij}^*)$$

$$+ \sum_{i=1}^{m} \sum_{j=1}^{n} \left(\frac{\partial c_{ij}^{p*}}{\partial Q_{ij}^g} + \frac{\partial c_{ij}^{r*}}{\partial Q_{ij}^g} - v_i^p + \mu_i^* - \eta_j^* \right) (Q_{ij}^g - Q_{ij}^{g*})$$

$$+ \sum_{j=1}^{n} \left((p_j^* + v_j^r) \sigma_j(a_j^*) - p_j^* + \varepsilon_j^* \right) (a_j - a_j^*)$$

$$+ \sum_{j=1}^{n} \left((p_j^{g*} + v_j^r) \sigma_j^g(a_j^{g*}) - p_j^{g*} + \eta_j^* \right) (a_j^g - a_j^{g*})$$

$$+ \sum_{j=1}^{n} (a_j^* - E[\tilde{d}_j])(p_j - p_j^*) + \sum_{j=1}^{n} (a_j^{g*} - E[\tilde{d}_j^g])(p_j^g - p_j^{g*})$$

$$+ \sum_{i=1}^{m} (\bar{Y}_i - Y_i^* - Y_i^{g*})(\lambda_i - \lambda_i^*) + \sum_{i=1}^{m} (Y_i^* - r_i^*)(\gamma_i - \gamma_i^*)$$

$$+ \sum_{i=1}^{m} (l_i \cdot Y_i^{g*} - r_i^{g*})(\mu_i - \mu_i^*) + \sum_{j=1}^{n} \left(\sum_{i=1}^{m} Q_{ij}^* - a_j^* \right)(\varepsilon_j - \varepsilon_j^*)$$

$$+ \sum_{j=1}^{n} \left(\sum_{i=1}^{m} Q_{ij}^{g*} - a_j^{g*} \right)(\eta_j - \eta_j^*)$$

$$\geqslant 0 \tag{6-29}$$

$\forall (Y, Y^g, Q, Q^g, A, A^g, P, P^g, \lambda, \gamma, \mu, \varepsilon, \eta) \in \Omega$，其中，$\Omega = \Omega^P \times \Omega^R \times \Omega^M$。

证明：将均衡条件式（6-20）、式（6-25）、式（6-28）相加，并作简单处理即可得到式（6-29）。证毕。

同时，模型中生产商 i 与零售商 j 间的农产品交易价格为内生变量。当供应链网络间交易达到均衡时，由式（6 - 20）可知，若 $Q_{ij}^* > 0$，$Q_{ij}^{g*} > 0$，则

$$w_{ij}^* = \frac{\partial c_{ij}^{p*}}{\partial Q_{ij}} + \gamma_i^* - v_i^p \qquad (6-30)$$

$$w_{ij}^{g*} = \frac{\partial c_{ij}^{p*}}{\partial Q_{ij}^g} + \mu_i^* - v_i^p \qquad (6-31)$$

求解变分不等式的算法主要有修正投影收缩算法（Nagurney，2002）和对数二次型预测与校正算法（He，2006）等。其中，基于对数二次型近似算法（Auslender，1999）的对数二次型预测与校正算法不仅能够求解多面体可行域上变分不等式的全局最优解，而且计算总成本非常小（He，2006），因此其广泛应用于求解带有产量、价格等约束的供应链网络均衡问题（周岩，2012）。本章提出的模型带有产量上限约束，故变分不等式（6 - 29）的可行域为多面体，因而采用对数二次型预测与校正算法对该网络均衡模型进行求解。求解采用 MATLAB 软件编程，以误差列向量的无穷模 $\|e(u^l)\|_\infty \leqslant 10^{-8}$ 为终止条件，算法说明如下。

令行向量函数 F_1、FG_1、F_2、FG_2、F_3、FG_3、F_4、FG_4 分别为：

$$F_1 = \left\{ \frac{\partial e_i^*}{\partial Y_i} + v_i^p + c_i, i = 1,2,\cdots,m \right\} \in R^m$$

$$FG_1 = \left\{ \frac{\partial e_i^*}{\partial Y_i^g} + v_i^p l_i + c_i^g, i = 1,2,\cdots,m \right\} \in R^m$$

$$F_2 = \left\{ \frac{\partial c_{ij}^{p*}}{\partial Q_{ij}} + \frac{\partial c_{ij}^{r*}}{\partial Q_{ij}} - v_i^p, i = 1,2,\cdots,m; j = 1,2,\cdots,n \right\} \in R^{mn}$$

$$FG_2 = \left\{ \frac{\partial c_{ij}^{p*}}{\partial Q_{ij}^g} + \frac{\partial c_{ij}^{r*}}{\partial Q_{ij}^g} - v_i^p, i = 1,2,\cdots,m; j = 1,2,\cdots,n \right\} \in R^{mn}$$

$$F_3 = \left\{ (p_j^* + v_j^r)\sigma_j(a_j^*) - p_j^*, j = 1,2,\cdots,n \right\} \in R^n$$

$$FG_3 = \left\{ (p_j^{g*} + v_j^r)\sigma_j^g(a_j^{g*}) - p_j^{g*}, j = 1,2,\cdots,n \right\} \in R^n$$

$$F_4 = \left\{ a_j^* - E[\tilde{d}_j], j = 1,2,\cdots,n \right\} \in R^n$$

$$FG_4 = \left\{ a_j^{g*} - E[\tilde{d}_j^g], j = 1,2,\cdots,n \right\} \in R^n$$

故式（6 - 29）及其约束可以写成如下形式，即：确定（Y^*，Y^{g*}，

Q^*，Q^{g*}，A^*，A^{g*}，P^*，P^{g*}）$\in \Omega$，满足

$$F_1(Y - Y^*) + FG_1(Y^g - Y^{g*}) + F_2(Q - Q^*) + FG_2(Q^g - Q^{g*})$$
$$+ F_3(A - A^*) + FG_3(A^g - A^{g*}) + F_4(P - P^*) + FG_4(P^g - P^{g*}) \geqslant 0$$
$$\forall (Y, Y^g, Q, Q^g, A, A^g, P, P^g) \in \Omega$$

其中，可行域 Ω 向量形式为：

$$\Omega = \left\{ \begin{array}{l} (Y, Y^g) \in R_+^{m+m} \\ (Q, Q^g) \in R_+^{mn+mn} \\ (A, A^g) \in R_+^{n+n} \\ (P, P^g) \in R_+^{n+n} \end{array} \left| \begin{array}{l} M_1 Y + M_1 Y^g \leqslant \bar{Y}, \\ M_2 Q \leqslant M_1 Y, \\ M_2 Q^g \leqslant L \times M_1 Y^g, \\ M_3 Q = M_4 A, \\ M_3 Q^g = M_4 A^g \end{array} \right. \right\}$$

其中，$M_1 = E_{m \times m}$ 和 $M_4 = E_{n \times n}$ 为单位矩阵，$M_2 \in R^{m \times m}$，$M_3 \in R^{n \times m}$ 为如下定义的分块矩阵：

$$M_2 = \begin{bmatrix} I_1 & 0 & \cdots & 0 \\ 0 & I_2 & \cdots & 0 \\ \vdots & \vdots & & \vdots \\ 0 & 0 & \cdots & I_m \end{bmatrix}_{m \times m}, \quad M_3 = \begin{bmatrix} J_1 & J_1 & \cdots & J_1 \\ J_2 & J_2 & \cdots & J_2 \\ \vdots & \vdots & & \vdots \\ J_n & J_n & \cdots & J_n \end{bmatrix}_{n \times m}$$

$I_i = (1, \cdots, 1) \in R^n$，$i = 1, \cdots, m$，为元素均为 1 的行向量；$J_i = (0, \cdots, 1, \cdots, 0) \in R^n$，$i = 1, \cdots, n$，为第 i 个元素为 1 的 n 维单位行向量。

所有列向量 Y，Y^g，Q，Q^g，A，A^g，P，P^g 形成列向量 x，所有约束向量中的常数形成列向量 b，按照约束搭配列向量 x 与矩阵 M_1 到 M_4，满足 $M^T x \leqslant b$，y 为所有约束对应的拉格朗日乘子形成的列向量，$f(x)$ 为 F_1^T 到 FG_4^T 形成的列向量。该算法能够自适应地调节每一次迭代中预测与校正的参数，从而有效降低计算总成本，基于以上描述，算法详细步骤如下：

步骤 1：对初始解和初始参数进行赋值。令 $\beta^0 = 1$，$\upsilon = 1$，$\eta = 0.9$，$\mu = 0.1$，$\gamma = 1.8$，$\varepsilon = 10^{-8}$，$l = 0$，$u^0 = (x^0, y^0)$，$x^0 > 0$ 且 $y^0 \in R^5$。

步骤 2：终止准则。令误差列向量：

$$e(u^l) = \begin{pmatrix} x^l - P_{R_+^n}\{x^l - [f(x^l) + My^l]\} \\ y^l - P_Y\{y^l + [M^T x^l - b]\} \end{pmatrix}$$

其中，$P_Y(y)$ 为向量 y 在凸集合 Y 上的投影。

若 $\|e(u^l)\|_\infty < \varepsilon$，程序终止，返回最优值 u^l；否则，继续。

步骤 3：产生预测误差值 $\tilde{u}^l = (\tilde{x}^l, \tilde{y}^l)^T$。

步骤 3.1：依据步长 β^l，评估预测误差。

$$\tilde{y}^l = P_Y[y^l + (M^T x^l - b)\beta^l/\upsilon], s = (1 - \mu)x^l - \beta^l(f(x^l) + M\tilde{y}^l),$$

$$\tilde{x}_i^l = (s_i + \sqrt{(s_i)^2 + 4\mu(x_i^l)^2})/2, \pi_1^l = x^l - \tilde{x}^l, \pi_2^l = y^l - \tilde{y}^l,$$

$$\xi_1^l = \beta^l(f(\tilde{x}^l) - f(x^l)), \xi_2^l = \beta^l M^T(x^l - \sim x^l),$$

$$r^l = \sqrt{\frac{\upsilon\|\xi_1^l\|^2 + (1 + \mu)\|\xi_2^l\|^2}{\upsilon(1 - \mu^2)\|\pi_1^l\|^2 + \upsilon^2(1 - \mu)\|\pi_2^l\|^2}}\circ$$

步骤 3.2：若 $r^l > \eta$，则调整 $\beta^l = \beta^l \times 0.8/r^l$，返回步骤 3.1；否则，继续。

步骤 4：调整下一次迭代的步长 β^l 和参数 υ。

$$\beta^{l+1} = \begin{cases} \beta^l \times 0.7/r^l, & r^l \leq 0.5 \\ \beta^l, & 其他 \end{cases}$$

$$\upsilon = \begin{cases} 0.5\upsilon, & \|\xi_1^l\|/\sqrt{1+\mu} > 4\|\xi_2^l\|/\sqrt{\upsilon} \\ 2\upsilon, & 4\|\xi_1^l\|/\sqrt{1+\mu} < \|\xi_2^l\|/\sqrt{\upsilon} \\ \upsilon, & 其他 \end{cases}$$

步骤 5：确定校正步的步长。

$$\alpha^l = \gamma\alpha^{l*}\beta^l(1 - \mu)/(1 + \mu)$$

其中，

$$\alpha^{l*} = \frac{(\pi_1^l + \xi_1^l)^T\pi_1^l + (\upsilon\pi_2^l + \xi_2^l)^T\pi_2^l}{[(1+\mu)\pi_1^l + \xi_1^l]^T[\pi_1^l + (1+\mu)^{-1}\xi_1^l] + (\upsilon\pi_2^l + \xi_2^l)^T(\pi_2^l + \upsilon^{-1}\xi_2^l)}$$

步骤 6：产生新误差值：$u^{l+1} = (x^{l+1}, y^{l+1})^T$。

$$s = (1 - \mu)x^l - \alpha^l(f(\tilde{x}^l) + M\tilde{y}^l)$$

$$x_i^{l+1} = (s_i + \sqrt{(s_i)^2 + 4\mu(x_i^l)^2})/2$$

$$y^{l+1} = P_Y[y^l + (M^T\tilde{x}^l - b)\alpha^l/\upsilon]$$

置 $l = l + 1$，转步骤 2。

6.2.4 农产品供应链均衡影响因素分析

为研究消费者有机农产品偏好、生产成本、产量变化、有机农产品与普通农产品之间的竞争及需求波动等因素对农产品供应链网络均衡的影响，在理论模型的基础上，对各项成本函数及相关参数合理赋值，对比分析不同情况下的均衡结果，为相关企业的生产销售决策提供依据。

假设农产品供应链网络由 2 个生产商、2 个零售商以及模糊需求市场构成，假设主要参数如下，其中 $i = 1, 2$；$j = 1, 2$。生产商 i 的农产品产量上限 $\bar{Y}_i = +\infty$；有机农产品生产过程中受虫害等影响导致的实际产出率 $l_i = 0.9$；生产商 i 的销售竞争成本 $e_i = 0.125[Y_i^2 + (l_iY_i^g)^2] + 0.25[Y_iY_{3-i} + (l_{3-i}Y_i^g)(l_{3-i}Y_{3-i}^g)] + Y_i + l_iY_i^g$；生产商 i 与零售商 j 交易时承担的物流费用等交易成本 $c_{ij}^p = 0.25(Q_{ij} + Q_{ij}^g)^2 + 0.5(Q_{ij} + Q_{ij}^g)$，零售商 j 与生产商 i 交易时承担的物流费用等交易成本 $c_{ij}^r = 0.5(Q_{ij} + Q_{ij}^g)^2 + 3(Q_{ij} + Q_{ij}^g)$；生产商 i 的普通农产品单位生产成本 $c_i = 1$，有机农产品单位生产成本 $c_i^g = 10$；生产商 i 的剩余未销产品单位处理成本 $v_i^p = 0.1$，零售商 j 的剩余未销产品处理成本 $v_j^r = 1$；消费者购买有机农产品的偏好系数 $\tau = 0.5$，普通农产品对有机农产品的价格竞争强度 $f = 0.1$，有机农产品对普通农产品的价格竞争强度 $f^g = 0.3$。

通常三角模糊数比较适合刻画需求不确定的实际问题，故假设市场对零售商 j 的普通农产品需求量 $\tilde{d}_j(P, P^g, f, \tau)$ 为三角模糊数 $[b_j/p_j - \underline{\Delta}_j, b_j/p_j, b_j/p_j + \bar{\Delta}_j]$，其中设 $b_j = (1 - \tau)M + f\sum p_j^g$，取 $M = 400$ 表示农产品市场需求空间，$\underline{\Delta}_j = \bar{\Delta}_j = 10$ 表示市场需求波动范围；同理，有机农产品需求量 $\tilde{d}_j^g(P, P^g, f^g, \tau)$ 为三角模糊数 $[b_j^g/p_j^g - \underline{\Delta}_j, b_j^g/p_j^g, b_j^g/p_j^g + \bar{\Delta}_j]$，设

$b_j^g = (1 + \tau) \left(\tau M + f^g \sum p_j \right)$，其余取值同普通农产品。对上述需求函数中 b_j 和 b_j^g 的设置进行说明，其由两部分组成，一部分为受消费者偏好影响的需求，另一部分为两种农产品的价格竞争导致的需求变动，通过以上设置能够确保：（1）零售商农产品价格越高，其面临需求越小；（2）消费者购买有机农产品的偏好越大，有机农产品需求越大；（3）普通农产品价格越高，有机农产品需求越大；（4）随着消费者对有机农产品的偏好增加，消费者愿意支付更高的价格购买有机农产品，与生活实际相符。

1. 消费者偏好

令消费者购买有机农产品的偏好系数 τ 从 $\tau = 0$ 到 $\tau = 0.9$ 变化，其余参数不变，得到供应链网络各方利润如图 6.2 所示，其中 $i = 1, 2$；$j = 1, 2$。需要说明的是，$\tau = 0$ 时消费者对有机农产品没有需求，故此时市场中不销售有机农产品，所有生产商亦不生产有机农产品。

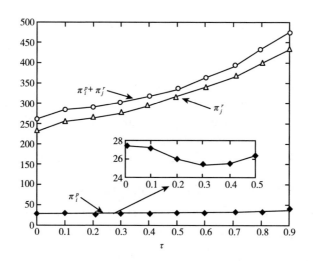

图 6.2　消费者购买有机农产品偏好对供应链网络各方利润的影响

从图 6.2 中可以看出，随着消费者对有机农产品偏好的增加，生产商利润先减后增，零售商利润和供应链总利润则持续增加。可见，当消费者对有机农产品的偏好尚处于较低程度时，生产商生产有机农产品可能会导致利润下降，但零售商此时应当采取一定的激励措施激励生产商生产有机农产品，随着消费者偏好的进一步上升，双方都会因此而受益。

2. 生产成本

取普通农产品的生产成本 $c_i = 1$，有机农产品的生产成本对农产品产量及利润的影响如表6.2所示，其中 $i = 1$，2；$j = 1$，2；π 表示农产品供应链网络总利润。

表6.2　　　　有机农产品的生产成本对农产品产量及利润的影响

变量	$c_i^g = 1$	$c_i^g = 5$	$c_i^g = 10$
Y_i	5.4829	5.6916	5.9162
Y_i^g	9.0823	7.8306	6.5969
r_i	5.4829	5.6916	5.9162
r_i^g	8.1741	7.0476	5.9372
$e_i(Y, L \times Y^g)$	49.9862	43.5127	38.1981
w_{ij}	8.6557	8.5306	8.4215
w_{ij}^g	10.1124	13.7641	18.5431
p_j	37.9684	36.8004	35.6964
p_j^g	40.8818	47.2674	55.9396
π_i^p	35.4239	30.5437	26.3446
π_j^r	324.6307	318.2282	312.7102
π	720.1092	697.5436	678.1096

从表6.2中可以看出，有机农产品的生产成本越高，其产量越低，虽然缓和了生产商之间的竞争，使得有机农产品的批发价格和市场价格都大幅上升，但仍然不及高生产成本和低产量带来的利润损失，对供应链各方都不利。可见，较高的生产成本是阻碍农产品生产商和零售商生产、销售有机农产品的重要因素，也是消费者在市场中难以买到物美价廉的有机农产品的最大原因。

3. 产量影响

产量影响分为两类，一类是由于种植规模或天气影响造成总体产量下降，另一类是由于有机农产品在生产过程中受虫害等影响而导致实际产出率下降。该两类因素对农产品产量及利润的影响如表6.3所示，i，j 的取值

以及 π 的含义同表 6.2。

表 6.3　　　　　　种植规模、天气及虫害对农产品产量及利润的影响

变量	$\overline{Y}_i = +\infty$			$\overline{Y}_i = 10$		
	$l_i = 0.9$	$l_i = 0.7$	$l_i = 0.5$	$l_i = 0.9$	$l_i = 0.7$	$l_i = 0.5$
Y_i	5.9162	6.0285	6.2062	4.5342	4.2857	4.1212
Y_i^g	6.5969	7.7462	9.3295	5.4658	5.7143	5.8788
r_i	5.9162	6.0285	6.2062	4.5342	4.2857	4.1212
r_i^g	5.9372	5.4223	4.6647	4.9192	4.0000	2.9394
$e_i(Y, L \times Y^g)$	38.1981	36.1053	33.4749	26.2376	21.1734	16.6698
$c_{ij}^p(Q_{ij}, Q_{ij}^g)$	11.7449	11.0579	10.1039	7.9488	6.3622	4.8809
$c_{ij}^r(Q_{ij}, Q_{ij}^g)$	35.3432	33.5666	31.0787	25.3510	21.0102	16.8224
p_j	35.6964	35.2049	34.5127	47.1801	50.6992	54.2891
p_j^g	55.9396	61.1701	70.9712	69.6169	86.4071	118.6843
π_i^p	26.3446	24.6084	22.3069	99.0947	122.8022	147.3197
π_j^r	312.7102	310.4653	307.6078	305.2612	302.7614	302.2919
π	678.1096	670.1474	659.8295	808.7119	851.1273	899.2231

从表 6.3 中可以看出，当农产品总体产量不受限时，虫害对有机农产品的影响越大，生产商越倾向于在生产过程中使用农药即增加普通农产品产量，导致普通农产品市场价格下降，同时由于有机农产品产成率低下，虽然市场价格上升，但需求下降，以上两个因素综合影响导致供应链各方利润降低；当天气等因素导致农产品总体产量受限时，虫害的影响进一步使得市场上农产品供不应求，造成农产品价格普遍上涨，有机农产品的价格更是飙升，此时零售商利润小幅下降，但生产商由于竞争和交易成本低、产品价格高而使其利润暴涨，极容易导致生产商在下一期生产规划中盲目决策，一旦天气、虫害等因素不再影响，势必造成生产商"丰产而不能丰收"。

4. 价格竞争强度

取普通农产品对有机农产品的价格竞争强度 $f = 0.1$，有机农产品对普通农产品的价格竞争强度对农产品产量及利润的影响如表 6.4 所示，i, j 的取值以及 π 的含义同表 6.2。

表6.4 有机农产品的价格竞争强度对农产品产量及利润的影响

变量	$f^g = 0.1$	$f^g = 0.3$	$f^g = 0.5$
Y_i	5.9689	5.9162	5.8643
Y_i^g	6.2483	6.5969	6.9449
r_i	5.9689	5.9162	5.8643
r_i^g	5.6235	5.9372	6.2504
$e_i(Y, L \times Y^g)$	36.8117	38.1981	39.6615
p_j	35.3575	35.6964	36.0364
p_j^g	55.2343	55.9396	56.6448
π_i^p	25.2044	26.3446	27.5282
π_j^r	300.2191	312.7102	325.4410
π	650.8470	678.1096	705.9383

从表6.4可以看出,随着有机农产品对普通农产品的价格竞争强度上升,生产商和零售商生产销售有机农产品更加有利可图。因此普通农产品产量下降,有机农产品产量上升,且得益于有机农产品供给的增加,供应链各方利润均上涨。

5. 市场需求波动

农产品消费市场的需求波动表现为模糊需求上下界的变化,其对农产品产量及利润的影响如表6.5所示,i, j的取值以及 π 的含义同表6.2。

表6.5 市场需求波动对农产品产量及利润的影响

变量	$\underline{\Delta} = 20, \overline{\Delta} = 10$	$\underline{\Delta} = \overline{\Delta} = 10$	$\underline{\Delta} = 10, \overline{\Delta} = 20$
Y_i	3.5384	5.9162	9.2822
Y_i^g	2.6645	6.5969	10.9682
r_i	3.5384	5.9162	9.2822
r_i^g	2.3980	5.9372	9.8714
$e_i(Y, L \times Y^g)$	12.7880	38.1981	88.0050
p_j	24.4431	35.6964	50.0126
p_j^g	43.5249	55.9396	70.8240
π_i^p	6.6890	26.3446	68.8081
π_j^r	107.2105	312.7102	682.9716
π	227.7990	678.1096	1503.5593

从表 6.5 中可以看出，市场需求的大幅波动将直接影响到农产品的市场价格和供应链各方利润，需求骤降将导致农产品市场价格下降、各方利润骤减，反之则价格上涨、利润暴增。此外，生产商的利润相较于零售商而言受需求波动影响更大。

6.2.5　研究结论

随着消费者对有机农产品青睐有加，农产品供应链正逐步采取普通农产品与有机农产品同时生产销售的策略。因此，本节针对需求受到消费者有机产品偏好等因素影响的农产品供应链产销决策问题进行了研究，构建了多个相互竞争的生产商分别生产有机农产品和普通农产品，并通过多个面临模糊需求的零售商销售给消费者的农产品供应链网络均衡模型。并在此基础上，通过数值算例探讨了消费者有机农产品偏好及其他影响因素对农产品供应链网络成员生产销售决策及利润的影响。研究结果表明：

（1）随着消费者有机农产品偏好的提升，生产商利润先减后增，零售商利润和供应链总利润则持续增加。因此，随着人们生活水平的稳步提升，生产和销售有机农产品最终能够实现生产商和零售商的双增收，但生产商可能会经历波折，此时，零售商应当采取一定的激励措施激励生产商生产有机农产品。

（2）较高的生产成本是阻碍有机农产品生产销售的重要因素，也是消费者在市场中难以买到物美价廉的有机农产品的最大原因。因此，降低有机农产品生产成本能够有效促进有机农业的发展。

（3）当农产品总体产量未受到产地规模或天气因素影响时，虫害会迫使生产商更多地生产普通农产品，导致供应链各方利润下降；而当农产品减产和虫害同时发生时，市场上农产品供不应求，生产商由于竞争和交易成本低、产品价格高而利润暴涨，极容易导致其在下一期生产规划中盲目决策，一旦天气、虫害等因素不再影响，势必造成生产商"丰产而不能丰收"。

（4）随着有机农产品对普通农产品的价格竞争强度上升，普通农产品产量下降，有机农产品产量上升，供应链各方利润增加。因此，树立有机农产品的良好品牌形象，增强其价格竞争力对供应链各方均有利。

（5）市场需求波动不利于农产品供给和价格的长期稳定，且供应链各方的利润都会受到巨大影响。因此，对于市场需求的了解与预测对农产品供应链各方都至关重要。

6.3 基于努力水平的生鲜乳制品供应链均衡研究

乳制品行业品牌间竞争激烈，一体化合作颇多，而现有文献同时对乳制品供应链中合作与竞争关系进行研究的相对较少。因此，本节基于网络均衡方法刻画供应链网络成员间的竞争与合作关系，从乳制品供应链各方努力水平的角度，利用变分不等式构建供应链网络均衡模型，研究生鲜乳制品供应链中生产商与零售商的努力水平对生鲜乳制品的品质与销量、竞争与利润等的影响，从而为生鲜乳制品供应链相关企业提供决策建议和理论参考。

6.3.1 网络均衡模型描述

考虑由 m 个生鲜乳制品生产商（以下简称生产商）和 n 个生鲜乳制品零售商（以下简称零售商）组成的两级生鲜乳制品供应链网络，其中生产商包括奶农、养殖基地、直营牧场等奶源生产商，奶站、奶制品加工企业等加工生产商，模型如图 6.3 所示。生产商生产的是一种短保质期类生鲜乳制品（如酸奶、鲜牛奶、乳冰淇淋），其具有较短的销售保质期，生产商、零售商间存在非合作竞争。生产商将乳制品批发销售给零售商，零售

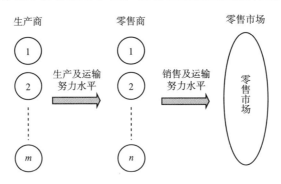

图 6.3 生鲜乳制品供应链网络模型

商通过零售市场将乳制品销售给消费者，该乳制品供应链网络中各成员目标均为企业利润最大化。此外，在模型中引入生产商及零售商的努力水平，并结合生鲜乳制品特征，做出如下假设：（1）该乳制品在生产过程中的损耗受到生产商生产及运输努力水平的影响，销售过程中的损耗受到零售商销售及运输努力水平的影响；（2）该乳制品的市场需求不仅受乳制品自身价格影响，还受到生产商及零售商的努力水平共同影响。

模型变量及假设如表6.6所示。

表6.6　　　　　　　　　　　　　　基本模型变量

项目	符号	含义
参数	$\bar{Q}_i$	生产商 i 的产量上限，由生产商养殖规模、技术等因素决定
	e_i^P	生产商 i 的生产及运输努力水平
	e_j^R	零售商 j 的销售及运输努力水平
	$l_i^P(e_i^P,\lambda)$	生产商 i 的实际产出率，受生产商努力水平及自然变质率影响
	$l_j^R(e_j^R,\lambda)$	零售商 j 的实际销售率，受零售商努力水平及自然变质率影响
	$c_i^P(e_i^P)$	生产商 i 的单位生产及运输成本，受努力水平影响
	$c_j^R(e_j^R)$	零售商 j 的单位销售及运输成本，受努力水平影响
	$t_{ij}^P(q_{ij})$	生产商 i 与零售商 j 交易时承担的交易成本，受交易量影响
	$t_{ij}^R(q_{ij})$	零售商 j 与生产商 i 交易时承担的交易成本，受交易量影响
	$w_i^P(l_i^P,Q_i^P)$	生产商 i 的总处理成本，受实际产出率及产量影响
	$w_j^R(l_j^R,Q_j^R)$	零售商 j 的总处理成本，受实际销售率及进货量影响
	$f_i^P(L^P \times Q^P)$	生产商 i 的竞争成本，受所有生产商实际产出量影响
	$f_j^R(L^R \times Q^R)$	零售商 j 的竞争成本，受所有零售商实际销售量影响
	b	消费者对乳制品价格的敏感系数
	a	零售市场的需求规模
	$\theta_i^P(e_i^P)$	生产商 i 产出产品的初始质量，受生产商生产及运输努力水平影响
	$\theta_j^R(e_j^R)$	零售商 j 销售产品的新鲜度，受零售商销售及运输努力水平影响
	λ	自然变质率
	$D_j^i(p_j^i,\theta_i^P,\theta_j^R)$	零售商 j 销售生产商 i 生产的乳制品所面临的需求，受销售价格、乳制品初始质量以及新鲜度共同影响

项目	符号	含义
决策变量	q_{ij}	生产商 i 与零售商 j 之间的交易量
	Q_i^P	生产商 i 的产量
	Q_j^R	零售商 j 的进货量
内生变量	p_{ij}	生产商 i 与零售商 j 之间的单位交易价格
	p_j^i	零售商 j 销售生产商 i 生产的乳制品的销售价格

为便于描述，将所有生产商的生产总量记为 m 维列向量 $Q^P \in R_+^m$；所有零售商的进货总量记为 n 维列向量 $Q^R \in R_+^n$；将所有生产商与零售商之间的交易量记为 mn 维列向量 $Q \in R_+^{mn}$；将所有零售商的销售价格记为 n 维列向量 $P \in R_+^n$；所有生产商的实际产出率记为 m 维列向量 $L^P \in R_+^m$；所有零售商的实际销售率记为 n 维列向量 $L^R \in R_+^n$。

此外，由于生鲜乳制品存放时间和销售期短，因此生产商之间的竞争与所有生产商的总产量相关，丰产会加剧竞争。故本节假设生产商 i 的竞争成本 $f_i^P(L^P \times Q^P)$、处理成本 $w_i^P(l_i^P, Q_i^P)$ 为生产商生产总量 Q^P 的二次连续可微凸函数，零售商 j 的竞争成本 $f_j^R(L^R \times Q^R)$、处理成本 $w_j^R(l_j^R, Q_j^R)$ 为零售商销售总量 Q^R 的二次连续可微凸函数；同理，假设生产商 i 与零售商 j 间的交易成本函数 $t_{ij}^P(q_{ij})$、$t_{ij}^R(q_{ij})$ 均为 q_{ij} 的二次连续可微凸函数。

6.3.2　网络均衡模型构建

根据上述模型描述，生鲜乳制品供应链网络有多个生产商、多个零售商及乳制品零售市场组成。当供应链网络达到均衡时，供应链上下层间乳制品流量守恒，且所有生产商、零售商以及市场的交易量和交易价格满足供应链网络各层决策者的均衡条件。

1. 生产商均衡条件

生产商生产期前决策产量，销售期决策批发量。同时，生产商要受到其他生产商的竞争，也需要考虑生产及运输努力水平带来的损耗及剩余产品处理成本。故生产商 i 的利润函数为：

$$\max \pi_i^P = \sum_{j=1}^n p_{ij}q_{ij} - c_i^P(e_i^P)Q_i^P - f_i^P(L^P \times Q^P) - \sum_{j=1}^n t_{ij}^P(q_{ij}) - w_i^P(l_i^P, Q_i^P) \tag{6-32}$$

$$\text{s. t. } Q_i^P \leqslant \overline{Q}_i \tag{6-33}$$

$$\sum_{j=1}^n q_{ij} \leqslant l_i^P Q_i^P \tag{6-34}$$

式（6-33）对应生产商 i 的产量上限约束，式（6-34）对应生产商 i 生产销售的产销约束。设约束式（6-33）和式（6-34）对应拉格朗日乘子分别为 μ_i、η_i，所有的 μ_i、η_i 分别构成 m 维列向量 μ、η。各生产商间为非合作竞争关系，因此所有生产商的最优行为可等价表示为如下变分不等式问题：确定 $(Q^{p*}, Q^*, \mu^*, \eta^*) \in \Omega^P$，使其满足

$$\sum_{i=1}^m \left(c_i^{P*}(e_i^P) + \frac{\partial f_i^{P*}(L^P \times Q^P)}{\partial Q_i^P} + \frac{\partial w_i^{P*}(l_i^P, Q_i^P)}{\partial Q_i^P} + \mu_i^* - \eta_i^* l_i^P \right)(Q_i^P - Q_i^{P*})$$

$$+ \sum_{i=1}^m \sum_{j=1}^n \left(\frac{\partial t_{ij}^{P*}(q_{ij})}{\partial q_{ij}} + \eta_i^* - p_{ij}^* \right)(q_{ij} - q_{ij}^*) + \sum_{i=1}^m (\overline{Q}_i - Q_i^P)(\mu_i - \mu_i^*)$$

$$+ \sum_{i=1}^m \left(l_i^P \times Q_i^P - \sum_{j=1}^n q_{ij} \right)(\eta_i - \eta_i^*)$$

$$\geqslant 0 \tag{6-35}$$

$\forall (Q^{p*}, Q^*, \mu^*, \eta^*) \in \Omega^P$，其中，$\Omega^P = R_+^{mn+m+m+m}$。

均衡状态下，由式（6-35）第 1 项可知，$\eta_i^* l_i^P = c_i^{P*}(e_i^P) + \dfrac{\partial f_i^{P*}(L^P \times Q^P)}{\partial Q_i^P} + \dfrac{\partial w_i^{P*}(l_i^P, Q_i^P)}{\partial Q_i^P} + \mu_i^*$，又由式（6-35）第2项可知 $\eta_i^* = p_{ij}^* - \dfrac{\partial t_{ij}^{P*}(q_{ij})}{\partial q_{ij}}$，合并得到 $\mu_i^* = \left(p_{ij}^* - \dfrac{\partial t_{ij}^{P*}(q_{ij})}{\partial q_{ij}} \right)l_i^P - c_i^{P*}(e_i^P) - \dfrac{\partial f_i^{P*}(L^P \times Q^P)}{\partial Q_i^P} - \dfrac{\partial w_i^{P*}(l_i^P, Q_i^P)}{\partial Q_i^P}$，故式（6-35）的经济学意义为：生产商只有在交易价格大于交易、生产及运输、竞争、处理的成本之和时，才会从事乳制品的生产。

2. 零售商均衡条件

零售商在销售期前决策订购量，在销售期决策定价以满足市场需求，同时需要考虑由于销售及运输努力水平不同带来的损耗及剩余产品的处理

成本。故零售商 j 的利润函数为：

$$\max \pi_j^R = \sum_{i=1}^{m} p_j^i l_j^R q_{ij} - c_j^R(e_j^R) Q_j^R - f_j^R(L^R \times Q^R) - \sum_{i=1}^{m} t_{ij}^R(q_{ij})$$

$$- \sum_{i=1}^{m} p_{ij} q_{ij} - w_j^R(l_j^R, Q_j^R) \qquad (6-36)$$

$$\text{s. t. } Q_j^R \leqslant \sum_{i=1}^{m} q_{ij} \qquad (6-37)$$

式（6-37）对应零售商 j 销售产品的供销约束。设约束式（6-37）对应的拉格朗日乘子为 γ_j，所有的 γ_j 分别构成 n 维列向量 γ。所有零售商的最优行为可等价表示为如下变分不等式问题：确定 $(Q^{R*}, Q^*, \gamma^*) \in \Omega^R$，使其满足

$$\sum_{j=1}^{n} \left(c_j^{R*}(e_j^R) + \frac{\partial f_j^{R*}(L^R \times Q^R)}{\partial Q_j^R} + \frac{\partial w_j^{R*}(l_j^R, Q_j^R)}{\partial Q_j^R} + \gamma_j^* \right)(Q_j^R - Q_j^{R*})$$

$$+ \sum_{j=1}^{n} \sum_{i=1}^{m} \left(\frac{\partial t_{ij}^{R*}(q_{ij})}{\partial q_{ij}} + p_{ij}^* - p_j^{i*} l_j^R - \gamma_j^* \right)(q_{ij} - q_{ij}^*)$$

$$+ \sum_{j=1}^{n} \sum_{i=1}^{m} (q_{ij} - Q_j^R)(\gamma_j - \gamma_j^*)$$

$$\geqslant 0 \qquad (6-38)$$

$\forall (Q^{R*}, Q^*, \gamma^*) \in \Omega^R$，其中，$\Omega^R = R_+^{n+mn+n}$。

均衡状态下，合并式（6-38）前两项，可得 $p_{ij}^* = p_j^{i*} l_j^R - c_j^{R*}(e_j^R) -$ $\frac{\partial f_j^{R*}(L^R \times Q^R)}{\partial Q_j^R} - \frac{\partial t_{ij}^{R*}(q_{ij})}{\partial q_{ij}} - \frac{\partial w_j^{R*}(l_j^R, Q_j^R)}{\partial Q_j^R}$，故式（6-38）的经济学意义为：零售商的销售价格大于销售及运输努力成本、竞争成本、交易成本、处理成本之和时才会从事生鲜乳制品的销售。

3. 消费市场均衡条件

在销售期，零售商向乳制品消费市场销售产品，消费者根据价格及质量选购生鲜乳制品。对于零售商 j，需求市场对乳制品的需求均衡条件可以表示为：

$$D_j^i \begin{cases} = l_j^R q_{ij}, & p_j^i > 0 \\ \leqslant l_j^R q_{ij}, & p_j^i = 0 \end{cases} \qquad (6-39)$$

整个需求市场的均衡条件可等价表示为如下变分不等式问题：确定 $P \in \Omega^M$，使其满足：

$$\sum_{j=1}^{n} (l_j^R q_{ij}^* - D_j^{i*})(p_j^i - p_j^{i*}) \geqslant 0 \qquad (6-40)$$

$\forall P \in \Omega^M$，其中，$\Omega^M = R_+^n$。

4. 供应链网络均衡

当所有生产商、零售商以及市场的交易量和交易价格满足最优条件时，整个供应链网络达到均衡。因此，结合式（6-35）、式（6-38）和式（6-40），可整理得到整个供应链网络的均衡条件，即确定 $(Q^{P*}, Q^*, Q^{R*}, P^*, \mu^*, \eta^*, \gamma^*) \in \Omega$，满足：

$$\sum_{i=1}^{m} \left(c_i^{P*}(e_i^P) + \frac{\partial f_i^{P*}(L^P \times Q^P)}{\partial Q_i^P} + \frac{\partial w_i^{P*}(l_i^P, Q_i^P)}{\partial Q_i^P} + \mu_i^* - \eta_i^* l_i^P \right)(Q_i^P - Q_i^{P*})$$

$$+ \sum_{i=1}^{m} \sum_{j=1}^{n} \left(\frac{\partial t_{ij}^{P*}(q_{ij})}{\partial q_{ij}} + \frac{\partial t_{ij}^{R*}(q_{ij})}{\partial q_{ij}} - p_j^{i*} l_j^R + \eta_i^* - \gamma_j^* \right)(q_{ij} - q_{ij}^*)$$

$$+ \sum_{j=1}^{n} \left(c_j^{R*}(e_j^R) + \frac{\partial f_j^{R*}(L^R \times Q^R)}{\partial Q_j^R} + \frac{\partial w_j^{R*}(l_j^R, Q_j^R)}{\partial Q_j^R} + \gamma_j^* \right)(Q_j^R - Q_j^{R*})$$

$$+ \sum_{j=1}^{n} (l_j^R q_{ij} - D_j^i)(p_j^i - p_j^{i*}) + \sum_{i=1}^{m} \left(l_i^P \times Q_i^P - \sum_{j=1}^{n} q_{ij} \right)(\eta_i - \eta_i^*)$$

$$+ \sum_{j=1}^{n} \left(\sum_{i=1}^{m} q_{ij} - Q_j^R \right)(\gamma_j - \gamma_j^*)$$

$$\geqslant 0 \qquad (6-41)$$

$\forall (Q^*, Q^{P*}, Q^{R*}, P^*, \mu^*, \eta^*, \gamma^*) \in \Omega$，其中，$\Omega = \Omega^P \times \Omega^R \times \Omega^M$。

5. 均衡求解与内生变量的确定

本节提出的模型带有产量上限约束，故变分不等式（6-41）的可行域为多面体，因而采用对数二次型预测与校正算法对该网络均衡模型进行求解，使用 MATLAB 软件编程，以误差列向量的无穷模为终止条件。

模型中，生产商 i 与零售商 j 间的生鲜乳制品交易价格 p_{ij} 为内生变量，当供应链网络间交易达到均衡时，由式（6-35）可知，若 $q_{ij} > 0$，则

$$p_{ij}^* = \eta_i^* + \frac{\partial t_{ij}^{P*}(q_{ij})}{\partial q_{ij}} \qquad (6-42)$$

6.3.3 网络均衡模型分析

假设生鲜乳制品供应链网络由 2 个生产商、2 个零售商以及需求市场构成，分别探讨以下 3 种情形：（1）所有网络成员协同决策一致的努力水平（以下简称所有网络成员协同努力）；（2）各生产商协同决策一致的努力水平（以下简称各生产商协同努力），各零售商协同决策一致的努力水平（以下简称各零售商协同努力）；（3）生产商各自决策自身的努力水平或零售商各自决策自身的努力水平。假设主要参数如下，其中 $i = 1$，2；$j = 1$，2。生产商 i 的乳制品产量上限 $\overline{Q}_i = +\infty$；生产商 i 的竞争成本 $f_i^P = 0.25(l_i^P Q_i^P)^2 + 0.5(l_i^P Q_i^P)(l_{3-i}^P Q_{3-i}^P) + l_i^P Q_i^P$，零售商 j 的竞争成本 $f_j^R = 0.5(l_j^R Q_j^R)^2$；生产商 i 与零售商 j 交易时的交易成本 $t_{ij}^P = 0.25q_{ij}^2 + 0.5q_{ij}$，零售商 j 与生产商 i 交易时的交易成本 $t_{ij}^R = 0.5q_{ij}^2 + 3q_{ij}$。

参考王磊和但斌（2015）的方法，设生产商 i 的单位生产及运输成本函数为 $c_i^P = \frac{1}{2}k_1(e_i^P)^2$，其中生产及运输努力水平系数 $k_1 = 70$，零售商 j 的单位销售及运输成本函数为 $c_j^R = \frac{1}{2}k_2(e_j^R)^2$，其中销售及运输努力水平系数 $k_2 = 90$；生产商 i 的处理成本 $w_i^P = (1 - l_i^P)^{-1} Q_i^P h_i^P$，其中生产商 i 的单位处理成本 $h_i^P = 10$，零售商 j 的处理成 $w_j^R = (1 - l_j^R)^{-1} Q_j^R h_j^R$，其中零售商 j 的单位处理成本 $h_j^R = 20$；生产商 i 的实际到达率 $l_i^P = 1 - (1 + e_i^P)^{-1}\lambda$，零售商 j 的实际到达率 $l_j^R = 1 - (1 + e_j^R)^{-1}\lambda$，其中生鲜乳制品的自然损耗率 $\lambda = 0.125$；市场对零售商 j 的生鲜乳制品的期望需求量 $D_j^i = a - bP_j^i + d(\theta_i^P + \theta_j^R)$，其中 $\theta_i^P = e_i^P$，$\theta_j^R = e_j^R$，$a = 200$，$b = 2.4$。以上需求函数设置确保：（1）零售商乳制品销售价格越高，其面临需求越小；（2）生产商生产及运输努力水平越大，乳制品需求越大，与生活实际相符。

1. 情形一：所有网络成员协同努力

在该情形下，所有网络成员协同决策一致的努力水平，令努力水平从 0 ~ 1 变化，取生乳制品的产量上限为 $\overline{Q}_i = +\infty$，得到供应链网络整体及各方利润变化如图 6.4 所示，其中 $i = 1$，2；$j = 1$，2。

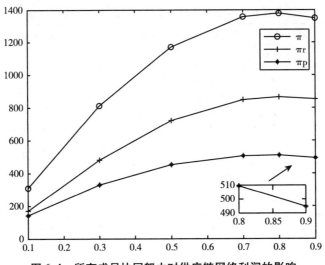

图6.4 所有成员协同努力对供应链网络利润的影响

从图6.4中可以看出，随着生产商及零售商努力水平的协同增加，生产商、零售商始终保持一致的努力水平，且各方利润及供应链总利润均先增后减；所有网络成员处于较高的努力水平时，整体及各成员的利润增幅较缓，而努力水平处于中间一定范围内时，其利润增幅较为显著，且零售商利润的增加幅度明显高于生产商利润的增幅。可见，生产商和零售商努力水平处于起步阶段时，提高努力水平带来的利润上升显著，但随着努力水平的不断提升，双方的利润增幅有所下降，且其对零售商利润影响更为突出。因此，供应链各方应在初期持续加快努力水平的投入速度，从而实现合作共赢。

2. 情形二：各生产商协同努力，各零售商协同努力

在该情形下，各生产商协同决策一致的努力水平、各零售商协同决策一致的努力水平，令生产商、零售商的努力水平分别为 $e_i^P/e_j^R = 0.1$，0.5，0.9，生产商及零售商不同努力水平对乳制品产量、销量、价格及利润的影响如表6.7所示，其中 $i = 1$，2；$j = 1$，2；π_i^P 表示生产商 i 的利润，π_j^R 表示零售商 j 的利润，π 表示二者之和，即供应链整体利润。

表 6.7　供应链各方分别协同努力对生鲜乳制品供应链均衡的影响

变量	$e_i^P = 0.1$ $e_j^R = 0.8$	$e_i^P = 0.5$ $e_j^R = 0.8$	$e_i^P = 0.9$ $e_j^R = 0.8$	$e_j^R = 0.1$ $e_i^P = 0.5$	$e_j^R = 0.5$ $e_i^P = 0.7$	$e_j^R = 0.9$ $e_i^P = 0.8$
q_{ij}	15.10	18.01	18.29	11.80	17.69	18.28
Q_i^P	46.99	43.22	41.04	28.32	40.74	41.50
Q_j^R	30.21	36.02	36.58	23.60	35.38	36.56
p_j^i	134.04	157.97	182.87	117.67	152.19	182.79
p_{ij}	45.36	59.02	80.25	43.50	66.99	73.98
l_i^P	0.64	0.83	0.89	0.83	0.87	0.88
l_j^R	0.88	0.88	0.88	0.64	0.83	0.89
$g(e_i^P)$	10.00	8.75	28.35	8.75	17.15	22.40
$g(e_j^R)$	28.80	28.80	28.80	0.45	11.25	36.45
f_i^P	695.87	1009.02	1039.90	441.33	974.07	1039.02
f_j^R	354.04	503.42	519.10	115.09	434.58	530.92
π_i^P	342.14	486.50	501.66	208.87	469.35	501.23
π_j^R	582.13	827.75	853.55	254.33	811.80	865.07
π	924.27	1314.25	1355.21	463.20	1281.15	1366.30

从表 6.7 中可以看出，随着生产商努力水平的提高，零售商的最优努力水平基本保持一致，且与所有成员协同努力的情形保持一致；而生产商最优努力水平则随着零售商努力水平提高而上升，与所有成员协同努力的情形相比，生产商最优努力水平有所下降；此情形下的生产商、零售商及供应链整体的最优利润均低于情形一。因此，在该情形下，零售商积极投入努力更有助于提升供应链的努力水平及整体利润。

3. 情形三：生产商或零售商各自决策自身的努力水平

（1）生产商各自决策自身的努力水平。在该情形下，生产商各自决策自身努力水平，令零售商努力水平分别为 $e_j^R = 0.1$，0.9，生产商 1 的努力水平分别为 $e_1^P = 0.1$，0.5，0.9，生产商及零售商不同努力水平对生鲜乳制品产量、销量、价格及利润影响如表 6.8 所示，其中 i，j，π_i^P、π_j^R、π 的含义均同表 6.7。

表6.8 生产商各自决策自身努力水平对乳制品产销及供应链利润的影响

变量	$e_j^R = 0.1$			$e_j^R = 0.9$		
	$e_1^P = 0.1$	$e_1^P = 0.5$	$e_1^P = 0.9$	$e_1^P = 0.1$	$e_1^P = 0.5$	$e_1^P = 0.9$
最优 e_2^P	0.5	0.5	0.5	0.8	0.8	0.8
q_{ij}	(7.83, 13.62)	(17.37, 17.37)	(9.97, 12.64)	(11.59, 21.59)	(17.39, 18.72)	(18.03, 18.40)
p_j^i	(93.74, 117.19)	(139.80, 139.80)	(143.16, 117.45)	(141.53, 181.56)	(164.37, 182.63)	(189.14, 182.75)
p_{ij}	(32.97, 42.26)	(57.42, 57.42)	(62.12, 42.93)	(46.57, 72.25)	(58.81, 73.75)	(79.98, 73.91)
l_i^P	(0.64, 0.83)	(0.83, 0.83)	(0.89, 0.83)	(0.64, 0.88)	(0.83, 0.88)	(0.89, 0.88)
l_j^R	(0.64, 0.64)	(0.64, 0.64)	(0.64, 0.64)	(0.89, 0.89)	(0.89, 0.89)	(0.89, 0.89)
f_i^P	(290.37, 426.00)	(939.86, 939.86)	(371.46, 437.03)	(657.90, 1009.82)	(988.33, 1038.98)	(8078.69, 8078.69)
f_j^R	(95.08, 95.08)	(249.37, 249.37)	(105.63, 105.63)	(437.30, 437.30)	(517.96, 517.96)	(1024.90, 1039.13)
π_i^P	(92.04, 278.14)	(452.56, 452.56)	(149.18, 239.55)	(201.44, 699.31)	(453.66, 525.65)	(487.74, 507.97)
π_j^R	(218.47, 218.47)	(208.18, 208.18)	(235.21, 235.21)	(737.55, 737.55)	(844.39, 844.39)	(859.20, 859.20)

从表6.8中可以看出，零售商无论处于低努力水平还是高努力水平，生产商2的最优努力水平均不随生产商1努力水平的提升而改变；当零售商处于较低努力水平时，生产商2的最优努力水平低于情形二；当零售商处于较高努力水平时，则生产商2的最优努力水平与情形二基本保持一致。因此，在该情形下，生产商需通过观察零售商的努力水平来决策自身的最优努力水平，若零售商处于高努力水平，生产商需付出高努力水平来提高自身利润，反之，生产商则需保持一定的努力水平。

（2）零售商各自决策自身的努力水平。在该情形下，零售商各自决策自身的努力水平，令生产商努力水平分别为 $e_i^P = 0.1$，0.9，零售商1的努力水平分别为 $e_1^R = 0.1$，0.5，0.9，生产商及零售商不同努力水平对生鲜乳制品供应链的产量、销量、价格及利润影响如表 6.9 所示，其中 i, j, π_i^P、π_j^R、π 的含义均同表 6.7。

表 6.9　零售商各自决策自身努力水平对乳制品产销及供应链利润的影响

变量	$e_i^P = 0.1$			$e_i^P = 0.9$		
	$e_1^R = 0.1$	$e_1^R = 0.5$	$e_1^R = 0.9$	$e_1^R = 0.1$	$e_1^R = 0.5$	$e_1^R = 0.9$
最优 e_2^R	0.8	0.8	0.8	0.8	0.8	0.8
q_{ij}	(7.60, 16.82)	(14.42, 15.26)	(14.84, 15.16)	(8.00, 20.64)	(17.16, 18.55)	(18.12, 18.33)
p_j^i	(93.80, 133.41)	(115.83, 133.98)	(140.32, 134.02)	(143.69, 182.01)	(164.87, 182.78)	(189.11, 182.86)
p_{ij}	(35.82, 40.43)	(44.49, 44.91)	(45.02, 45.18)	(67.17, 73.49)	(78.81, 79.51)	(80.03, 80.13)
l_i^P	(0.64, 0.64)	(0.64, 0.64)	(0.64, 0.64)	(0.89, 0.89)	(0.89, 0.89)	(0.89, 0.89)
l_j^R	(0.64, 0.88)	(0.83, 0.88)	(0.89, 0.88)	(0.64, 0.88)	(0.83, 0.88)	(0.89, 0.88)
f_i^P	(471.64, 471.64)	(690.32, 690.32)	(705.17, 705.17)	(643.80, 643.80)	(991.94, 991.94)	(1032.50, 1032.50)
f_j^R	(47.77, 438.97)	(288.82, 361.39)	(349.95, 356.85)	(52.90, 661.16)	(409.06, 533.82)	(521.43, 521.34)
π_i^P	(234.22, 234.22)	(330.41, 330.41)	(337.60, 337.60)	(327.54, 327.54)	(478.36, 478.36)	(498.04, 498.04)
π_j^R	(105.56, 721.78)	(496.77, 594.21)	(570.21, 586.75)	(116.91, 1087.12)	(703.59, 877.74)	(849.62, 857.22)

从表 6.9 中可以看出，当生产商无论处于高努力水平还是低努力水平，零售商 2 的最优努力水平都不随零售商 1 努力水平的变化而发生改变，且与前两种情形下的零售商最优努力水平保持一致，但其最优利润随着零售商 1 努力水平的提高而下降。因此，在该情形下，零售商无须关注生产商及竞争对手的努力水平来决策自身努力水平，只需付出高努力水平来保证自身的最大利润。

6.3.4 研究结论

本节研究了多个相互竞争的生产商生产生鲜乳制品，并通过多个零售商销售给市场的生鲜乳制品供应链网络均衡问题。同时，在生产销售过程中，生产商和零售商的努力水平对乳制品数量和质量损耗均会产生影响。利用变分不等式理论分别刻画了生产商、零售商以及需求市场的均衡条件，建立了考虑努力水平的生鲜乳制品供应链网络均衡模型，并运用对数二次型预测与校正算法对模型进行了求解。通过网络均衡模型探讨了生产商、零售商努力水平对生鲜乳制品供应链网络成员生产销售决策及利润的影响。研究结果表明：

（1）在所有网络成员协同决策一致的努力水平情形下，适当提高生产商及零售商的努力水平能够有效促进市场的消费需求，提高产量及销量，且生产商、零售商及供应链整体的利润均高于其他情形。因此，大型商超、乳制品电商等零售企业可以通过签订契约或达成战略合作等模式，与乳制品加工生产企业相互合作，形成利益共同体，共同提升努力水平，充分体现合作效益；产销一体化的乳制品企业则可以通过引进新技术、提高冷链物流普及率、开展营销活动等方式，同时加强生产监管力度提高产品质量，并加大销售力度缩短乳制品销售的滞留期，实现企业最大效益。

（2）在各生产商协同决策一致努力水平，且各零售商也协同决策一致努力水平的情形下，零售商积极投入努力能促进生产商努力水平的提升，从而实现整体利润的最大化，但与所有成员协同努力情形相比，生产商最优努力水平有所下降，零售商最优努力水平基本保持不变。因此，对于连锁商超而言，应适当开展各项营销手段来提高销量，保证生鲜乳制品在销售阶段的高质量、高标准；对于大型电商平台、送奶公司而言，要积极开展"冷链工程"，严格控制整个流通过程中生鲜乳制品的温度，并缩短生鲜乳制品的在途时间，保证运输途中乳制品的品质，同时要加大促销活动的力度，缩短在电商平台仓库的存储时间。

（3）在生产商各自决策自身努力水平的情形下，零售商不同的努力水平对生产商努力水平的决策产生影响，若零售商处于较高努力水平，会促使生产商选择高努力水平，反之，则选择较低努力水平。因此，对于市场上存在的生产商零散商户而言，需要密切关注零售商的努力水平，采取激励措施促使零售商提高努力水平。对于定位高端市场的乳制品生产加工企业，可以通过与知名商超、精品连锁便利店签订长期合作合约，形成"一一对应"的供销模式。但此情形下供应链各方及整体的最优利润低于各方协同一致努力水平的情形，因此，乳制品加工企业需制定合理的利益协调机制，通过向奶农施行合理的收购价格、提供各类质量控制技术支持及费用报销等措施，充分调动奶农的积极性，形成"风险共担、成本共摊、利益均沾"的联结方式，保证奶源质量；大型乳制品加工企业可以购并地方企业，学习开展"公司＋OEM供应商"模式，形成生产阶段的合作，促进生产企业利益的共赢。

（4）在零售商各自决策自身努力水平的情形下，零售商的最优努力水平与生产商努力水平及竞争对手努力水平均无关，但其高努力水平会带来较高的收益。因此，对于市场上的零售商散户而言，在流通环节中要加大冷链系统的投入，缩短运输时间，加强对在仓乳制品的抽查工作，及时销售合格乳制品，以保证自身利益的最大化。

（5）对于乳制品行业，政府应给予乳制品生产企业一定的贷款优惠、产奶补助、技术支持等，加大对乳制品生产商的扶持力度，从而激励奶站、加工企业收购原料奶，促使其积极生产高品质的生鲜乳制品；同时，采取标准与管理双管齐下的方式，从操作规范、人员安全意识培训、责任体系、成品流通等方面进行标准化，从原料乳加工生产的操作标准、质量问题控制等方面进行管理。促进乳制品行业的"利益共享，风险共担"经济共同体的形成，激励生产商与零售商强强联手，提升整个行业的利润稳定增长。

参考文献

［1］白晓娟，张英杰，靳杰．基于改进 Shapley 值法的新零售下供应链的利益分配策略［J］．数学的实践与认识，2019，49（14）：88 - 96.

［2］蔡建湖，蒋飞颖，薛婷婷，黄卫来．产出不确定环境下考虑供货承诺的定价与投入决策模型［J］．控制与决策，2017，32（9）：1664 - 1671.

［3］蔡丽红．浅析农产品供应链中的利益分配［J］．商业经济研究，2017，34（1）：153 - 155.

［4］曹武军，李新艳．收益共享契约对生鲜农产品双渠道供应链协调研究［J］．江苏农业科学，2014，42（11）：469 - 472.

［5］陈佳佳，周根贵，等．基于努力水平的生鲜乳制品供应链均衡研究［J］．工业工程与管理，2018，23（5）：67 - 72，81.

［6］陈可嘉，金烁，林月柑．考虑供应链中断风险的最优供应商数量决策［J］．工业工程与管理，2016，21（4）：80 - 85.

［7］陈小静．基于优质农产品供应链的我国农产品流通体系研究［J］．农业经济，2010（7）：13.

［8］陈旭．需求信息更新条件下易逝品的批量订货策略［J］．管理科学学报，2005，8（5）：42 - 46.

［9］陈彦丽．食品安全社会共治机制研究［J］．学术交流，2014（9）：122 - 126.

［10］陈永辉，涂虹羽，曾燕．农业供应链金融的贷款定价与生产调节机制［J］．系统工程理论与实践，2018，28（7）：1706 - 1716.

［11］陈原，王国顺．供应链协调研究述评及展望［J］．生产力研究，2008（20）：170 - 173，189.

［12］崔春晓，邹松岐，张志新．农业产业链国内外研究综述［J］．世界农业，2013（1）：105 - 108.

［13］崔后卿，周根贵，綦方中，等．基于期权的信息不对称农产品供应链风险控制［J］．湖北农业科学，2014，53（8）：1917 - 1920.

［14］戴桂勋．基于信贷资金供需因素分析的农村信贷服务创新研究［J］．金融经

济, 2010 (4): 38-41.

[15] 但斌, 伏红勇, 徐广业, 陈伟. 考虑天气与努力水平共同影响产量及质量的农产品供应链协调 [J]. 系统工程理论与实践, 2013, 33 (9): 2229-2238.

[16] 邓俊淼. 农户风险与农产品供应链脆弱性——基于交易视角的分析 [J]. 农业经济, 2008: 50-52.

[17] 狄卫民, 王然. 考虑多级设施中断的供应链选址——库存决策模型及优化算法 [J]. 计算机集成制造系统, 2021, 27 (1): 270-283.

[18] 杜建国, 蒲天峰, 朱晓雯. 产需双重不确定情形下绿色农产品供应链的协调研究 [J]. 生态经济, 2021, 37 (1): 103-110.

[19] 段伟常, 胡挺. 供应链金融在现代农业中的应用原理研究 [J]. 金融理论与实践, 2012 (1): 23-27.

[20] 范体军, 郑琪, 蔡路. 考虑权力结构及供应商竞争的生鲜供应链决策 [J]. 管理科学学报, 2022, 25 (1): 23-38.

[21] 冯春, 李梦, 蒋雪, 杨雄. 随机产出下双渠道农产品供应链主体决策行为 [J]. 综合运输, 2022, 44 (4): 103-110+160.

[22] 冯颖, 余云龙, 张炎治, 吴茜. 随机产出与随机需求下 TPL 介入的农产品供应链协调 [J]. 管理工程学报, 2017, 31 (4): 156-163.

[23] 冯渊, 张帅, 张小双. 农民合作社参与农产品供应链内部融资效益分析 [J]. 价值工程, 2018, 37 (10): 88-89.

[24] 符少玲, 孙良媛. 基于风险因子的农产品供应链合作绩效优选研究 [J]. 华南农业大学报, 2008, 2 (7): 7-9.

[25] 苟文峰, 王金凤, 刘杰. 产业集群视角下的中小企业供应链融资探讨 [J]. 发展研究, 2009, (10): 71-73.

[26] 桂云苗, 龚本刚, 程幼明. 不确定需求下考虑自由退货的供应链协调 [J]. 计算机集成制造系统, 2011, 17 (6): 1287-1291.

[27] 胡本勇, 陈旭. 供需不确定情形下基于期权的血液供应链优化 [J]. 系统工程理论与实践, 2016, 36 (12): 3133-3141.

[28] 胡劲松, 徐元吉, 刘芳霞, 王丛丛. 具有模糊需求的多商品流供应链网络均衡研究 [J]. 控制与决策, 2012, 27 (5): 665-672.

[29] 胡新学, 周根贵, 等. 模糊需求下可单向替代的有机农产品订购策略 [J]. 工业工程与管理, 2019, 24 (6): 54-63.

[30] 花均南, 丁显博. 随机需求下绿色农产品三级供应链协调 [J]. 工业工程, 2020, 23 (3): 51-58.

[31] 黄建辉, 林强. 保证保险和产出不确定下订单农业供应链融资中的政府补贴

机制 [J]. 中国管理科学, 2019, 27 (3): 53-65.

[32] 黄建辉, 叶飞, 周国林. 产出随机及贸易信用下农产品供应链农户决策与政府补偿价值 [J]. 中国管理科学, 2018, 26 (1): 107-117.

[33] 贾辉辉, 吕德宏. 基于农业供应链的金融精准扶贫效果研究 [J]. 金融理论与实践, 2019 (2): 110-118.

[34] 姜林. 多级竞争性供应链的决策与协调机制研究 [D]. 重庆: 重庆大学, 2014.

[35] 冷志杰. 基于农产品供应链集成机制的大豆供应链集成对策研究 [J]. 复旦学报: 自然科学版, 2007 (4): 481-488.

[36] 黎枫, 李广霞. 基于收益共享契约的多级煤炭供应链利益分配研究 [J]. 煤炭经济研究, 2018, 38 (12): 28-38.

[37] 李季芳, 冷霄汉. 基于节点关系视角的我国农产品供应链研究 [J]. 吉林大学社会科学学报, 2016, 56 (1): 45-53, 188.

[38] 李菁. 我国农产品供应链管理的现状、问题与对策 [J]. 中国市场, 2015 (45): 32-33.

[39] 李萍, 聂正英, 王海松. 农产品协议流通的最优路径选择——基于绿色供应链视角 [J]. 商业经济研究, 2019 (14): 123-126.

[40] 梁薇薇, 周根贵, 等. 基于各方努力水平的生鲜农产品供应链网络模型研究 [J]. 江苏农业科学, 2019, 47 (21): 337-343.

[41] 林强, 付文慧, 王永健. "公司+农户" 型订单农业供应链内部融资决策 [J]. 系统工程理论与实践, 2021, 41 (5): 1162-1178.

[42] 凌六一, 郭晓龙, 胡中菊, 等. 基于随机产出与随机需求的农产品供应链风险共担合同 [J]. 中国管理科学, 2013, 21 (2): 50-57.

[43] 凌六一, 胡中菊, 郭晓龙. 随机产出和随机需求下 "农超对接" 模式的分析与协调 [J]. 系统工程, 2011, 29 (9): 36-40.

[44] 刘超, 朱满德. 乡村振兴背景下农村金融需求变化及其应对 [J]. 北方经贸, 2019 (7): 26-28.

[45] 刘家国, 张鑫, 李健. 需求不确定环境下零售商公平偏好机制与行为策略研究 [J]. 系统工程理论与实践, 2021, 41 (7): 1794-1805.

[46] 刘墨林, 但斌, 马崧萱. 考虑保鲜努力与增值服务的生鲜电商供应链最优决策与协调 [J]. 中国管理科学, 2020, 28 (8): 76-88.

[47] 刘志华. 基于物联网的农产品供应链质量安全系统设计 [J]. 供应链管理, 2021, 2 (3): 64-74.

[48] 娄培培. 基于供应链金融的农业中小企业融资分析 [D]. 济南: 山东大

学, 2013.

　　[49] 吕斌红, 周根贵, 等. 风险规避型零售商的农产品订货策略 [J]. 湖北农业科学, 2016, 55 (16): 4307-4316.

　　[50] 罗涯镕. 农产品质量安全可追溯体系建设现状及对策 [J]. 智慧农业导刊, 2022, 2 (2): 1-3.

　　[51] 马丽华, 宋雅楠. 新型农村金融机构可持续发展问题探析 [J]. 特区经济, 2010 (5): 70-71.

　　[52] 聂腾飞, 宇海锁, 杜少甫. 基于政府补贴的随机产出与需求农产品供应链优化决策 [J]. 中国科学技术大学学报, 2017, 47 (3): 267-273.

　　[53] 潘永昕, 胡之睿. 农业供应链金融风险生成因素探究——基于解释结构模型 [J]. 农村经济, 2020 (7): 103-110.

　　[54] 彭红军, 庞涛. 农业补贴政策下订单农业供应链融资与运作策略研究 [J]. 管理工程学报, 2020, 34 (5) 1-9.

　　[55] 皮上玉. 不同风险分担机制下农业供应链金融利益共享机理研究 [J]. 湖南科技大学学报 (社会科学版), 2020, 23 (3): 178-184.

　　[56] 秦学, 赵勇. 深化农产品流通体制改革完善农产品市场体系 [J]. 农村经济, 2000 (12): 7-11.

　　[57] 全浙玉. 农业供应链金融的运作模式及收益分配探讨 [J]. 商业经济研究, 2017 (13): 138-140.

　　[58] 邵娴. 农业供应链金融模式创新——以马王堆蔬菜批发大市场为例 [J]. 农业经济问题, 2013, 34 (8): 62-68, 111.

　　[59] 申云, 李京蓉. 乡村振兴背景下农业供应链金融信贷风险防控机制研究 [J]. 金融与经济, 2019 (2): 46-53.

　　[60] 孙彩虹, 李振, 于辉. 产出不确定下新产品预售的鲁棒定价分析 [J]. 计算机集成制造系统, 2022, 28 (4): 1246-1257.

　　[61] 孙国华, 许垒. 随机供求下二级农产品供应链期权合同协调研究 [J]. 管理工程学报, 2014, 28 (2): 201-210.

　　[62] 孙晋怡, 周岩, 曲箫宇. 考虑质量和延保服务的多产品供应链网络均衡 [J]. 计算机集成制造系统, 2021, 27 (6): 1833-1842.

　　[63] 覃丽萍. 考虑订单合同选择和生产不确定性的农产品供应链模型 [J]. 商业经济, 2022 (2): 125-127.

　　[64] 谭春桥, 李波, 崔春生. 公平关切下考虑企业社会责任的物流服务供应链协调研究 [J]. 控制与决策, 2019, 1 (13): 13.

　　[65] 唐伊妮, 周根贵, 綦方中. 基于订单农业的供应链外部融资风险规避问题

[J]. 江苏农业科学, 2021, 49 (3): 20 – 29.

[66] 滕春贤, 姚锋敏, 胡宪武. 具有随机需求的多商品流供应链网络均衡模型的研究 [J]. 系统工程理论与实践, 2007 (10): 77 – 83.

[67] 王道平, 程蕾, 李锋. 产出不确定的农产品供应链协调问题研究 [J]. 控制与决策, 2012, 27 (6): 881 – 885.

[68] 王傅强, 李遽, 陈晓红. 供应受限和需求不确定环境下制造商技术选择 [J]. 控制与决策, 2020, 35 (7): 1689 – 1696.

[69] 王君君, 陈兆波, 田春英, 姚锋敏. 规模经济下考虑策略式顾客的供应链协调策略 [J]. 软科学, 2018, 32 (8): 112 – 116.

[70] 王磊, 但斌. 考虑零售商保鲜和消费者效用的生鲜农产品供应链协调 [J]. 运筹与管理, 2015, 24 (5): 44 – 51.

[71] 王莉婷, 李太平. 农产品含义与分类的国际比较 [J]. 世界农业, 2017 (1): 137 – 141.

[72] 王力恒, 何广文, 何婧. 农业供应链外部融资的发展条件——基于信息经济学的数理分析 [J]. 中南大学学报 (社会科学版), 2016, 22 (4): 79 – 85.

[73] 王秋芳. 基于层次分析法和模糊神经网络的战略联盟伙伴选择 [J]. 科技管理研究, 2006 (9): 13.

[74] 王文利, 骆建文. 零售商提前支付与贷款担保下的供应商融资策略 [J]. 管理工程学报, 2013, 27 (1): 178 – 184.

[75] 王星星. 农户参与生猪供应链内部融资意愿及影响因素研究 [D]. 内蒙古农业大学, 2021.

[76] 王裕韬, 周根贵, 等. 前置仓合作情况下的生鲜农产品双渠道供应链协调研究 [J]. 江苏农业科学, 2020, 48 (7): 310 – 316.

[77] 吴庆, 但斌, 钱宇, 等. 努力水平影响损耗的低值易逝品 TPL 协调合同 [J]. 管理科学学报, 2014, 17 (12): 15 – 26.

[78] 吴砚峰, 尚书山. 农产品检验与物流安全 [M]. 北京: 北京理工大学出版社, 2018.

[79] 谢识予. 有限理性条件下的进化博弈理论 [J]. 上海财经大学学报, 2001 (5): 3 – 9.

[80] 邢安会. 农产品流通体制改革滞后有碍于农业产业化发展 [J]. 财税与会计, 1999 (1): 9 – 13.

[81] 徐兵, 蒋昆. 多商品流供应链网络应对随机需求扰动研究 [J]. 运筹与管理, 2014, 23 (6): 144 – 151.

[82] 徐兵, 朱道立. 产品随机选择下多商品流供应链网络均衡模型研究 [J]. 系

统工程理论与实践，2007（3）：82－90，104.

[83] 徐庆，朱道立，鲁其辉. Nash 均衡、变分不等式和广义均衡问题的关系 [J]. 管理科学学报，2005，8（3）：1－7.

[84] 许璐. 论改革和完善农产品市场体系 [J]. 经济工作导刊，2001（8）：17.

[85] 许强，曾美花，王应明. 基于供货量损耗比的鲜活农产品均衡问题研究 [J]. 工业工程，2015，18（2）：59－65.

[86] 薛丽柯，姚雨辰，姜方桃. 我国农产品供应链存在的问题及对策 [J]. 当代经济，2014（1）：76－77.

[87] 杨凤梅. 季节性农产品供应链内部融资问题研究 [D]. 济南：山东大学，2012.

[88] 杨果. 农产品生产与流通的协调机制研究——基于农业供给侧结构性改革的视角 [J]. 农村经济，2017（10）：64－67.

[89] 杨军，房姿含. 供应链金融视角下农业中小企业融资模式及信用风险研究 [J]. 农业技术经济，2017（9）：95－104.

[90] 杨磊，肖小翠，张智勇. 需求依赖努力水平的生鲜农产品供应链最优定价策略 [J]. 系统管理学报，2017，26（1）：142－153.

[91] 杨跃辉，杨建州. 基于网络的闽台农产品供应链管理模式及其流通体系构建 [J]. 物流科技，2014（1）：51－53.

[92] 叶飞，王吉璨，符少玲. 资金约束条件下订单农业供应链的融资定价问题研究 [J]. 数学的实践与认识，2016，46（12）：63－70.

[93] 易余胤，梁家密. 不确定需求下具奖惩机制的闭环供应链模型 [J]. 计算机集成制造系统，2012，18（9）：2040－2051.

[94] 尹世久，徐迎军，陈默. 消费者有机食品购买决策行为与影响因素研究 [J]. 中国人口·资源与环境，2013，23（7）：136－141.

[95] 余建海. 供应链协同下生鲜电商物流发展研究 [J]. 合作经济与科技，2017（11）：100－101.

[96] 张传国，蔡晓艺. 多视角下两岸农产品贸易的互补性研究 [J]. 国际贸易问题，2008（1）：109－114.

[97] 张桂涛，胡劲松，孙浩，Mazalov，徐梦蝶. 考虑损失规避零售商的多期多产品供应链网络均衡 [J]. 中国管理科学，2015，23（6）：73－82.

[98] 张桂僮. 流动性约束下生猪供应链内部融资研究 [D]. 哈尔滨：东北农业大学，2017.

[99] 张慧娟，薛曦. 农产品三级流通供应链协调机制研究——基于风险控制与信息共享视角 [J]. 商业经济研究，2017（9）：150－153.

［100］张伟，周根贵．一次提前订购下生鲜农产品的最优订货［J］．中国管理科学，2015，23（11）：138－144.

［101］张喜才，杨冬海，王莲．花京津冀一体化背景下蔬菜供应链利益分配机制构建研究［J］．农业经济与管理，2018（2）：18－26.

［102］章寿荣，王蕾．从农产品流通的组织效率探讨"农改超"［J］．江苏商论，2006（10）：7－11.

［103］赵海霞，艾兴政，马建华，何雪峰．需求不确定和纵向约束的链与链竞争固定加价［J］．管理科学学报，2015，18（1）：20－31.

［104］赵霞，吴方卫．随机产出与需求下农产品供应链协调的收益共享合同研究［J］．中国管理科学，2009，17（5）：88－95.

［105］赵正佳，谢巧华．供应链批发价与价格补贴的联合契约［J］．管理工程学报，2008，22（4）：163－166.

［106］郑勇．农产品供应链内部融资风险控制研究［J］．统计与决策，2014（17）：40－43.

［107］周建频，周小番．适应动态需求的供应链多级库存系统仿真［J］．集美大学学报（自然科学版），2021，26（3）：228－233.

［108］周礼南，周根贵，綦方中，曹柬．考虑消费者有机产品偏好的生鲜农产品供应链均衡研究［J］．系统工程理论与实践，2019，39（2）：360－370.

［109］周涛，吕圆圆，周亚萍．"农超对接"双渠道生鲜农产品供应链协调研究——基于不同主体保鲜努力视角［J］．管理现代化，2022，42（1）：8－16.

［110］周岩，胡劲松，赵海瑞，等．具有产能约束和价格干预的闭环供应链网络双渠道均衡［J］．系统科学与数学，2012，32（9）：1072－1091.

［111］周业付．基于改进Shapley值模型的农产品供应链利益分配机制［J］．统计与决策，2017（23）：52－54.

［112］周毅，吴碧波．惠及三农的农产品流通模式研究［J］．广西经济管理干部学院学报，2009（3）：13－19.

［113］朱宝琳，戚亚萍，戢守峰，邱若臻．产出和需求不确定下三级供应链契约协调模型［J］．控制与决策，2016，31（12）：2211－2218.

［114］朱丹丹，孙俊清，李慧娟．复杂供应链多级库存系统的控制与协调仿真优化［J］．天津理工大学学报，2014，30（3）：9－14，20.

［115］庄品，王宁生．供应链协调机制研究［J］．工业技术经济，2012（3）：71－73.

［116］邹建国．农业供应链金融缓解农户信贷约束的优势与对策研究［J］．衡阳师范学院学报，2020，41（1）：74－77.

［117］Adrie J. Food Safety and Transparency in Food Chains and Networks：Relationships andchallenges [J]. Food Control, 2002 (16): 481 – 486.

[118] Angelucci M, Karlan D, Zinman J. Win some lose some? evidence from a randomized microcredit program placement experiment by compartamosbanco [J]. IZA Discussion Papers, 2013.

[119] Arcelus F J, Kumar S, Srinivasan G. Evaluating manufacturer's buyback policies in a single-period two-echelon framework under price-dependent stochastic demand [J]. Omega, 2016, 36 (5): 808 – 824.

[120] Arshinder, Kanda A, Deshmukh S G. A coordination theoretic model for three level supplychains using contracts [J] Sādhanā, 2009, 34 (5): 767 – 798.

[121] Aschemann-Witzel J, Zielke S. Can't buy me green? A review of consumer perceptions of and behavior toward the price of organicfood [J]. Journal of Consumer Affairs, 2017, 51 (1): 211 – 251.

[122] Auslender A, Teboulle M, Ben-Tiba S. A logarithmic-quadratic proximal method for variational inequalities [J]. Computational Optimization and Applications, 1999, 12 (1 – 3): 31 – 40.

[123] Axsäter S. Note: Optimal Policies for Serial Inventory Systems Under Fill Rate Constraints [J]. Management Science, 2003, 49 (2): 247 – 253.

[124] Bakal I S, Akcali E. Effects of random yield in remanufacturing with price-sensitive supply and demand [J]. Production & Operations Management, 2006, 15 (3): 407 – 420.

[125] Barnes-Schuster D, Bassok Y, Anupindi R. Coordination and Flexibility in Supply Contracts with Options [J]. Manufacturing & Service Operations Management, 2002, 4 (3): 171 – 207.

[126] Bergen M, SteemanM, ReindorpM, et al. Supply chain finance schemes in the procurement of agricultural products [J]. Journal of Purchasing and Supply Management, 2019, 25 (2): 172 – 184.

[127] Bernstein F, Federgruen A. Decentralized supply chains with competing retailers under demand uncertainty [J]. Management Science, 2005, 51 (1): 18 – 29.

[128] Besik D, Nagurney A. Quality in competitive fresh produce supply chains with application to farmers' markets [J]. Socio-Economic Planning Sciences, 2017, 60: 62 – 76.

[129] Boyaci T, Gallego G. Serial Production/Distribution Systems Under Service Constraints [J]. Manufacturing & Service Operations Management, 2001, 3 (1): 43 – 50.

[130] Burer S, Jones P C, Lowe T J. Coordinating the supply chain in the agricultural seed industry [J]. European Journal of Operational Research, 2008 (185): 354 – 377.

[131] Cachon G, Fisher M. Supply chain inventory management and the value of shared

information ［D］. Duke University Working Paper, 1998.

［132］ Cachon G P, Lariviere M A. Supply Chain Coordination with Revenue-Sharing Contracts: Strengths and Limitations ［J］. Management Science, 2005, 51 (1): 30 – 44.

［133］ Cachon. Supply chain coordination with contracts ［M］ //Graves S and de Kok T. Handbooks in Operations Research and Management Science, North Holland Press, 2004.

［134］ Cai X, Chen J, Xiao Y, Xu X, Yu G. Fresh-product supply chain management with logistics outsourcing ［J］. Omega, 2013, 41 (4): 752 – 765.

［135］ Cai X Q, Chen J, Xiao Y B, et al. Optimization and coordination of fresh product supply chains with Freshness-Keepingeffort ［J］. Production and Operations Management, 2010, 19 (3): 261 – 278.

［136］ Cavazzuti E, Pappalardo M, Passacantando M. Nash equilibria, variational inequalities, and dynamical systems ［J］. Journal of Optimization Theory and Applications, 2002, 14 (3): 491 – 506.

［137］ Chen F, Federgraue A, Awi F, Zheng Y S. Coordination mecha nisms for a distribution system with on supplier and multipl eretailers ［J］. Management science, 2001 (5): 693 – 708.

［138］ Claude H J, Sonia M. Toward the fair sharing of profit in a supply network formation ［J］. International Journal of Production Economics, 2010 (127): 112 – 120.

［139］ Crespi J M, Marette S. How should food safety certification befinanced ［J］. American Journal of Agricultural Economics, 2001, 83 (4): 852 – 861.

［140］ Cynthia H, Nelson P, Thomas B L. Resource, knowledge and influence: The organizational effects of inter-organnizational collaboration ［J］. Journal of Management Studies, 2003 (2): 321 – 347.

［141］ David A W, Constantin B, Foerstl K, et al. Managing the innovation adoption of supply chain finance-empirical evidence from six europeancase studies ［J］. Journal of Business Logistics, 2013 (2): 148 – 166.

［142］ David S, Spencer H. Costs and benefits of traceability in the Canadian dairy processing sector ［J］. Jounal of Food Distribution Research, 2006, 37 (1): 160 – 166.

［143］ Donohue K L. Effcient supply contracts for fashion goods with forecast updating and two production modes ［J］. Management Science, 2000, 46 (11): 1397 – 1411.

［144］ Downey W D. The Challenges of Food and Agro-product Supply Chains, Proeedings of the 2nd International Conference on Chain Management in Agri business and the Food industry ［G］. The Netherlands, 1996: 3 – 11.

［145］ Dvoretzky A, Keifer J, Wolfowitz J. The inventory problem: II. Case of unknown distribution of demand [J]. Econometrica, 1952, 20 (3): 450 – 466.

[146] Edgeworth F. The mathematical theory of banking [J]. Journal of the Royal Statistical Society, 1888, (51): 113 – 127.

[147] Eppen Gary D, Iyer Ananth V. Improved fashion buying with bayesian updates [J]. Operations Research, 1997, 45 (6): 805 – 819.

[148] Eppen G D, Iyer A V. Backup agreements in fashion buying: Value of upstream flexibility [J]. Management Science, 1997, 43 (11): 1469 – 1484.

[149] Et Baruta M, Fa Isstb W, Kanetc J J. Measuring supply chain coupling: An information system perspective [J]. European Journal of Purchasing& Supply Management, 2002 (8): 23.

[150] Ettl M, Feigin G E. , Lin G Y, Yao D D. A supply network model with base-stock control and service requirements [J]. Operations Research, 2000, 48 (2): 216 – 232.

[151] Gerchak Y, Wang Y. Revenue-Sharing vs. Wholesale-price contracts in assembly systems with random demand [J]. Production & Operations Management, 2004, 13 (1): 23 – 33.

[152] Giannoccaro I, Pontrandolfo P. Supply chain coordination by revenue sharingcontracts [J]. International Journal of Production Economics, 2004, 89 (2): 131 – 139.

[153] Güler M G, Bilgiç T. On coordinating an assembly system under random yield and random demand [J]. European Journal of Operational Research, 2009, 196 (1): 342 – 350.

[154] Gurnani H, Gerchak Y. Coordination in decentralized assembly systems with uncertain component yields [J]. European Journal of Operational Research, 2007, 176 (3): 1559 – 1576.

[155] Gurnani H, Tang C S. Note: Optimal Ordering Decisions with Uncertain Cost and Demand Forecast Updating [J]. Management Science, 1999, 45 (10): 1456 – 1462.

[156] Handfield R, Nichols E. Introduction to Supply Chain Management [M]. New Jersey: Prentice Hall, 1999.

[157] He B S, Xu Y, Yuan X M. A logarithmic-quadratic proximal prediction-correction method for structured monotone variational inequalities [J]. Computational Optimization and Applications, 2006, 35 (1): 19 – 46.

[158] He Y, Zhao X. Coordination in multi-echelon supply chain under supply and demand-uncertainty [J]. International Journal of Production Economics, 2012, 139 (1): 106 – 115.

[159] Houlihan J B. International supply chain management [J]. International Journal of Physical Distribution & Materials Management, 1985 (15): 22 – 38.

[160] Hovelaque V, Duvaleix-Tréguer S, Cordier J. Effects of constrained supply and price contracts on agricultural cooperatives [J]. European Journal of Operational Research,

2009（199）：769-780.

［161］Iyer A V, Bergen M E. Quick response in manufacturer-retailer channels ［J］. Management Science, 1997, 43（4）：559-570.

［162］Jain V, Panchal G B, Kumar S. Universal supplier selection via multi-dimensiona-lauction mechanisms for two-way competition in oligopoly market of supply chain ［J］. Omega, 2014, 47（issue C）：127-137.

［163］Jill E H. Traceability in meat supply chains ［J］. Current Agriculture, Food&Reasource, 2003（4）：6-49.

［164］Johnson O, Thompson H. Optimality of myopic inventory policies for certain dependet demand processes ［J］. Management Science, 1975, 21（11）：1303-1307.

［165］Kaihara T, Fujii N. A proposal of economic negotiation mechanism with a complex network for supply chain management ［J］. Procedia CIRP, 2013（12）：318-323.

［166］Karlin S. A Min-max solution of an inventory problem ［R］. Stanford：Stanford University Press, 1958：4-25.

［167］Keren B. The single-period inventory problem：Extension to random yield from the perspective of the supply chain ［J］. Omega, 2009, 37（4）：801-810.

［168］Kim H S, Cho J H. Supply chain formation using agent negotiation ［J］. Decision Support Systems, 2010（49）：77-90.

［169］Lariviere M A, Porteus E L. Selling to the Newsvendor：An Analysis of Price-Only-Contracts ［J］. Manufacturing & Service Operations Management, 2001, 3（4）：293-305.

［170］Latha Shankar B, Basavarajappa S, Jason C et al. Location and allocation decisions formulti-echelon supply chain network-A multi-objective evolutionary approach ［J］. Expert Systems with Applications, 2013（40）：551-562.

［171］Lee H L. Effective inventory and service management through product and process redesign ［J］. Operations Research, 1993, 44（1）：151-159.

［172］Lee Y P, Dye C Y. An inventory model for deteriorating items under stock-dependent demand and controllable deteriorationrate ［J］. Computers & Industrial Engineering, 2012, 63（2）：474-482.

［173］Lions J L, Stampacchis G. Variational inequalities ［J］. Comm Pure Appl Math. 1967（22）：493-519.

［174］Li Q, Zheng S. Joint Inventory Replenishment and Pricing Control for Systems with Uncertain Yield and Demand ［J］. Operation Research, 2006, 54（4）：696-705.

［175］Loureiro M L, McClusky J, Mittelhammez R C. Assessing Preferences and Willingness to Pay for Organic Eco-Labeled and Regular Apples ［J］. Journal of Agncultural and

Resource Ecnomics, 2001, 26 (2): 404 – 416.

[176] Luo J R, Chen X. Coordination of random yield supply chains with improved reve-nue sharing contracts [J]. European Journal of Industrial Engineering, 2016, 10 (1): 81 – 102.

[177] Mahesh N, Yehuda B. A Bargaining Framework in Supply Chains: The Assembly Problem [J]. Management Science, 2008, 54 (8): 1482 – 1496.

[178] Ma J, Zhang D, Dong J, Tu Y. A supply chain network economic model with time-based competition [J]. European Journal of Operational Research, 2020, 280 (3): 889 – 908.

[179] Marian L, Chrysochou P, Krystallis A, et al. The role of price as a product at-tribute in the organic food context: An exploration based on actual purchase data [J]. Food Quality and Preference, 2014 (37): 52 – 60.

[180] Mashall L F. What is the Right Supply Chain for Your Product? A Simple Frame-work can Help You Figure out the Answer [J]. Harvard Business Review, 1997 (3 – 4): 105 – 106.

[181] Ma S H, Zhe Y N, Xu G. The role of spot market in a decentralised supply chain under random yield [J]. International Journal of Production Research, 2013, 51 (21): 6410 – 6434.

[182] Maze A, Polin S, Raynaud E, et al. Quality Signals and Governance Structures within European Agro-food Chains: A New Institutional Economics Approach [G]. Paper pres-ented at the 78th EAAE Seminar an d NJF Seminar 330, Economics of Contracts in Agriculture and Food supply chain, copenhagen, 2001: 15 – 16.

[183] Mortimer J H. The effects of revenue-sharing contracts on welfare in vertically sepa-rated markets: Evidence form the video rental industry [D]. University of California at Los Angeles Working Paper, 2000.

[184] Nagurney A, Besik D, Nagurney L S. Global supply chain networks and tariff rate quotas: Equilibrium analysis with application to agricultural products [J]. Journal of Global Optimization, 2019, 75 (2): 439 – 460.

[185] Nagurney A, Besik D, Yu M. Dynamics of quality as a strategic variable in com-plex food supply chain network competition: The case of fresh produce [J]. Chaos: An Inter-disciplinary Journal of Nonlinear Science, 2018, 28 (4): 43 – 124.

[186] Nagurney A, Dong J. Supernetworks: Decision-making for the information age [M]. Cheltenham: Edward Elgar Publishing, 2002.

[187] Nong G P, Pang S L. Coordination of agricultural products supply chain with sto-chastic yield by price compensation [J]. IERI Procedia, 2013, 5 (1): 118 – 125.

[188] Peng H, Zhou M. Quantity Discount Supply Chain Models with Fashion Products and UncertainYields [J]. Mathematical Problems in Engineering, 2013, 2013 (1): 681 – 703.

[189] Petruzzi N C, Dada M. Pricing and the news vendor problem: A review withextensions [J]. Operations Research, 1999, 47 (2): 183 – 194.

[190] Rosling K. The Square-Root Algorithm for Single-Item Inventory Optimization [D]. Working Paper, Växjö University, Växjö, Sweden.

[191] Schipmann C, Qaim M. Supply chain differentiation contract agriculture, and farmers' marketing preferences: The case of sweet pepper in Thailand [J]. Food Policy, 2011 (36): 667 – 677.

[192] Sethi S, Sorger G. A theory of rolling horizon decision making [J]. Annals of Operations Research, 1991, 29 (1): 387 – 416.

[193] Shih W. Optimal inventory policies when stockouts result from defective products [J]. International Journal of Production Research, 1980, 18 (6): 677 – 686.

[194] Simatupang T M, Wright A C, Sridharan R. The knowledge of coordination for supply chain integration [J]. Business Process Management, 2002, 8 (3): 289 – 308.

[195] Spengler J J. Vertical Integration and Antitrust Policy [J]. Journal of Political Economy, 1950, 79 (4): 347.

[196] Stephen C Graves, Sean P Willems. Optimizing Strategic Safety Stock Placement in Supply Chains [J]. Manufacturing & Service Operations Management, 2000, 2 (1): 68 – 83.

[197] Tsay A A, Lovejoy W S. Quantity Flexibility Contracts and Supply Chain Performance [J]. Manufacturing & Service Operations Management, 1999, 1 (2): 89 – 111.

[198] Wang C X. Random yield and uncertain demand in decentralised supply chains under the traditional and VMI arrangements [J]. International Journal of Production Research, 2009, 47 (7): 1955 – 1968.

[199] Wang D, Tang O, Zhang L. A periodic review lot sizing problem with random yields, disruptions and inventory capacity [J]. International Journal of Production Economics, 2014, 155 (5): 330 – 339.

[200] Wang T R, Lan Q G, Chu Y Z. Supply chain financing model: based on china's agricultural products supply chain [C] //Applied Mechanics and Materials. Trans Tech Publications, 2013, 380: 4417 – 4421.

[201] Williamson O E. The economic institutions of capitalism. firms, markets, relational contracting [M] //Das Summa Summarum des Management. Gabler, 2007.

[202] Xu L, Beamon B M. Supply chain coordination and cooperation mechanisms: an attribute-basedapproach [J]. Journal of Supply Chain Management, 2010, 42 (1): 4 – 12.

[203] Yano C A, Lee H L. Lot-sizing with random yields: A review [J]. Operation Research, 1995, 43 (3): 311 – 334.

[204] Ye F, Lin Q, Li Y. Coordination for contract farming supply chain with stochastic yield and demand under CVaR criterion [J]. Operational Research, 2020, 20 (1): 369 – 397.

[205] Yin Z, Ma S. Incentives to improve the service level in a random yield supply chain: The role of bonus contracts [J]. European Journal of Operational Research, 2015, 244 (3): 778 – 791.

[206] Yu M, Nagurney A. Competitive food supply chain networks with application to fresh produce [J]. European Journal of Operational Research, 2013, 224 (2): 273 – 282.

[207] Zhao X, Wu F. Coordination of agri-food chain with revenue-sharing contract under stochastic output and stochastic demand [J]. Asia-Pacific Journal of Operational Research, 2011, 28 (4): 487 – 510.